Joya Goffney

All the times I’ve lied to you

JOYA GOFFNEY

ALL THE *times* I'VE *lied* TO YOU

Roman

Aus dem amerikanischen Englisch
von Alexandra Ernst

dtv

MIX
Papier | Fördert gute Waldnutzung
FSC® C014496

Deutsche Erstausgabe

Titel der amerikanischen Originalausgabe: ›Excuse Me While I Ugly Cry‹,
2021 erschienen bei Harper Teen,
einem Imprint von HarperCollins Publishers, New York

Tumblingerstraße 21, 80337 München
produktsicherheit@dtv.de

Vignetten: FinePic®
Lektorat: Sophie Hofmann
Sensitivity Reading: Simoné Goldschmidt-Lechner
Umschlaggestaltung: zero-media.net, München
Umschlagillustration und -motiv: dtv/Alexandra Bowien;
FinePic®, München
Gesetzt aus der Sabon
Satz: Fotosatz Amann, Memmingen
Druck und Bindung: GGP Media GmbH, Pößneck
Printed in Germany · ISBN 978-3-423-74125-5

Für A-May, von der ich peinlich lang glaubte,
ihr richtiger Name laute tatsächlich A-Bindestrich-May.
Du verdienst alle Liebe und ich gebe dir all meine Liebe.
Und all diese Worte.

1

Als ich mein Notizbuch verlor

»Frank Sinatra.«

»Welcher Song?«, fragt Auden.

»Schreib einfach Frank Sinatra.«

»Aber Mr Green will, dass wir Details aufschreiben.«

Carter seufzt. Er sitzt mir gegenüber im Gras, die Arme um seine Knie geschlungen, und diskutiert mit Auden. Ich kann ihrem Gespräch kaum folgen, weil ich viel zu abgelenkt bin von Carter, der die Ärmel seines T-Shirts hochgerollt hat. Der weiße Stoff bildet einen harten Kontrast zu seiner dunklen Haut. Wir waren noch nie zuvor in einer Arbeitsgruppe, aber jetzt, da wir hier zusammensitzen, kann ich mich auf nichts anderes konzentrieren als auf seinen Körper.

Ich weiß noch, als er im zweiten Highschooljahr hierherzog und ich dachte, dass er vollkommen anders aussieht als die reichen weißen Jungen, von denen ich jeden Tag umgeben war – sie in ihren Bermudas und Polos, er in schmuddeligen T-Shirts und ausgebeulten Basketballshorts. Ich konnte nicht aufhören, ihn anzusehen. Aber als er mich dann endlich auch anschaute, senkte ich sofort den Blick. Ich weiß auch nicht. Aus irgendeinem Grund hatte ich gehofft, er würde mich sehen, mich *wirklich* sehen, weil wir doch beide die gleiche dunkle Haut haben. Aber nein. Er betrachtete mich genauso ausdruckslos wie alle anderen.

»He, Quinn!«

Mein Blick wandert von Carters Bartstoppeln nach oben und ich merke, dass er mich anstarrt, und zwar mit gerunzelter Stirn, als würde er sich fragen, ob ich noch alle Tassen im Schrank habe.

Meine Wangen werden heiß, während ich meine Fingerspitzen an meinen Mund lege. »Wie war noch mal die Frage?«, wende ich mich an Auden, weil ich zu viel Angst habe, Carter anzusehen. Das ist das dritte Mal heute, dass er mich dabei erwischt, wie ich ihn anstarre.

Auden verdreht genervt die Augen. »Irgendwelche Soundtrackvorschläge für unser JFK-Drehbuch? Das Projekt, an dem wir jetzt seit Stunden arbeiten?«

Meine Hand sackt nach unten zu meinem Halsansatz. Natürlich. Ich schlucke und suche in dem wolkenlosen Himmel nach Antworten. »Was haben wir bis jetzt?« Ich rupfe ein paar Grashalme aus, versuche, Zeit zu schinden.

Auden überfliegt die Liste auf seinem Schoß mit einem ungeduldigen Seufzen. Das ist typisch Auden: Er ist nett, aber Coolness ist für ihn ein Fremdwort. Ich habe schon früher mit ihm in einer Gruppe zusammengearbeitet und in dem Augenblick, in dem unsere Aufgabe feststand, fing er an, uns herumzukommandieren. Er ist auch der Typ, der immer alles allein macht, weil niemand seine Anweisungen so befolgt, wie er es haben will. Die Leute nutzen das schamlos aus. Und ich versuche wirklich, nicht wie die anderen zu sein, aber Carter …

Reiß dich zusammen, Quinn!

Während Auden die Soundtrackliste vorliest, hole ich meinen roten Collegeblock aus dem Rucksack, mein privates Notizbuch, und blättere an meinen To-do-Listen und meinen Tutorials vorbei, bis ganz nach hinten in den Teil, der für »Verschiedenes« reserviert ist. Wenn ich meine Gedanken über Carter zu Papier gebracht habe, kann ich mich vielleicht wieder auf das Attentat auf JFK konzentrieren.

CARTER IST …

1. Cool. Und zwar in jeder Hinsicht.
2. Attraktiv. As. Hell.
3. Ein »echter Schwarzer«, wie es hin und wieder in den Gängen in unserer von Weißen dominierten Schule heißt. Eine Bemerkung, die mich über meine eigene Hautfarbe grübeln lässt. Mich hat noch nie jemand eine »echte Schwarze« genannt. Tatsache ist, dass ich eigentlich immer das Gegenteil höre. Ich wette, er gibt sich nicht mit irgendwelchen Weißen ab, die in seiner Gegenwart Witze über Schwarze Menschen reißen. Muss schön sein.
4. Der Typ Junge, der in der Klasse immer ganz hinten sitzt und dessen Stirn förmlich am Tisch festgeklebt zu sein scheint – aber das steigert nur noch sein Mysterium. Er beteiligt sich nie am Unterricht, und dass ich so plötzlich und unvermittelt Zugang zu seinen Gedankengängen habe, versetzt mich in eine Art Schockzustand.
5. Nicht materialistisch wie die anderen Jungs an unserer Schule. Markennamen interessieren ihn nicht. Solange er etwas noch verwenden kann, tut er das auch. Das gefällt mir. Ich halte mich selbst auch für ziemlich unkompliziert.
6. Sehr gepflegt. Ich kann ihn von hier aus riechen und er riecht ganz und gar nicht wie die anderen Jungs mit ihren aufdringlichen Parfüms. Carter riecht einfach nur rein.
7. Nie mit Mädchen aus unserer Schule ausgegangen, was total entmutigend ist.

8. Ein Player? Man sagt, dass es zwischen ihm und Emily Hayes letztes Jahr auf einer Party heftig zur Sache ging. Bestätigt wurde das allerdings nie.
9. Ein Einzelgänger. Er hängt nicht mit den anderen weißen Kids in der Schule rum, was bedeutet, dass er kaum Freunde hat. Ich sehe ihn nur hin und wieder mit Olivia Thomas reden. Jedes Mal, wenn sie gemeinsam über etwas lachen, wünsche ich mir, ich hätte auch mehr Schwarze Freunde.

»Hilary.« Mein Blick huscht von meiner Liste hoch, direkt in Carters neugierige Augen. »Du weißt schon, dass wir nur eine Liste pro Gruppe einreichen dürfen, oder?«

Er kann nicht lesen, was auf der Seite steht, aber ich habe das Gefühl, er weiß, dass ich über ihn schreibe. Mit brennenden Wangen klappe ich das Notizbuch zu. »Das mache ich ja gar nicht.« Ich senke den Blick zu dem glänzend roten Einband. »Und hör auf, mich so zu nennen. Ich bin überhaupt nicht wie sie.«

So nennt er mich schon den ganzen Nachmittag, seit er mein Haus betreten hat: Hilary. Als er aus Audens Nissan Versa stieg, musterte er mein Haus wie Will in *Der Prinz von Bel-Air* und sagte: »Joooo, ich hatte ja keine Ahnung! Dass du hier wohnst, in so einer Hütte, wie Hilary Banks und so.«

Er könnte mich ja wenigstens mit *Ashley* vergleichen.

Er schaut mich belustigt an und legt seine Arme auf den Knien ab. »Na ja, vermutlich bist du klüger als Hilary. Aber ich wette, du bist mindestens genauso verwöhnt wie sie. Wenn du was haben willst, musst du doch bloß nach Daddy rufen.«

»Wie bitte?«, frage ich empört. »Ich bin nicht verwöhnt.«

»Und du klingst auch wie sie!« Er lacht und wirft den Kopf in den Nacken.

»Gar nicht!« Ich senke meine Stimme. »Ich klinge gar nicht wie sie.«

Er schüttelt den Kopf und schnalzt scherzhaft mit der Zunge. »Deshalb musst du dich doch nicht schämen, Hilary.«

Ich verdrehe meine Augen, als ob ich mich über ihn ärgern würde, aber in Wahrheit genieße ich seine Aufmerksamkeit. Ich bin es nicht gewohnt, dass Carter mir mehr als einen flüchtigen Blick schenkt.

»Wer ist Hilary?«, fragt Auden und erinnert uns wieder daran, dass wir nicht allein sind.

»Das war lange vor deiner Zeit, Kumpel.« Carter steht auf und zieht sein weißes T-Shirt über den Bund seiner schwarzen Shorts. Er macht einen Schritt auf mich zu und stellt sich vor die Sonne. »Ich muss mal dringend auf Toilette. Zeigst du mir den Weg?«

Ich könnte ihm den Weg einfach beschreiben (durch die Diele und das Wohnzimmer, erste Tür rechts), aber er bietet mir die Chance, mit ihm allein zu sein. Wie könnte ich da widerstehen?

Mein Herzschlag pocht in meinen Ohren, während er mir zur Hintertür folgt.

»Hallo? Wo wollt ihr denn hin?«, fragt meine Mom, die mit dem Smartphone in der Hand in ihrem Korbstuhl auf der Veranda sitzt und offensichtlich ständig ein Auge auf uns hat, als ob wir nicht schon längst Seniors wären, die in zwei Monaten ihren Highschoolabschluss machen.

»Ich zeige Carter nur, wo die Toilette ist.«

Sie widmet sich wieder ihrem Handy. »Okay. Aber komm direkt wieder, klar, Quinn?«

Ich unterdrücke ein Seufzen. Schon klar, ich hab's kapiert. Sie ist es nicht gewohnt, einen anderen Jungen als Matt von nebenan im Haus zu haben. Schon gar nicht einen großen, gut aussehenden Schwarzen.

Als die Tür hinter Carter zuklappt, fällt mir auf, wie weiträumig und leer unsere Küche ist. Wir sind völlig allein. Und als ich ihm voraus durch das Wohnzimmer gehe, habe ich keine Ahnung, wohin seine Blicke wandern. Ich schiebe mir die Haare aus meinem Nacken und über meine Schulter.

»Hübsches Haus, Hilary.«

Ich drehe mich zu ihm um und gehe rückwärts weiter, vorbei an dem blendend weißen Sofa und den Beistelltischen aus Edelholz. »Warum nennst du mich immer noch so? Waren wir uns nicht einig, dass ich klüger bin als sie?« Ich grinse, lasse mich auf sein kleines Spiel ein.

Doch dann sagt er: »Bist du das denn?«

Mein Rücken prallt gegen den Türrahmen der Gästetoilette. »Soll das ein Witz sein?«

»Ich meine …« Er zuckt mit den Schultern und kommt auf mich zu, wobei er die Möbel des Wohnzimmers mustert. »Um auf die Columbia zu gehen, muss man nicht unbedingt klug sein. Nur reich.«

Mein Bauch verkrampft sich bei der Erwähnung der Columbia University. Sein Ton ist nicht scherzhaft, genauso wenig wie seine Miene. Mein Grinsen vergeht mir, als er sich zu mir in die Türöffnung drückt und der Geruch seines Körpers die Luft um mich herum förmlich einnimmt.

»Und du bist offensichtlich sehr reich«, setzt er hinzu und deutet auf die Vase auf dem Kaminsims, die mehrere Tausend Dollar wert ist, und den einen Meter fünfzig breiten und genauso hohen elektrischen Kamin. Seine Worte klingen bitter. Dann mustert er mich, von meinen Flip-Flops bis zu den Spitzen meines widerspenstigen Haars. »Mädchen wie du müssen nicht annähernd so hart arbeiten wie jemand wie ich.«

Mein Kiefer verkrampft sich. Carter hat keine Ahnung, wofür ich arbeiten musste. Auch wenn ich reich bin, bin ich nur eine von fünf Schwarzen an unserer Schule. Ich muss mich mit dem gleichen rassistischen Bullshit herumschlagen wie er.

»Du weißt rein gar nichts über mich.«

Er summt leise vor sich hin und streckt dann den Zeigefinger hoch. »Ich weiß, dass du auf der Columbia angenommen wurdest.«

Wieder ein Stich in meiner Magengrube.

Seine Augen werden schmal und er senkt die Stimme. »Aber ich weiß auch, dass du in allen Kursen Probleme hast.«

Meine Augenbrauen zucken nach oben. »Woher weißt du das?«, frage ich, bevor ich überhaupt auf die Idee komme, seine Behauptung abzustreiten.

»Das ist offensichtlich.« Er lächelt. »Und ich bin ein aufmerksamer Beobachter.«

Es ist *offensichtlich*, dass ich Probleme habe? Ich erzähle meine nicht gerade großartigen Noten nicht herum, also woher weiß er davon? Außerdem, er muss gerade reden! Er sagt nie ein Wort im Unterricht und macht sich auch keine Notizen. Ich bezweifle, dass seine Noten besser sind als meine.

Carter nickt, während er immer noch die Möbel begutachtet. »Ich wette, dein Dad hat eine Bibliothek oder so was Ähnliches gespendet.« Sein abschätziger Blick landet auf mir. »Ansonsten hätte die Columbia *dich* doch nie genommen.«

Er spricht das Wort »dich« so aus, als wüsste er genau, wie wenig beeindruckend ich bin. Seine Überheblichkeit kriecht mir unter die Haut und bleibt dort stecken.

»Weißt du, was? Die Toilette ist direkt hier.« Ich deute mit einer Kopfbewegung in die Richtung. »Bitte schön.« Dann schiebe ich mich an ihm vorbei.

Für wen hält er sich eigentlich? Ich habe gerade mal zwei Worte mit diesem Typen gewechselt und er denkt, er weiß alles über mich. Habe ich behauptet, er sei attraktiv? Was für ein Irrtum. Er erinnert mich viel mehr an den Dreck unter meinen Fingernägeln. Und genauso interessant finde ich ihn.

Ich schlage die Verandatür zu, sodass die danebenliegenden Fenster erzittern. Der Kopf meiner Mom ruckt hoch. Ihr Blick fragt, ob ich noch ganz dicht bin.

»Entschuldigung«, murmele ich, bevor sie etwas sagen kann.

Auden hat den Kopf gesenkt und arbeitet an der Soundtrackliste, als ich hinauskomme. Ich nehme mein Notizbuch und schlage die Liste über Carter auf.

»Alles okay?«, fragt Auden.

»Klar.«

CARTER IST …

10. Ein Arschloch mit Vorurteilen.
11. Ein besserwisserischer, selbstgerechter und heuchlerischer Bastard.
12. Lange nicht so toll, wie er aussieht. Ich wünschte, ich hätte sein hässliches Wesen nie gesehen.

Ich denke über weitere Beleidigungen nach, als er mit einem selbstgefälligen Grinsen über den Rasen geschlendert kommt. Ich achte gar nicht auf ihn, als er sich wieder ins Gras setzt.

»Dein Dad ist zu Hause«, sagt er lächelnd, doch dann verblasst sein Lächeln, als ob er es nur mit Mühe aufrechterhalten konnte. »Als er mich gesehen hat, hat er mich für einen Einbrecher gehalten.« Carter senkt den Blick und presst die Lippen zusammen. »Er ist's wohl nicht gewohnt, einen echten Nigga im Haus zu haben.«

Mein Magen verkrampft sich und kalter Schweiß bricht mir aus. Auden schaut auf.

»Ich geh dann mal.« Carter nickt. Er ist wütend und enttäuscht und gekränkt. So wie es aussieht, hat er den Moment, in dem er mir hätte vorhalten können *Ich hab's dir ja gesagt, ich weiß genau, wer du bist* weit hinter sich gelassen. Aber er irrt sich. Das muss ein Irrtum sein.

Ich lasse mein Notizbuch ins Gras fallen und renne zurück zur Veranda. Mom spürt den Wind, den meine wütend wedelnden Arme verbreiten, und fragt: »Quinn, was ist denn los?«

Ich erwische meinen Dad in der Küche, als er gerade mit den Schuhen in der Hand die Treppe hochgehen will. »Was hast du zu Carter gesagt?«

Er schaut mich über die Schulter hinweg mit hochgezogenen Augenbrauen an. »Wer ist Carter?« Er stellt sich dumm, aber dafür fehlt mir die Geduld.

Ich deute hinter mich. »Der Junge, der gerade durch diese Tür da gegangen ist. Er hat den Eindruck, du dachtest, er sei ein Einbrecher.«

»Desmond, ist das dein Ernst?«, zischt Mom und zieht die Tür hinter sich zu.

»Ich habe ihn nicht für einen Einbrecher gehalten.« Er verzieht das Gesicht. »Das Haus war leer, bis auf diesen Fremden, der aus meinem Badezimmer kam. Ich habe ihn lediglich gefragt, was er in meinem Haus zu suchen hat.«

Ich verdrehe die Augen und schüttele den Kopf. Ich sehe die Szene förmlich vor mir: Carter kommt aus der Gästetoilette, als mein Dad, der sich in der Diele die Schuhe ausgezogen hat, ins Wohnzimmer tritt. Bei seinem Anblick dröhnt mein Vater: *Was haben Sie in meinem Haus zu suchen?*, und die Anklage steht ihm ins

Gesicht geschrieben. Aber er wird es niemals zugeben und er wird sich auch nicht entschuldigen. Er entschuldigt sich nie.

»Du hast ihn gefragt, was er in unserem Haus macht? Er ist mein Klassenkamerad, das ist doch wohl klar«, sage ich.

»Ich kenne viele deiner Klassenkameraden, aber ihn habe ich noch nie zuvor gesehen.«

»Ich glaub das einfach nicht, Desmond«, sagt Mom.

Sein Blick zuckt zu ihr hin. »*Du* musst gerade reden.«

»Wie bitte? Ich würde nie im Leben einfach so annehmen, dass er ein Krimineller ist. Auf welcher Grundlage? Wegen seines Aussehens? Ich komme aus Chicago und …«

Mein Dad wirft die Arme hoch und lässt die Schuhe zu Boden fallen. »Jetzt fängt das schon wieder an. Du kommst aus Chicago. Das wissen wir, Wendy! Wie wär's, wenn du das nicht bei jeder sich bietenden Gelegenheit betonst?«

Na toll. Jetzt haben sie wieder einen Grund, sich zu streiten.

Aber in der Küche wird es still, als sich die Verandatür öffnet. Carter und Auden kommen herein, die Rucksäcke locker über die Schulter geworfen. Sie wissen genau, in was sie da gerade hineinplatzen. Ich stehe beschämt zwischen meinen Eltern.

Mit ihrem bezauberndsten Lächeln fragt Mom: »Ihr wollt schon gehen?«

»Ja, Ma'am«, sagt Auden. »Danke für alles.«

»Möchtet ihr noch einen Happen essen? Carter?« Sie spricht ihn direkt an und versucht, das Debakel mit meinem Vater wiedergutzumachen.

»Nein, Ma'am«, entgegnet er mit einem Blick über die Schulter. Und mit einem angewiderten Ausdruck geht er an mir vorbei.

»Bis morgen in der Schule, Quinn«, verabschiedet sich Auden von mir. Carter sagt kein Wort.

Dann schließt sich die Haustür und es gibt nichts, wodurch ich seine Meinung über mich oder meine reiche, privilegierte Familie ändern kann.

Mom fixiert Dad. »Du hast diesen Jungen beleidigt. Du solltest dich entschuldigen.«

»Ich werde mich nicht entschuldigen. Wenn er glaubt, ich halte ihn für einen Kriminellen, dann sagt das mehr über ihn aus als über mich.«

Mom lacht bitter und geht an mir vorbei zur Bar. »Du übernimmst nie die Verantwortung dafür, wie du die Leute behandelst.«

»Ich bin nicht verantwortlich dafür, wie falsch und verquer die Leute meine Reaktion aufnehmen. Ich habe ihn lediglich gefragt, was er in meinem Haus macht. Ich habe nichts Falsches getan!«

»Du tust nie etwas Falsches, Desmond!«

Es geht jetzt nicht mehr um Carter.

Ich habe genug gehört und gehe nach draußen, wobei ich versuche, Carters angewiderten Blick aus meinen Gedanken zu verbannen. Was muss er von uns denken? Nicht mal ich weiß, was ich von uns denke. Ich weiß nicht genau, was passiert ist, aber es ist grauenhaft, dass er so etwas im Zuhause einer Schwarzen Familie erleben musste. In meinem Zuhause.

Ich stehe auf der Veranda und höre, wie sie sich drinnen anschreien. Einfach nur rauszugehen reicht nicht, also laufe ich zu Matt nach nebenan und klettere auf das Trampolin in seinem Garten. Mein Kleid erweist sich dabei nicht gerade als praktisch und rutscht ständig nach oben. Ich schreibe ihm eine Nachricht:

Ich bin im Hauptquartier. Wo bist du?

Ein paar Sekunden später kommt seine Antwort. *Gleich da.*

Ich strecke die Beine aus und warte. Dann spanne ich die Waden an und betrachte prüfend den Lack auf meinen Zehennägeln. Jede Sekunde, die verstreicht, lädt ihre Last auf meinem Herzschlag ab.

Dann öffnet sich die Hintertür. Er kommt heraus, in einem rotschwarzen *Hayworth-Private-School*-Shirt und knallgelben, knielangen Shorts, ohne Schuhe. Dann rennt er los und sein perfekt frisiertes braunes Haar wippt im Wind auf und ab. Am Rand des Trampolins stößt er sich ab und springt hinauf. Sein Gewicht schleudert mich nach oben und ich muss wieder mein Kleid festhalten. Gegen meinen Willen lache ich auf.

Er setzt sich mit gespreizten Beinen zu meinen Füßen. »Quinnly.« Er lächelt und meine Laune hebt sich ein bisschen.

»Mattly«, sage ich. Aber mein Lächeln ist nicht so strahlend wie seins.

Er merkt es sofort und macht ein ernstes Gesicht. »Was ist los?« Dann packt er mich an den Füßen und zieht sich näher zu mir heran. Er beugt sich vor und legt seine Arme quer über meine Schienbeine.

Wir spielen oft eine Art Wippspiel, bei dem meine Zehen seine Brust nach hinten stemmen und er sie im Anschluss mit seiner Brust wieder nach vorn drückt. Er sagt, das sei gut für meine Wadenmuskeln, während er gleichzeitig die Innenseite seiner Oberschenkel dehnt. Er ist Fußballspieler und das sieht man ihm an.

Ich muss meine Wadenmuskeln nicht trainieren – ich *hasse* Fußball –, aber unser Spiel schafft es irgendwie immer, dass ich mich ein bisschen leichter fühle. »Meine Eltern streiten sich mal wieder«, sage ich und genieße die Weichheit und Wärme seines Hemdes und die Härte seiner Brust darunter.

»Worum geht's diesmal?«

»Das Übliche.« Ich habe wirklich keine Lust, über Carter zu reden. »Dad kann einfach nicht zugeben, dass er unrecht hat, und wenn meine Mom ihn deshalb anschreit, macht sie es damit nicht besser.«

»Na ja, solange sie sich anschreien, geht's ja noch.« Er schaut hoch und ein Sonnenstrahl verfängt sich in seinen blauen Augen. Seine Eltern streiten nicht oder wenn, dann nur leise. Was genauso schlimm ist wie das Gebrüll meiner Eltern – vielleicht sogar noch schlimmer. »Erst wenn sie mit dem Streiten aufhören, muss man sich Sorgen machen.« Er lächelt irgendwie traurig.

»Worüber?«

»Scheidung.«

Ich bohre meine Zehen in seine Brust und meine Fersen gegen das Trampolin. »Wollen sich deine Eltern …«

Er schüttelt den Kopf, wobei seine Stirnlocke hin und her baumelt. Er fährt mit den Fingern hindurch und streicht sie nach hinten. »Erst wenn ich ausgezogen bin.«

»Woher weißt du das?«

»Ich habe sie darüber reden hören, als sie dachten, ich sei nicht da.«

Ich entspanne meine Wadenmuskeln und spüre das Gewicht seines Brustkorbs auf meinen Fußballen. »Das tut mir leid, Matt.«

Er zuckt mit den Schultern. »Ist echt blöd, aber immerhin bin ich dann nicht mehr da.«

»Aber was, wenn du an Thanksgiving und an Weihnachten nach Hause kommst?«

Er runzelt die Stirn. »Daran habe ich noch nicht gedacht.« Immer noch stirnrunzelnd schaut er mich an. »Vielen Dank, Quinnly!«

Ich muss lachen. »He, tut mir leid.«

»Jetzt hast du mich auf den Boden der Tatsachen zurückgeholt.« Aber er lacht ebenfalls.

Ich lege die Hände hinter den Kopf und wende mein Gesicht dem Himmel zu. »Wahrscheinlich haben sie so viele Schuldgefühle, dass du doppelt so viele Weihnachtsgeschenke und eine Extraportion Truthahn an Thanksgiving kriegst.«

»So läuft das nicht bei mir zu Hause. Weihnachtsgeschenke habe ich das letzte Mal mit vierzehn bekommen.«

»Echt?«, frage ich geistesabwesend. Der Himmel ist so blau und leer. Ich atme tief durch und die Luft, die ich einsauge, ist genauso warm wie die beim Ausatmen.

»Schließlich haben wir nicht so viel Kohle, um uns die Columbia zu leisten«, neckt er.

Ich versteife mich und reiße meinen Blick vom Himmel los.

»Oder – noch besser – einen funkelnagelneuen Mercedes als Belohnung.«

Ich winde mich unter den Schuldgefühlen. »Oh Mann, ich wünschte, das hätten sie gelassen.«

»Wie bitte? Findest du den Mercedes etwa nicht cool?« Ich verdrehe die Augen und drücke mit Wucht gegen seine Brust. Er lacht und hält dagegen. »Was stimmt damit nicht?«

»Es ist nur …« Ich seufze und lege mich der Länge nach hin. Meine Mutter bringt mich um, wenn sie herausfindet, dass ich meinen Kopf auf einem schmutzigen Trampolin platziert habe. »Ich habe das Gefühl, ich verdiene das alles nicht.«

»Quinn, du hast es auf die Columbia geschafft. Natürlich verdienst du es.«

Ich kneife die Augen zusammen. »Nein, tue ich nicht.« Ich flüstere die Worte in den Wind, weil ich Angst habe, laut auszusprechen, warum ich es nicht verdiene. Wenn er wüsste. Wenn meine

Eltern wüssten. Sie würden mir den Mercedes sofort wieder wegnehmen.

»Außerdem durfte ich noch nicht damit fahren.«

»Das durfte noch niemand.«

»Lügnerin. Als deine Eltern dich damit überraschten, war Destany die Erste, die sich ans Steuer setzen durfte.«

Mein ganzer Körper verwandelt sich in Stein bei der Erwähnung ihres Namens. *Bitte frag nicht.*

»Wo wir gerade dabei sind ...«

Oh Gott, jetzt kommt's.

»Was ist los zwischen euch? Was ist letztes Wochenende auf der Party von Chase passiert?«

Ich antworte nicht. Meine Augen sind weit geöffnet und erfüllt von dem großen, weiten blauen Texashimmel.

»Quinn«, flüstert er und tätschelt meine Schienbeine.

»Ich will nicht darüber reden, Matt.« Ich will nicht einmal daran denken.

»Ich hab da irgendeinen beschissenen Schwachsinn gehört.« Er zischt die Worte. Matt benutzt solche Ausdrücke nur, wenn es ihm ernst ist.

»Was hast du gehört?«, frage ich. Als ob ich das nicht wüsste.

»Dass ihr beiden euch wegen *mir* streitet.«

Meine Augenlider schließen sich flatternd.

Matt lässt meine Schienbeine los und richtet sich wieder auf. Meine Füße fühlen sich kalt an, meine Knöchel federleicht ohne das Gewicht seines Brustkorbs. Er krabbelt um mich herum und setzt sich im Schneidersitz neben mein Haar. »Stimmt das?«, fragt er.

Ich rolle den Kopf zur Seite und schaue hoch in seine sorgenvollen Augen. »Wir streiten uns nicht wegen dir. Wir streiten überhaupt nicht, nicht mehr. Unsere Scheidung ist vollzogen.«

Er hält meinen Blick fest. »Wenn du ein Problem damit hättest, dass ich mit ihr ausgehe, würdest du mir das sagen, oder?«

»Matt, du und ich, wir sind Freunde. Du kannst ausgehen, mit wem du willst.«

Wieder schließe ich die Augen. Können wir nicht einfach wieder Wippe spielen und über etwas anderes reden? Denn auch wenn ich »ein Problem« damit hätte, wenn Matt und Destany zusammen wären, würde ich doch nicht zulassen, dass dadurch unsere zehnjährige Freundschaft den Bach runtergeht.

Er rückt seine Beine zurecht, nimmt meine Haare in seine Hände und spielt damit auf seinem Schoß. Mit einem unguten Gefühl denke ich daran, wie viel Moisturizer ich heute Morgen hineingeschmiert habe, und frage mich, ob er das merkt. Ich ziehe meine Haare weg und schiebe sie über die andere Schulter.

Er ist gekränkt, fühlt sich zurückgewiesen und lässt die Hände sinken. »Na ja, jetzt kann ich sie ja nicht mehr fragen. Nicht wenn ich dich als Freundin behalten will.«

Ich drehe mich auf die Seite, stütze den Ellbogen auf und schaue ihn an. »Das stimmt.«

»Deshalb verdiene ich die Wahrheit.« Seine blauen Augen huschen über mein Gesicht bis zu meiner Hand, die flach auf dem Trampolin vor meinem Bauch liegt. Er verschränkt seine Finger mit meinen.

Die Hintertür öffnet sich quietschend und seine Mom streckt den Kopf heraus. »Matt?«

Ich ziehe meine Hand aus seiner.

»Oh, Quinn.« Ihre Augen erfassen uns beide. Sie lächelt. »Hallo, Liebes.«

»Hi, Mrs Radd.« Ich setze mich auf und ziehe mein Kleid zurecht.

»Das Abendessen ist fertig.« Sie lehnt den Kopf gegen die Tür. »Du kannst gerne mitessen.«

»Danke, aber ich sollte wohl heimgehen. Meine Mom hat bestimmt etwas gekocht.«

Das ist eine bodenlose Lüge. Meine Mom hat mir seit Ewigkeiten nichts mehr zu essen gekocht. Aber ich werde ganz bestimmt nicht bleiben, nicht jetzt, wenn Matt all diese Fragen über meine Gefühle stellt – und über Destany. Ich will weder über das eine noch über das andere reden, schon gar nicht mit ihm.

»Grüß Wendy von mir.«

Ich nicke lächelnd. Dann schaue ich Matt an. Er sagt: »Ich komme gleich, Mom.«

»Gut.« Sie hebt den Kopf. »War schön, dich zu sehen, Quinn.«

»Gleichfalls.«

Matt wendet sich wieder mir zu. »Du kannst gern mit uns essen. Ich weiß, dass deine Mom nicht kocht.«

Ich lächele ihn an. »Ich muss nach Hause und nachsehen, ob die Möbel heil geblieben sind.«

»Sagst du mir wenigstens, warum es ein Geheimnis ist?«

»Es ist zu deinem Besten, wenn du es nicht weißt.« Ich stehe auf und gehe zum Rand des Trampolins.

»Jetzt will ich es erst recht wissen.«

Ich werfe einen Blick über die Schulter zu ihm. »Ich habe ein Kleid an. Guckst du bitte weg?«

Er schaut auf meine nackten Beine, seufzt und macht die Augen zu.

Ich klettere über den Rand nach unten, das Smartphone in einer Hand, und versuche, mit der anderen meinen Rock festzuhalten, für den Fall, dass seine Mom uns durch das Fenster beobachtet. Als ich meine Flip-Flops wieder angezogen habe, drehe ich mich zu ihm um. »Mach's gut, Mattly. Danke, dass ich herkommen durfte.«

»Wir sehen uns in der Schule.«

Es gibt so viele Gründe, warum ich ihm nicht sagen kann, was zwischen mir und Destany passiert ist. Und alle wirbeln mir auf dem Weg zu unserem Haus im Kopf herum, sodass ich kaum denken, aber gleichzeitig auch nicht mit dem Denken aufhören kann.

Wenn ich es ihm sage, muss ich erstens das vergangene Wochenende noch einmal durchleben, zweitens erkennt er dann, wer sie wirklich ist, und wird schlecht von ihr denken. Drittens, wenn er nach dem, was ich ihm erzählen würde, nicht schlecht von ihr denkt, müsste ich schlecht von ihm denken. Viertens könnte er die ganze Sache für nicht so wichtig halten wie ich. Und fünftens: Wenn die ganze Sache dazu führt, dass er mich auch verletzt, bin ich wirklich und wahrhaftig allein.

Ich muss das alles aufschreiben, um es aus dem Kopf zu kriegen – und um nicht auf dem Absatz kehrtzumachen und ihm doch alles zu erzählen.

Sechstens könnte er nie wirklich begreifen, warum ich fühle, was ich fühle, weil er weiß ist.

Zurück in unserem Garten suche ich das Gras nach meinem Notizbuch ab. Es lehnt an meinem Rucksack. Als ich es aufhebe, runzle ich die Stirn – denn quer über dem roten Einband sind schwarze Tintenflecke verteilt. Ein paar Sekunden lang starre ich den Block verwirrt an. Woher kommt denn die ganze Tinte? Ich drehe ihn um und betrachte die Rückseite, wo mein Name stehen sollte – aber da ist nichts, nur ein paar Fettflecke.

Das ist nicht mein Notizbuch.

Mein Magen sackt nach unten. Unmöglich. Natürlich ist das mein Notizbuch. Es muss meins sein. Ich meine, ich hatte es doch eben noch. Oder nicht? Ich habe diese Liste über Carter hineingeschrieben und es dann ins Gras gelegt, bevor ich ins Haus gestürmt bin, und hier ist es. Irgendjemand hat wohl versehentlich Tinte daraufgespritzt. Meine Listen sind noch drin. Sie müssen noch da sein.

Aber als ich den Block aufschlage, sehe ich vor mir Carters unleserliche Notizen.

Und nicht meine Listen.

2

Dinge, die ich niemals zugeben würde

Ich reiße meinen Rucksack auf: Geschichtsheft, Biologie, Mathe, alles außer meinem Notizbuch. Die Welt verschwimmt vor meinen Augen.

Es geht nicht darum, dass jemand meine To-do-Listen lesen könnte oder die Anleitung zum Reifenwechseln oder die Liste der Tage, an denen ich emotional so fertig war, dass ich total hemmungslos geheult habe. Es geht um die Liste mit den Jungen, die ich geküsst habe, die Liste mit den Gründen, warum ich in Matt verliebt bin. Und darum:

DINGE, DIE ICH NIEMALS ZUGEBEN WÜRDE

1. Mein Dad hat mir erzählt, dass mir Grandma Hattie ein echtes Vermögen hinterlässt. Ich habe mich unwillkürlich gefragt, wie lange sie noch leben wird.
2. Ich habe keine vierunddreißig Punkte auf meinen ACT-Test bekommen. Es waren nur vierundzwanzig.
3. Die Aufnahmebestätigung der Columbia ist eine Fälschung. Ich habe sie selbst geschrieben.
4. Ich wollte nie auf die Columbia. Das ist der Traum meiner Eltern, nicht meiner.
5. Ich bin in Matthew Radd verliebt.

6. Ich war dabei, als Olivia Thomas' Fotos beschmiert wurden. Ich habe das Fluchtauto gefahren.
7. Früher hat es mir gefallen, »Oreo« genannt zu werden (innen weiß, außen schwarz), bis mir klar wurde, was es bedeutet. Diese Erkenntnis kam viel zu spät.

Dies sind die Dinge, die ich nicht einmal dann laut ausspreche, wenn ich allein bin, denn sie zuzugeben, könnte mein Leben für immer verändern. Und dann dämmert es mir: Carter könnte mein Leben für immer verändern.

Ich nehme mein Smartphone und schreibe ihm eine Nachricht:

Hey, ich habe dein Notizbuch. Ich glaube, du hast meins. Es sieht genauso aus wie deins und was drinsteht, ist sehr persönlich, also bitte lies es nicht. Schau einfach nach, ob mein Name auf der Rückseite steht.

Hoffentlich liest er es nicht. Bitte, lass es ihn nicht lesen.

Als Nächstes schreibe ich Auden. Er antwortet sofort:

Tut mir leid, ich habe es nicht.

Ich prüfe wieder Carters Chat: nichts. Als ich schließlich ins Haus gehe, sitzt Mom mit einem Glas Wein an der Bar. Ich vermute, dass Dad wieder losgefahren ist, entweder zurück ins Krankenhaus oder ins Gold's Gym oder wohin auch immer er nach einem Streit verschwindet.

»Wo warst du?«, fragt sie mich. »Bei Matt?«

»Ja. Mrs Radd lässt dich grüßen.« Ich steige die Treppe nach oben und starre auf die unbeantwortete Nachricht auf meinem Handy, als ob ich Carter allein durch meine Willenskraft dazu bringen könnte, sie zu lesen.

Sein Name taucht etliche Male in meinen Listen auf. Da wäre zum Beispiel das Spiel »Fuck, marry, kill«, wo ich mich normalerweise dafür entscheide, Sex mit ihm zu haben, oder die Hot-Seite meiner »Hot or not«-Liste, die Liste mit »Jungen, mit denen ich mir vorstellen könnte, die Welt nach der Apokalypse neu zu bevölkern«, was zugegebenermaßen nur eine Kopie der »Hot or not«-Liste ist. Und dann ist da noch die Liste von heute Nachmittag – ausschließlich über ihn. Ich wage mir nicht vorzustellen, was Carter alles mit diesen Informationen anstellen könnte. Na ja, die Wahrheit ist, ich kann mir vieles vorstellen, besonders nach der unschönen Szene mit meinem Dad, aber ich versuche trotzdem, positiv zu denken.

Wenn Carter mein Notizbuch hat, dann wird er gleich merken, dass der Einband anders aussieht. Wahrscheinlich denkt er: *Wow, das ist nicht mein Journal, das ist viel zu ordentlich.* Dann wird er nach seinem eigenen suchen, es nicht finden, er wird verstehen, was passiert ist, und meine Nachricht lesen.

So würde ich mir den Ablauf wünschen.

Aber meine Gedanken kreisen um das schlimmste nur vorstellbare Szenario: Carter fällt der Unterschied erst einmal nicht auf, er öffnet das Notizbuch ganz hinten, wo meine persönlichsten, intimsten und wildesten Gedanken stehen, denn in seinem Journal hat er sich an dieser Stelle Notizen zum Fach Geschichte gemacht.

Und die erste Liste, die ihm ins Auge fällt, ist folgende:

WEN ICH KÜSSEN MÖCHTE

1. Matthew Radd ♥
2. Michael B. Jordan
3. Bryson Tiller
4. Zayn Malik
5. Diggy Simmons
6. Quincy Brown
7. Ryan Reynolds
8. Noah Centineo
9. Carter Bennett

Das ist jetzt nicht allzu peinlich, wird ihn aber interessieren, weil sein verflixter Name am Ende steht. Von da aus wird er neugierig Seite für Seite durchblättern und alles, wirklich alles lesen.

Mein Körper sinkt auf den Teppich wie ein Seidenkleid nach einer langen Ballnacht. Ich warte, aber von Carter kommt nichts. Ich dusche ausgiebig, gehe wieder ins Zimmer – immer noch nichts. Ich schlage ›Schuld und Sühne‹ auf und tue eine halbe Stunde lang so, als würde ich lesen. Immer noch nichts.

Wenn ich nur wüsste, wo er wohnt.

Vielleicht könnte mich ein Film ablenken. Wenn ich noch mein Notizbuch hätte, könnte ich auf meiner Liste mit »Filmen, die man sich immer wieder anschauen kann« nachsehen. Aber um ehrlich zu sein, kenne ich die Liste auswendig.

FILME, DIE MAN SICH IMMER WIEDER ANSCHAUEN KANN

1. Love & Basketball
2. ATL – Verloren in Atlanta
3. This Christmas
4. Voll abgezockt
5. Deadpool
6. Friday
7. Girls Trip
8. Black Panther
9. Love, Simon
10. Little

Destany hat mir geholfen, die Liste zu erstellen. Sie ist die einzige Person, die sich Filme genauso gerne immer wieder anschaut wie ich. Mom und Dad haben diese strenge »Jeden Film nur einmal ansehen«-Regel, und wenn ich Glück hatte, setzte sich Hattie früher wenigstens für die erste halbe Stunde zu mir.

Aber Destany? Sie hat begriffen, dass einige Filme zwar zu Lieblingsfilmen taugen, aber gleichzeitig viel zu heftig sind, um sie mehrmals anzusehen.

Ich werfe mich aufs Bett und schalte ›Love & Basketball‹ ein. Ich kuschle mich unter die Decke und versuche, mich ganz in der Geschichte zu verlieren, aber da ist dieses ständige Nagen in meinem Kopf, dieses Vibrieren unter meiner Haut, das meine Augen immer wieder zu meinem Smartphone wandern lässt. Wo ist er? Was ist so wichtig, dass er seit zwei Stunden nicht mehr seine Nachrichten gecheckt hat?

Meine Mom öffnet die Tür. Sie schaut auf meinen Fernseher und seufzt, weil ich schon wieder diesen Film ansehe. »Das Essen ist da.«

Ich schalte mitten in der Szene, in der die beiden sich trennen, auf Pause und folge ihr die Treppe hinunter. Aber ich beiße nur zweimal von meinem Sandwich ab, mehr schaffe ich nicht. Als ich wieder die Treppe hoch zu meinem Zimmer gehe, fragt Mom: »Ist das alles?«

»Ich hab keinen Appetit«, erwidere ich im Laufen.

»Alles okay?«

Ich bleibe stehen und werfe einen Blick über die Schulter, die linke Hand auf dem Geländer, in der rechten mein Handy. Sie sieht besorgt aus. Sie ist mir sehr ähnlich, nur ihr Haar ist filigraner als meins, genau wie ihr Körper. Aber sie hat die gleichen runden Augen und vollen Lippen.

»Alles klar«, hauche ich, drehe mich um und nehme die nächste Stufe.

»Warte mal, Quinn. Dein Vater hat von der Arbeit aus angerufen. Er möchte, dass du ihn auf seinem Handy zurückrufst.«

Verärgert bleibe ich stehen. »Ich möchte jetzt eigentlich nicht mit ihm reden.«

»Ich weiß, aber es ist wichtig.«

»Mom, ich habe keine Lust, angeschrien zu werden und gesagt zu bekommen, dass ich mir jetzt sofort eine eigene Wohnung suchen soll.«

»Es geht um Hattie.«

Die Erde kommt ruckartig zum Stehen. Mein Rücken schmerzt, weil ich mich so verkrampfe. »Was ist mit ihr?«

»Es geht ihr gut«, sagt Mom schnell und erstickt das Feuer im Keim, bevor es um sich greifen kann.

»Was ist es dann?«

»Ruf ihn einfach an.«

Ich renne die Stufen hoch und rufe meinen Vater an, aber ich erreiche nur seine Voicemail. Also wähle ich erneut seine Nummer und ziehe dabei meine Zimmertür zu. Und wieder werfe ich mich bäuchlings auf mein Bett. Da endlich geht er ans Telefon. »Quinn, alles in Ordnung?«

»Mom hat gesagt, ich soll dich wegen Hattie anrufen. Was ist passiert? Geht es ihr gut?«

»Quinn.« Er sagt meinen Namen so langsam, als ob er mir Luft in die Lungen blasen könnte, aber es gelingt ihm nicht. »Sie hatte einen kleinen Unfall, aber es geht ihr gut. Ich habe selbst nach ihr gesehen.«

»Was ist denn passiert?« Meine Stimme klingt wie Brei, als ich mich auf den Rücken drehe. »Was für einen Unfall?«

»Sie ist gestürzt.«

»Was?« Leute ihres Alters sollten nicht stürzen. Wenn sie stürzt, könnte sie zu Staub zerfallen – und zwar alles an ihr, nicht nur ihr Gedächtnis. Ich stelle mir vor, wie sie sich auf einem gefliesten Boden krümmt, wie sie zuckt und zappelt, mit dünnen und zersplitterten Knochen. »Oh mein Gott, Dad.«

»Es ist alles in Ordnung. Sie hat sich nichts gebrochen. Sie hat nur ein paar blaue Flecke.«

Ich frage mich, ob sie allein war, ob sie geweint hat. Ich habe Hattie noch nie weinen gesehen. Hat sie auf dem kalten Boden gelegen, bis jemand kam und sie aufhob? Wie lange hat es gedauert, bis man sie fand? Wie viel Schmerz kann sie ertragen? Ob ihr benebeltes Gehirn auch ihren Körper betäubt? Vielleicht hat sie vergessen, wie sich Schmerz anfühlt. Ich hoffe es. Ich hoffe, das war das Erste, was sie vergessen hat.

Ich will das Schluchzen in meiner Kehle wieder zurück in meine Brust drücken. »Du musst sie verlegen lassen. Diese Leute sind doch absolut inkompetent!«

»Quinn, ich versichere dir, sie ist in guten Händen. Hör zu.« Seine Stimme wackelt, als ob er beim Telefonieren läuft. »Lass uns sie am Wochenende zusammen besuchen. Ich habe dich bis jetzt nicht dazu überreden wollen, weil ich weiß, dass es dir schwerfällt …«

»Nein.«

»Wenn du auf die Columbia gehst, wirst du keine Gelegenheit haben, sie zu besuchen. Mach nicht denselben Fehler wie ich bei deinem Großvater. Du würdest den Gedanken, dass du mehr Zeit mit ihr hättest verbringen können, dein Leben lang bereuen, wenn sie erst …«

»Sag es nicht!«

Er seufzt. »Wir reden später darüber. Überleg's dir einfach.«

Überleg's dir einfach – als ob ich in dieser Angelegenheit eine Wahl hätte. Hattie lebt wie eine Art statisches Rauschen in meinem Kopf, manchmal im Hintergrund, manchmal so sehr im Vordergrund, dass ich nur noch Schneegeriesel wahrnehme.

Ich gehe nach draußen auf die Veranda und stelle mich vor Hatties Hollywoodschaukel. Ich weiß noch, wie ich dieses mir so wichtige Detail von Hatties Veranda letzten Sommer zwischen unseren Gartenliegen gefunden habe, als ob sie nur ein weiteres Möbelstück wäre. Aber sie riecht immer noch genauso wie damals, nach frisch geschlagener Eiche für den Kamin und ein bisschen nach Kiefer, um das Feuer anzuzünden.

Hattie sagte immer, draußen zu sein, sei eine Freizeitbeschäftigung. Sie und ich saßen immer auf der Schaukel und beobachteten Vögel, Bäume und Wolken. Manchmal sprachen wir, manchmal auch nicht, und das stundenlang, während wir Limonade oder Tee tranken. Oder beides.

Ich setze mich hin und schwinge im Dunkeln hin und her, während sich der Halbmond langsam hinter den Bäumen versteckt, und denke an sie. Ich mache mir Sorgen. Wenn ich mein Notizbuch hätte, würde ich eine Liste all meiner Ängste erstellen.

Ich habe Angst, dass sie allein war, als sie gestürzt ist.

Ich habe Angst, dass sie Schmerzen hatte.

Ich habe Angst, dass sie geweint hat.

Ich habe Angst, dass sie es nicht tat.

Ich habe Angst, dass sie sauer auf mich ist, weil ich sie nie besuche.

Ich habe Angst, dass sie überhaupt nicht mehr so ist, wie ich sie in Erinnerung habe.

Ich habe Angst, dass sie mich nicht erkennt, wenn ich doch zu ihr gehe.

Ich habe Angst, dass sie für immer fort sein könnte, bevor ich den Mut aufbringe, sie zu besuchen.

Diese ganzen Ängste rauben mir den Atem und verwandeln sich allmählich in ein Magen zerquetschendes Schuldgefühl und eine Seele auffressende Panik. Wenn ich das alles nicht aufschreibe, werden mir diese Ängste viel mehr als nur meinen Atem rauben. Ich brauche mein Notizbuch, und zwar jetzt.

Wie auf Kommando piepst mein Handy, das auf meinem Schoß liegt. Es ist nach elf. Ich greife hastig danach und mein Blick verschwimmt leicht, als ich Carters einsilbige Antwort lese:

Ja.

Also hat er es, aber er sagt nicht, ob er es gelesen hat. Ich antworte ihm, wobei ich die Nachricht zehnmal umformuliere, ehe ich sie absende:

Ich brauche mein Notizbuch. Du hast doch nicht reingeschaut, oder?

Ich warte ab, bis er zurückschreibt, was ewig dauert. Ich stehe kurz davor zu implodieren, als seine Antwort nach ungefähr zehn Minuten endlich kommt.

Wir können morgen früh tauschen. Komm zu meinem Spind.

Er hat meine Frage nicht beantwortet. Warum hat er meine Frage nicht beantwortet?

Meine Haut prickelt und wird dann taub. Vielleicht ist er wie meine Mom – wenn ich ihr eine Nachricht mit mehreren Fragen schicke, beantwortet sie immer nur eine. Vielleicht hat er einfach nur vergessen, auf diese eine, extrem wichtige Frage zu antworten. Also schreibe ich zurück:

Okay. Wo ist dein Spind?

3

To-dos vor meinem Highschoolabschluss

Sein Spind steht in Gang B und hat die Nummer 177. Ich lehne mich gegen die Tür, in meinen braunen Stiefeln mit den Blockabsätzen und meinem schulterfreien gelben Kleid. Mein widerspenstiges Haar habe ich oben auf dem Kopf zu einem Knoten zusammengefasst; ich trage Make-up, meine dunkelbraune Haut glänzt vor Babyöl und ich habe ein leichtes Parfüm aufgelegt. Nein, ich habe mich nicht aufgestylt, weil ich mich mit ihm treffe, und nein, ich habe mich auch nicht aus Berechnung mit überkreuzten Beinen an seinen Spind gelehnt. So sehe ich immer aus.

Aber wenn mein Aussehen ihn dazu ermutigt, ein bisschen freundlicher zu mir zu sein, werde ich mich nicht beklagen.

Er hat gestern Abend meine Frage nicht beantwortet und ich konnte nicht schlafen, weil ich mir den Kopf über das »Warum« zerbrochen habe. Er hat doch bestimmt nicht gelesen, was in meinem Notizbuch steht, oder? Er würde doch nicht so dreist meine Privatsphäre verletzen. Aber was, wenn doch? Dann wüsste er über all meine Lügen Bescheid. Er wüsste, was für ein Monster ich bin. Ich beiße mir auf die Unterlippe und werde nervös. Denn vielleicht erzählt er es den anderen.

Schülerinnen und Schüler strömen durch den Gang. Spinde öffnen und schließen sich und ich suche in der Menge nach Carter, kann ihn aber nirgends entdecken. Und er ist normalerweise nicht zu übersehen: Er ist größer als die meisten und seine Haut ist viel dunkler. Aber alles, was ich sehe, sind mittelgroße Weiße.

Während meine Augen noch über die Menge schweifen, habe ich ganz plötzlich Blickkontakt mit Destany – etwas, das ich die ganze Woche vermieden habe.

Sie schlendert durch den Gang, in engen Jeans und roten, spitz zulaufenden Pumps und die weiße Spitzenbluse, die sie trägt, zeigt viel von ihrer Haut, die während der Ferien eine goldene Sonnenbräune angenommen hat. Sie geht dicht neben Gia Teller, die fast genauso gekleidet ist wie sie.

Sie kommen auf mich zu. Ich senke den Blick und betrachte das Display meines Smartphones, aber sie bleiben direkt vor mir stehen. Gia schließt den Spind Nr. 176 auf, direkt neben dem von Carter. *Das soll wohl ein Witz sein.* Sie sagt: »Sieh mal an, wer endlich bereit ist zu reden.«

Ich mache einen kleinen Schritt zur Seite.

Gia mustert mich von oben bis unten und lächelt dann. »Du siehst echt hübsch aus.« Ich kenne sie gut genug, um zu wissen, dass ihre Bemerkung nicht freundlich gemeint ist.

Destany tritt zwischen Gia und mich, mit großen runden Augen. »Quinn, ich bin so froh, dass du hier bist. Ohne dich stehe ich total neben mir.«

Ich trete einen weiteren Schritt zur Seite. Mein Herz verkrampft sich, weil es mir genauso geht. Ich vermisse unsere After-School-Trips zu Starbucks, für eine Extraportion Koffein, mit der wir den Tag noch einmal durchgehen. Sie holte sich immer einen Kaffee, trank einen Schluck, breitete ihre Arme weit aus und sagte: »Mach schon, Quinn. Spül deine Sorgen einfach runter.« Ich habe das die ganze Woche lang nicht machen können.

Ich würde ihr von meinem Gespräch mit Matt gestern erzählen, dass er auf dem Trampolin meine Hand gehalten hat. Das ist eine bedeutsame Entwicklung in Sachen Matt. Sie würde sich so sehr für mich freuen.

Ich könnte ihr einfach vergeben. Wir könnten am Wochenende eine Pyjamaparty feiern, nur sie und ich. Keine Gia. Kein Drama. Gott, wie gut das klingt. Allein zu sein, ist echt scheiße. Als wir noch Freundinnen waren, hatte ich wenigstens jemanden, mit dem ich durch die Schule gehen und zusammen zu Mittag essen konnte, mit dem ich im Unterricht chatten konnte. Es ist erst vier Tage her und ich zerbreche allmählich.

Dann sagt sie: »Es tut mir leid wegen Matt und der Party. Er hat mit mir geflirtet, aber ich hätte mich nicht darauf einlassen dürfen. Ganz und gar nicht …«

Gia mischt sich ein. »Es ist doch nicht Dessies Schuld, wenn Matt sie mag.«

Mein Blut kocht über. Ich hasse es, wenn Gia den Kosenamen benutzt, den ich Destany gegeben habe. Mir wird klar, dass ich für dieses Gespräch noch nicht bereit bin, besonders nicht in Gias Anwesenheit. Ich schaue an den beiden vorbei, in der Hoffnung, dass Carter mich aus dieser unmöglichen Situation rettet.

Destany fährt fort: »Vergessen wir doch die ganze Sache. Ich weiß, dass man manchmal emotional reagiert und überstürzte Entscheidungen trifft. Lassen wir es hinter uns. Tun wir so, als ob es nie …«

Ich gehe einfach weg.

»Quinn!«

Gia kichert. »Ich hab's dir doch gesagt, Dessie. Echte Freunde lassen einen nicht hängen wegen eines Typen. Vergiss sie.« Sie muss es förmlich hinter mir herschreien, weil ich sie sonst aus dieser Entfernung nie und nimmer gehört hätte. Ich renne nun fast. Ein paar Köpfe drehen sich nach mir um und schauen mir hinterher. Sie haben es auch gehört. Und jetzt verurteilen sie mich deswegen.

☆

Ich gehe ohne mein Journal zu Psychologie. Ich gehe zu Psychologie und wünsche mir nichts sehnlicher, als dass ich mein Notizbuch hätte. Ich muss ständig an die Party bei Chase denken. Die Heimfahrt war das Schlimmste. Ich saß allein auf dem Rücksitz und habe meine ganze Kraft aufbringen müssen, um nicht zusammenzubrechen.

Ich war fassungslos. Angewidert. Verletzter, als ich je zugegeben hätte. Destany und Gia saßen vorn und kicherten wie verrückt, und als ich nicht mitmachte, drehte sich Destany um und fragte mich: »Quinn, was ist los mit dir?«

Ich konnte nicht sprechen. Ich wusste genau, wenn ich etwas sage, würde ich explodieren, und deshalb hielt ich den Mund und schaute einfach aus dem Fenster.

Carter schreibt mir eine Nachricht, kurz nachdem die erste Stunde angefangen hat.

Hast du's vergessen?

Wir treffen uns vor der zweiten Stunde.

Mrs Henderson schließt die Tür und legt ihr Lieblingsmeditationsvideo ein: kontrolliertes Atmen. Und ausnahmsweise bin ich dankbar für diesen vertrauten Ablauf. »Konzentriert euch auf eure Atmung. Atmet tief ein ... und aus. Wenn euer Geist auf Wanderschaft geht, kein Problem, lasst es zu. Nehmt den Gedanken wahr und dann kehrt wieder zurück zu eurer Atmung.«

Mein Geist läuft Amok, aber ich tue, was die sanfte Frauenstimme sagt, nur dass ich meine wilden Gedanken *nicht* wahrnehme. Ich zwinge mich, meine Atmung wieder in den Fokus zu rücken. Keine Gedanken machen. Keine Sorgen machen. Nur atmen.

Aber sobald die zehn Minuten um sind, stürzt alles, was ich zurückgehalten habe, wieder auf mich ein. Ich brauche dieses Notizbuch. Ich kann das einfach nicht. Es ist mir egal, ob Gia und Destany vor Carters Spind herumhängen. Ich kriege mein Notizbuch zurück, auf die eine oder andere Weise.

Ich schwitze mich durch die fünfzig Minuten Unterricht, dann klingelt es endlich. Ich laufe zum Gang B. Meine Füße schmerzen, ich komme mir lächerlich vor in diesem Kleid und mit dem ganzen Make-up. Ich entdecke Carter vor seinem Spind. Gott sei Dank sind Gia und Destany nirgends zu sehen. Carter hat seinen offenen Rucksack vor der Brust hängen. Er trägt eine schlichte schwarze Jogginghose, ein knallenges blaues T-Shirt, das an seinem Bizeps klebt, und seine alten Tennisschuhe. Mein Mund fühlt sich trocken an und unwillkürlich gehe ich langsamer. Sein Anblick löst etwas in meinem Körper aus. Es fühlt sich an, als hätte ich eine Packung Icy Hot geschluckt.

Das sind bloß die Nerven. Ich habe unzählige Gründe, nervös zu sein, genug für eine Liste, aber ich habe auch so schon viel zu viele Listen in meinem Kopf.

Als ich auf ihn zukomme, huschen seine Augen über meinen Körper. Dann senkt er den Blick wieder auf das Innere seines Rucksacks. Ich lehne mich mit seinem Collegeblock im Arm gegen Gias Spind. »Hi.«

»Was geht?«, sagt er gleichmütig, schnappt sich seinen Block aus meiner Hand und wirft ihn in seinen Spind.

Ich zögere, weil ich nicht weiß, wie ich anfangen soll. »Also … hast du's gelesen?« Warum darum herumreden? Er macht es mir ja nicht gerade leicht.

Carter schaut auf und fängt meinen Blick ein. Seine Augen halten meine eine stumme Sekunde lang fest und dann, endlich, schüttelt er den Kopf. »Nee.« Mein Atem strömt hörbar aus mir heraus. »Nur die erste Seite.«

Wieder verkrampfe ich mich. Moment mal. Auf der ersten Seite steht eine To-do-Liste, aber nicht irgendeine, sondern meine »To-dos vor meinem Highschoolabschluss«. Im Grunde genommen eine Zusammenfassung all meiner Lügen.

TO-DOS VOR MEINEM HIGHSCHOOLABSCHLUSS

1. Mir die beiden Unis anschauen, die mich aufgenommen haben
2. Matthew Radd meine Liebe gestehen
3. Das angeblich atemberaubende Nachtleben von Austin entdecken
4. Meinen Eltern gestehen, dass ich es nicht auf die Columbia geschafft habe
5. Oma Hattie besuchen
6. Destany den wahren Grund nennen, warum ich sie ghoste
7. Und zu guter Letzt: Du weißt, was du zu tun hast.

Mit großen Augen frage ich: »Aber die erste Seite hast du gelesen? Ganz?«

Er kramt immer noch in seinem Rucksack. »Ja.«

Meine Gedanken überschlagen sich, während ich noch mitten in einer unbehaglichen Erkenntnis stecke. Und dann besitzt er die

Frechheit zu sagen: »Du weißt schon, dass es nur noch zwei Monate bis zum Abschluss sind, oder?« Er lächelt mich an. »Wann willst du deinen Eltern sagen, dass du nicht auf die Columbia gehst?«

Ehe ich mich zurückhalten kann, stoße ich meinen Zeigefinger in Richtung seines Gesichts. »Das geht dich gar nichts an.«

»Ich mein ja nur: Du hast noch sieben Dinge zu erledigen und nur noch acht Wochen Zeit.«

Ich strecke die Hand aus. »Ich will mein Notizbuch, keine guten Ratschläge.«

Er grinst und greift in seinen Rucksack. »Mein Fehler.«

»Und ich wäre dir dankbar, wenn du über das, was du gelesen hast, die Klappe halten würdest.«

Sollte ich ihn vielleicht freundlicher behandeln? Immerhin hat er mich nach wie vor in der Hand. Aber ich kann nicht anders, wenn er mich so ansieht – wie ein verachtenswertes reiches Mädchen, das es nicht in die Oberliga geschafft hat, obwohl ihr Dad eine ganze Bibliothek gespendet hat.

»Kein Problem. Du brauchst ja offenbar meine Hilfe nicht, um dich unbeliebt zu machen.«

»Was soll das denn heißen?«

Sein Lachen facht meine Wut nur noch an. »Nichts, Hilary. Gar nichts.«

Ich balle meine Fäuste. »Kann ich jetzt bitte mein Journal wiederhaben?« Ich verliere langsam wirklich die Geduld. Sobald ich wieder im Besitz meiner Listen bin, werde ich seinen Namen unter die mit dem Titel »Ohne diese Dinge wäre die Menschheit besser dran« setzen, gleich unter Ranch-Dressing und Nickelback.

»Klar.«

Aber er wühlt immer noch in seinem Rucksack. Warum hat er

mein Notizbuch noch nicht gefunden? Dann blicke ich ihm ins Gesicht und sehe, dass er die Stirn runzelt. »Ähm …«, sage ich.

»Noch 'ne Sekunde.« Er lässt den Rucksack fallen und sieht in seinem Spind nach. Seine Hände werden hektischer und mein Herzschlag beschleunigt sich ebenfalls.

Er schaut hierhin und dorthin und wieder hierhin. Meine Augen werden feucht. »Hast du es?«, frage ich in der Hoffnung, dass er noch irgendwo ein Geheimfach öffnet oder dass seine Taschen tiefer sind, als sie aussehen. Er lässt die Hände sinken und dreht sich zu mir um, einen unglücklichen Ausdruck in den Augen. Mein Magen sackt zehn Stockwerke nach unten.

»Ich weiß, dass ich es in der ersten Stunde noch hatte«, sagt er und schlägt die Spindtür zu.

»Bei wem hast du die erste Stunde?«

Er gibt mir keine Antwort, sondern läuft einfach davon, wobei er unterwegs den Reißverschluss seines Rucksacks zuzieht. Ich muss joggen, um Schritt zu halten. »He, warte!«

Er geht nicht langsamer. Aber er ist so groß, dass ich seinen Kopf über all den anderen gut erkennen kann. Ich sehe, dass er in den Flur einbiegt, der Gang B mit Gang C verbindet – BC, wie man ihn nennt. Dann verschwindet er in einem Klassenzimmer auf der rechten Seite, Mrs Yates' Biolabor.

Als ich endlich den Klassenraum erreiche, sitzen die Schüler ihrer zweiten Stunde schon an den Schreibtischen. Carter steht im Türrahmen. Er ist so groß, dass er die gesamte Türöffnung versperrt. Mrs Yates schreibt gerade etwas an die Tafel. Auf seine Frage hin sagt sie: »Nein, ich habe nichts gefunden. Leute, hat einer von euch ein Notizbuch gesehen?«

Keiner achtet auf sie, keiner gibt ihr eine Antwort. »Wo ist dein Platz?«, frage ich, als ich allmählich wieder zu Atem komme.

Wieder würdigt er mich keiner Antwort. Er geht zur drittletzten Reihe und bleibt neben Timothy O'Malley stehen, der mit wahrer Gottesfurcht in den Augen zu Carter hochblickt. Carter legt eine Hand auf den Schreibtisch und beugt sich dicht zu Timmy hinunter.

Mein Herz hämmert so laut, dass es alle Geräusche des Klassenzimmers übertönt. Als Carter mit leeren Händen zurückkommt, frage ich ihn: »Also? Wo ist es?«

»Ich schwöre, im Bus hatte ich es noch.« Seine Augen flehen mich an, ihm zu glauben. »Ich dachte, ich hätte es auch in der ersten Stunde gehabt, aber …« Er schüttelt den Kopf, als ob er versuchen würde, seine Unsicherheit abzuschütteln. »Das muss wohl mein Bioblock gewesen sein.«

»Und jetzt?«, frage ich. Meine Stimme zittert hörbar. Ich muss mir alle Mühe geben, um nicht die Beherrschung über meine Gesichtsmuskeln zu verlieren. Er darf mich nicht unkontrolliert und hemmungslos heulen sehen. Dann wäre ich bei ihm endgültig unten durch.

Carter senkt das Kinn, um mir in die Augen zu blicken. »Ich glaube, ich habe es im Bus liegen gelassen.«

4

Wo mein Notizbuch sein könnte

Die Klingel schrillt. Ich komme zu spät.

»Du hast *was?*«

»Aber das ist doch gut«, sagt er.

»Wie kann das *gut* sein?«

»Entschuldigt mal«, sagt Mrs Yates, die Hand an der Hüfte. »Seht zu, dass ihr in euren Unterricht kommt.«

Carter verdreht die Augen, packt mich an den Schultern und schiebt mich aus dem Raum. Mrs Yates schließt die Tür hinter uns.

»Wie kann es gut sein, dass du mein Notizbuch verloren hast?«

»Nicht, dass ich es verloren habe, sondern dass ich es im Bus verloren habe. Du kennst doch niemanden, der den Stadtbus nimmt, oder?«, setzt er hinzu. »Also, wer immer das Ding findet und vielleicht liest, kann damit gar nichts anfangen, weil es für denjenigen nichts bedeutet.«

Das stimmt. »Trotzdem habe ich es nicht.«

»Ja, aber …« Er zuckt mit den Schultern.

»Da drin steht jede Einzelheit über mich. Ohne mein Journal weiß ich nicht, wer ich bin.«

Er betrachtet mich, als ob ich nicht mehr alle Tassen im Schrank hätte. »Du bist du. Warum brauchst du eine Betriebsanleitung für dich?«

»Das ist keine Betriebsanleitung. Das ist eher …« Ich suche nach einem passenderen Wort für meine Listen. »Es ist wie mein Fundament. Es verrät mir nicht, wohin ich gehe. Es sagt mir, wo ich war.«

»Okay. Dann schreib ein neues.«

Fassungslos starre ich ihn an. »Ich kann es nicht einfach neu schreiben.«

»Was ist hier los?« Die Stimme von Mr Falcon, dem Schulleiter, ertönt direkt hinter uns.

»Bin gerade auf dem Weg in den Unterricht, Sir.« Carter macht einen Schritt rückwärts, ohne die Augen von mir abzuwenden. »Bis später.« Dann dreht er sich um und hastet davon.

Ich presse die Lippen aufeinander. Die ganze Sache war komplette Zeitverschwendung. Mein Journal ist weg, auf ewig verloren. Darauf war ich nicht vorbereitet. Ich dachte immer, wenn ich irgendwann einmal verrückt genug sein würde, mich davon zu trennen, hätte ich bestimmt andere Methoden, um mit meinen Problemen fertigzuwerden.

Ich drehe mich um, während ich noch mit den Tränen kämpfe. Mr Falcon mustert mich und sein Gesicht wird freundlich. »Alles in Ordnung, Miss Jackson?«

»Ja, Sir.« Ich renne an ihm vorbei zum Matheunterricht, wo ich mir eine Abmahnung und einen bösen Blick von Mr Foster einfange, weil ich zu spät komme. Dann setze ich mich hin und mache mir keine einzige Notiz.

Carter glaubt, ich könnte einfach ein neues Listenbuch anlegen. In Gedanken blätterte ich durch all meine Listen: »To-dos vor meinem Highschoolabschluss«, »Was ich für mein Appartement kaufen will«, »Was ich beim Umzug wegwerfen will«. Dann meine Leitfäden: »Wie man Körpersprache interpretiert«, »Wie man neue Freunde findet«, »Wie man vergibt und vergisst«. Nichts davon habe ich bisher wirklich gelernt. Meine Lieblingsbücher, Lieblingsfilme, mein Lieblingsessen, meine Lieblingsstraßen, durch die ich immer mit heruntergelassenem Fenster fahre. Die besten, schlimmsten und denkwürdigsten Tage meines Lebens. Und dann der letzte Teil. Der unersetzliche Teil.

Ich frage mich, wo mein Notizbuch jetzt ist. Vielleicht liegt es unbeachtet auf Carters Platz im Bus, weil sich niemand dafür interessiert. Vielleicht findet es der Busfahrer am Ende der Strecke und wirft es in den Müll. Oder vielleicht bringt er es ins Fundbüro.

Aber was, wenn sich jemand doch dafür interessiert und es mitnimmt? Vielleicht irgendein heißer Collegetyp. Dann liest er meine Liste mit den sieben Dingen, die ich vor dem Highschoolabschluss noch tun will. Er liest, dass ich in einen Typen namens Matt verliebt bin. Und er liest, dass ich es nicht auf die Columbia geschafft habe und meine Eltern keine Ahnung davon haben. Er liest, dass ich ein Mädchen namens Destany ghoste. Und alles, was er liest, beweist, wie katastrophal mein Leben ist.

Vielleicht langweilen ihn meine To-do-Listen und er lässt das Buch für den nächsten Fahrgast liegen. Vielleicht werden ganze Horden von Fremden meine Listen lesen. Vielleicht aber auch niemand.

WO MEIN NOTIZBUCH SEIN KÖNNTE

1. Auf dem Platz im Bus, wo Carter saß
2. Im Fundbüro des Busbahnhofs
3. Bei irgendeinem Fahrgast zu Hause
4. Bei dem heißen Collegetypen zu Hause, der sich nach der Lektüre meines Notizbuchs unsterblich in mich verliebt hat und jetzt auf der Suche nach mir ist
5. In einem Coffeeshop, wo der heiße Collegetyp einen großen Soja-Double-Shot-Vanille-Latte mit einem Schuss

Karamellsoße bestellt, weil er meine Liste mit den besten Kaffee-Kombos gelesen hat, von »lecker« bis »mies«

6. In Carters Rucksack, weil er der Teufel ist und meine Welt in eine Hölle verwandeln will

Unter meinem Tisch vibriert mein Handy. Mr Foster deutet mit dem Rücken zu mir gewandt auf irgendwelche unverständlichen Symbole auf dem Smartboard. Ich schalte mein Handy ein. Und dann verblasst alles rings um mich herum angesichts der vier Worte auf dem Display:

Ich habe dein Journal.

Ich keuche auf und schlage die Hand vor den Mund.

Mr Foster dreht sich zu mir um. Genau wie der Rest der Klasse. »Irgendein Problem, Miss Jackson?«, fragt er.

Ich schüttele den Kopf, die Lippen fest zusammengepresst. Er dreht sich um und widmet sich wieder den Zeichen an der Tafel. Ich sollte mir wirklich Notizen machen. Ich hinke in diesem Kurs sowieso schon weit hinterher. Aber ich kann den Blick nicht von dem Profilbild mit dem handgemalten Smiley abwenden. Wer ist das? Jemand, der mein Journal im Bus gefunden hat? Der heiße Collegetyp aus meinen Träumen? Carter?

Ich tippe:

Kann ich es bitte wiederhaben?
Wo können wir uns treffen?

Ich nage an meiner Unterlippe und warte, während ich auf den kahlen Hinterkopf von Mr Foster starre. Ich sehe, wie am anderen Ende getippt wird.

Noch nicht. Ich stelle eine Bedingung.

Was für eine Bedingung? Meine Finger fliegen über den Touchscreen.

Wer bist du? Und was willst du?

Ich stütze beide Ellbogen auf den Tisch, verschränke meine Hände und lege das Kinn darauf.

Mein Handy vibriert und beinahe hätte ich es bei dem Versuch, es von meinem Schoß zu nehmen, fallen gelassen.

Ich will, dass du diese Liste erledigst.

Dann erscheint ein Foto mit meiner Handschrift:

TO-DOS VOR MEINEM HIGHSCHOOLABSCHLUSS

1. Mir die beiden Unis anschauen, die mich aufgenommen haben
2. Matthew Radd meine Liebe gestehen
3. Das angeblich atemberaubende Nachtleben von Austin entdecken
4. Meinen Eltern gestehen, dass ich es nicht auf die Columbia geschafft habe
5. Oma Hattie besuchen
6. Destany den wahren Grund nennen, warum ich sie ghoste
7. Und zu guter Letzt: Du weißt, was du zu tun hast.

Langsam öffnet sich mein Mund. *Carter*. Er hat mich ja von Anfang an gedrängt, diese Liste abzuarbeiten. *Du hast noch sieben Dinge zu erledigen und nur noch acht Wochen Zeit.* Meine Atmung beschleunigt sich. Ich bringe ihn um. Nein, ich werde alles zerstören, woran ihm etwas liegt.

Gib mir mein Journal zurück, du blödes Arschloch. Denkst du, ich weiß nicht, dass du es bist, Carter?

Wieder wird am anderen Ende der Leitung getippt.

Erledige die Liste oder alle werden von deinem Journal erfahren.

Mach doch. Trau dich. Dann mach ich dich fertig.

Ich werde schnurstracks zum Schulleiter gehen, wenn die Stunde zu Ende ist. Carter wird sich wünschen, niemals mein Notizbuch auch nur angefasst zu haben. Weiß er überhaupt, dass meine Mutter Anwältin ist? Wenn irgendwas aus meinem Journal an die Öffentlichkeit dringt, ist seine Zukunft vorbei.

Mein Handy vibriert wieder.

Das ist eine zu große Verlockung für mich.

Dann vibriert es noch einmal, doch diesmal kommt keine Nachricht. Nur der Hinweis, dass ich in einem neuen Foto getaggt wurde.

5

Fünf Lügen über mich, die alle glauben

FÜNF LÜGEN ÜBER MICH, DIE ALLE GLAUBEN

1. Es kümmert mich nicht, wenn meine Freunde in meiner Gegenwart das N-Wort benutzen.
2. Ich ghoste Destany, weil Matthew Radd mit ihr geflirtet hat.
3. Ich bin lediglich wegen des »Förderprogramms für Minderheiten« in der Columbia aufgenommen worden.
4. Es ist mir jetzt leichtergefallen, mich von Destany abzuwenden, weil ich es auf die Columbia geschafft habe und sie nicht.
5. Dass ich es überhaupt auf die Columbia geschafft habe.

Ich bin nicht die einzige Person, die getaggt wurde. Alle in der Klasse, alle in der *Schule*, wurden getaggt. Ich höre ihre Handys vibrieren, alle gleichzeitig, und ich sehe, wie sie unter ihren Schreibtischen das Foto anschauen.

Dann rucken ihre Köpfe nach oben, einer nach dem anderen. Kaide, Lucy, Macy und Trish mustern mich wie Jäger ihre Beute. Gestern war ich noch eine von ihnen – eine aus der Oberliga. Heute bin ich bloß ein verlogenes Stück, eine Versagerin.

Als die Stunde zu Ende ist, sollte ich mich eigentlich auf den Weg zum Schulleiter machen, aber stattdessen sitze ich wie festgeklebt auf meinem Stuhl. Die anderen kreisen mich ein wie ein Rudel Hyänen.

»Stimmt es?«, fragt Kaide, die zukünftige Harvard-Absolventin. »Hast du's wirklich nicht auf die Columbia geschafft?«

Meine Lippen zittern. Ich bin nicht mit der Erwartung in den Tag gestartet, diese Lüge heute offenbaren zu müssen. Ich habe sie mir ja selbst kaum eingestanden. Da ich seit Monaten damit lebe, habe ich wohl irgendwie allmählich selbst daran geglaubt. Dazu kommt noch, dass meine Eltern seit Jahren mein Leben in New York planen, als ob ich schon am Tag meiner Geburt an der Columbia angenommen worden wäre.

Princeton-Lucy schüttelt den Kopf, während Macy und Trish (beide Dartmouth) kichern.

»Was ist passiert?«, fragt Kaide. »Hat dir selbst das Förderprogramm für Minderheiten nicht den nötigen Schubs gegeben?«

Ich erstarre. Die beiden Dartmouth-Mädchen lachen, aber Lucy ist geschockt. »Das ist rassistisch.«

»Wieso ist das rassistisch? Das ist nur eine Frage. Geht es nicht bei der Förderung von Minderheiten genau darum? Leuten, die nicht weiß sind, auf die Sprünge zu helfen, *weil* sie nicht weiß sind?«

Ich habe keine Ahnung, was ich gerade fühle. Es ist mir peinlich, so viel ist klar, aber im Grunde genommen schäme ich mich abgrundtief. Ich schäme mich, weil ich nicht den Mund aufmache, um ihnen zu sagen, wie viel härter meine Eltern arbeiten mussten, nur um überhaupt neben weniger qualifizierten Weißen *geduldet* zu werden.

Nein. Stattdessen lasse ich sie mit diesen Vorstellungen in ihren

Köpfen davonkommen, wie immer. Sich als einzige Schwarze in der Klasse gegen Rassismus zur Wehr zu setzen, scheint mir keine gute Idee zu sein, besonders unter diesen Umständen: Sie alle haben es auf die besten Universitäten des Landes geschafft, während ich, das Schwarze Mädchen, nur so getan habe, als ob.

Mein Handy vibriert erneut. Ich habe Angst nachzusehen, was Carter als Nächstes für mich auf Lager hat.

Wenn du damit zum Schulleiter gehst,
schicke ich die Liste an deine Eltern.

Wisst ihr, was? Nein. Vergesst den Schulleiter. Ich regle das selbst. Seit er mein Journal »verloren« hat, juckt es mich in den Fingern. Zu gerne würde ich ihm eine richtige Abreibung verpassen.

Ich renne aus Mr Fosters Klassenzimmer, hinein in ein Meer aus anklagenden Blicken. Perfekt gestylte Köpfe sehen mir nach, wie ich auf der Suche nach Carter durch die Gänge laufe. Im Gang C entdecke ich ihn; sein Kopf überragt alle anderen. Meine Augen werden schmal, Tränen sammeln sich darin. Shit. Ich bin unfassbar wütend. Wenn ich so wütend werde, fange ich an zu weinen. Und wenn ich es so weit kommen lasse, heule ich richtig los, unkontrollierbar. Das ist mehr als ungerecht.

Als ich in seine Reichweite komme, schnappe ich seinen Arm und drehe ihn unsanft zu mir herum. Sein Mund steht weit offen, als ich ihn am Kragen packe und sein Gesicht zu mir hinunterziehe.

»He, was zum Henker …«

»Gib mir mein Journal zurück, bevor ich dich zerstöre.« Ich knirsche die Worte nur so zwischen den Zähnen hervor.

»Wovon redest du?« Seine Augen, nur Zentimeter von meinem Gesicht entfernt, suchen in meinen nach einer Antwort.

»Ich weiß, dass du mich erpresst!«

Alle starren uns an, aber das ist mir egal.

Carter befreit seinen Kragen mühelos von meinen Fingern und richtet sich auf. Er überragt mich um einen Kopf. »Dich erpressen?«

Es macht mich rasend vor Wut, dass er es nicht einfach zugibt. Er hat die Columbia-Bombe platzen lassen – reicht ihm das nicht?

Ich presse die Hände gegen mein Brustbein. »Was habe ich getan? Warum denkst du, dass ich das verdiene?«

Er schaut sich im Gang um, dann senkt er sein Kinn und seine Stimme. »Sag mir bitte, wovon du redest.«

Ich hole mein Handy aus der Tasche und halte es ihm dicht vor sein Gesicht.

Er betrachtet das Foto, als ob er es noch nie zuvor gesehen hätte. »Wer hat das gepostet?« Er holt sein eigenes Handy aus der Hosentasche. »Moment mal, ist es das, was sich alle im Unterricht angesehen haben?«

»Als ob du das nicht wüsstest!«

»Hey, Miss Columbia«, sagt Darla Mason mit einem höhnischen Grinsen, als sie an mir und Carter vorbeigeht.

Mein Herz schlägt doppelt so schnell wie normal. Alle wissen über die Columbia Bescheid und natürlich werden es alle ihren Eltern erzählen. Nicht mehr lange und dann finden es auch meine Eltern heraus.

»Quinn«, sagt Carter, sodass ich meine Aufmerksamkeit wieder auf ihn lenken muss. »Du denkst, dass *ich* das war?«

»Ich weiß, dass du es warst.« Ich lache. »Gib mir einfach mein Journal zurück und lass mich in Ruhe, verdammt noch mal.«

Es klingelt. Ich komme schon wieder zu spät.

»Hör zu, ich muss in den Unterricht.« Er geht rückwärts. »Ich war das nicht, okay? Ich schwöre es dir, ich war es nicht.« Dann dreht er sich um und lässt mich mit dem ganzen Schlamassel allein.

Natürlich war er das. Denn wenn nicht, hat irgendein unbekannter Barbar alles über mich gelesen, kennt alle meine Geheimnisse und zwingt mich, meine Sünden einzugestehen, weil er sie ansonsten an meiner Stelle offenlegt. Und irgendein unbekannter Barbar macht mir viel mehr Angst als Carter, weswegen ich diese Möglichkeit gar nicht in Betracht ziehe. Es ist Carter. Es muss Carter sein. Bitte lass es Carter sein.

In der dritten Stunde habe ich zusammen mit Destany Unterricht. Ich wette, sie und Gia suhlen sich in meinem Elend. Sie hat mich vielleicht am letzten Wochenende verletzt, aber ich habe sie monatelang wegen der Columbia angelogen. Ich kann ihr nicht gegenübertreten. Ich laufe aus der Schule hinaus, zur Hinterseite des Gebäudes.

Dort befindet sich ein grasbewachsener Hügel, mit einer Eiche direkt am Hang. In der Ferne ist die Wiese von einem Holzzaun eingefasst, hinter dem sich Bäume und dichtes Gebüsch erheben. Im Augenblick hängt zäher Nebel im Unterholz. Dort gehe ich hin. Ich stelle mir vor, wie ich über den Zaun klettere, mir einen Weg durch das Gebüsch bahne, genau wie durch das Unterholz rings um Hatties Haus, und wie ich dann mit ihr in ihrem Gator durch die Gegend fahre.

Ich schaue hinauf in den grauen Himmel. Ein kleiner Teil von mir wünscht sich, es würde regnen, aber der größere Teil weiß genau, was Regen mit meinen Haaren anstellt. Früher war mir das egal. Genauso wie Hattie. Sie hat immer einen Scheiß auf so was gegeben.

Als ich fünfzehn war, fuhr ich zu dem Bach, der tief in dem Wald hinter ihrem Haus versteckt lag. Die Wolken ballten sich zusammen, grau in Schwarz. Ich fragte sie: »Was, wenn es regnet, solange wir hier draußen sind? Was, wenn der Gator stecken bleibt und wir im Nirgendwo stranden, ohne Essen, Wasser oder Handys?«

»Wenn wir stecken bleiben, zeige ich dir, wie man sich wieder befreit.« Aber zu diesem Zeitpunkt ging sie schon gebeugt und musste sich am Geländer festhalten, wenn sie die Treppe hinunterkam. Ich konnte mir beim besten Willen nicht vorstellen, wie sie es anstellen wollte, mir zu zeigen, wie man einen Gator aus dem Schlamm befreit, wenn sie doch selbst kaum die Veranda herunterkam.

Ich jammerte, als kleine Wassertropfen die Windschutzscheibe sprenkelten. »Hattie, wir sollten umkehren.«

»Na, komm schon, Kleine«, sagte sie. Sie nannte mich immer noch »Kleine«, obwohl ich schon lange größer und breiter geworden war als sie. »Du bist doch diejenige, die unbedingt heute schwimmen gehen wollte, oder nicht?«

»Ja, aber das habe ich nur so dahingesagt. Ich wollte nicht, dass wir unser Leben riskieren, nur um zu schwimmen.«

Sie strich mit dem Daumen über meine Wange, als ich auf den Weg einbog, der zum Badeteich führte. »Kindchen, du bist zu jung, um so vorsichtig zu sein.«

»Und du bist zu alt, um so unvorsichtig zu sein«, brummte ich.

Sie zwickte mich in den Arm. »Das habe ich gehört.« Sie lachte über mein Stirnrunzeln und ich rieb mir die Stelle, an der sie mich gezwickt hatte. »Solange ich mich noch bewegen kann, gibt's keinen Grund für mich stillzustehen.« Das sagte sie immer, wenn meine Eltern und ich sie baten, es langsamer angehen zu lassen.

Ich dachte: *Warum stehe ich dann still, obwohl ich mich noch bewegen kann?* Vielleicht weil ich zu viel Angst habe. Denn wenn ich mich bewege, könnten die Leute mich bemerken. Stillstehen ist viel einfacher.

Hattie hat nie den leichten Weg gewählt. Wenn jemand ihr Journal gestohlen hätte und sie mit ihren Geheimnissen erpressen würde, würde sie ... Shit, Hattie hatte keine Geheimnisse. Und wenn sie welche gehabt hätte, hätte sie nicht zugelassen, dass jemand sie gegen sie verwendet. Sie hätte die Wahrheit durch die ganze Schule gebrüllt und dann hätte sie Carter Bennett zerstört.

Aber so viel Mut habe ich nicht. Als die Glocke zur vierten Stunde läutet, rühre ich mich nicht. Ich bleibe draußen und lasse zu, dass die Feuchtigkeit meine Haare aufbauscht. Und obwohl ich weiß, dass ich es sein lassen sollte, schaue ich mir den Post auf Instagram an.

Gia hat den ersten Kommentar geschrieben:

Die hat es also nicht mal auf die Columbia geschafft?
Das ist echt der Hammer!

Der Kommentar hat fünfunddreißig Likes. Direkt darunter schreibt Kaide:

Soll ich jetzt etwa gar keine Songs mehr von Drake, Vontae und DaBaby – oder irgendeinem Rapper – mitsingen?
Du bist ja echt nichts Besonderes.

Aber offenbar muss man sich bei seinem Musikgeschmack ausschließlich nach ihr richten, weil sie Schwarz ist.

Nicht mal das Förderprogramm für Minderheiten kann was daran ändern, was für ein krasser Loser du bist.

Nichts von Destany.

Das Gras ist nass, weshalb ich mich auf meinen Rucksack setze. Ich stütze mich auf meinen Händen nach hinten ab, die Beine über Kreuz, und starre durch einen Spalt im Holzzaun. Ich könnte für immer hierbleiben, meinen Abschluss verpassen, müsste nie aufs College, nie meinen Eltern gegenübertreten. Und auch nicht Destany oder Hattie.

Als es zur Mittagspause klingelt, vibriert mein Handy. Ich will eigentlich nicht nachsehen, nicht hier, in meinem sicheren Hafen, aber ich kann nicht anders. Carter fragt:

Wo bist du?

Ich lege das Handy weg. Ich bin müde. Hoffnungslos. Ich überlege mir ernsthaft, ob ich über den Zaun springen und davonlaufen soll. Aber dann nehme ich das Handy wieder in die Hand und schreibe:

Hinter der Schule.

Nach einer Minute höre ich die Tür zuschlagen. Der Nebel hat sich aufgelöst, der Nachmittag wird heiß und meine Haut fängt an zu brennen.

»Hey«, sagt er und lehnt sich mit dem Rücken an den Zaun, das Gesicht mir zugewandt.

Ich schaue ihn nicht an.

»Ich bin nicht derjenige, der deine Liste online gestellt hat.«

Träge hebe ich den Kopf. »Ach, tatsächlich?« Ich lächele halbherzig. Dann schnappe ich mir mein Handy und zeige ihm den Chat zwischen meinem Erpresser und mir. »Das bist also nicht du?«

Er bückt sich, nimmt mir das Smartphone aus der Hand und liest den Chat durch. Falten bilden sich auf seiner Stirn.

»Du warst so versessen darauf, dass ich diese Liste erledige.« Ich lache bitter. »Und jetzt willst du mir erzählen, dass das alles bloß ein Zufall ist?«

»Ja! Das ist bloß Zufall.«

»Wenn du das nicht bist, wer ist es dann?«, frage ich.

»Keine Ahnung! Ich dachte, ich hätte dein Notizbuch im Bus liegen gelassen, aber so war es vermutlich nicht. Irgendjemand aus Mrs Yates' Bioklasse muss es haben.«

Ich wende den Blick wieder ins Grüne; ich spiele immer noch mit dem Gedanken, über den Zaun zu springen. Das ist mir alles zu viel.

»Du glaubst mir nicht, richtig?«, sagt er.

»Nein. Ich glaube, dass du jemanden hast, der die Drecksarbeit für dich erledigt.«

»Quinn, warum sollte ich das tun?«

»Darum!«, stoße ich hervor. »Du hast mir ja unmissverständlich klargemacht, was du von mir hältst, von meiner Collegekarriere an der Columbia, davon, dass ich so reich bin und nicht so hart arbeiten muss wie du. Und jetzt, da du die Wahrheit kennst ...«

Sein Gesichtsausdruck wird sanfter. »Hör mal, ich würde so etwas nie machen. Dafür bist du mir nicht wichtig genug. Oder besser gesagt deine Zukunft.«

Das sitzt. Es soll mich vielleicht trösten, aber es fühlt sich eher wie ein Tritt an.

Er hat immer noch mein Smartphone in der Hand, das plötzlich anfängt zu vibrieren. Sein Ausdruck wird wieder düster, als er auf das Display schaut. »Und wie«, sagt er und gibt mir das Handy zurück, »soll ich es geschafft haben, dir *das hier* zu schicken?«

Ich nehme ihm mein Telefon aus der Hand und lese die Nachricht:

> Wenn du bis zwölf Uhr morgen Nacht nicht einen Punkt von deiner To-do-Liste erledigt hast, mache ich eine zweite Liste öffentlich.

Tränen verschleiern mir den Blick, meine Lippen zittern. »Bitte pfeif deinen Handlanger zurück«, flehe ich. »Was habe ich dir denn getan? Bitte, Carter.«

»Ich sag's dir doch, das bin ich nicht!« Er schiebt die Hände in seine Hosentaschen. »Glaub doch, was du willst.« Dann stößt er sich vom Zaun ab. »Viel Spaß beim Erpresstwerden.«

Und geht. Mein Blick ist verschwommen. Ich schaue erneut auf die Nachricht. Als ich diese To-do-Liste geschrieben habe, wollte ich mir ein bisschen Druck von den Schultern nehmen. Die ganze Sache hat mich förmlich aufgefressen. Ich hatte nicht die Absicht, die Liste tatsächlich abzuarbeiten, weil ich es schlichtweg nicht kann.

Und jetzt werde ich dazu gezwungen.

Ich fühle mich, als würde ein Luftballon sich in mir aufblasen und mir so meinen Atem rauben. Egal wohin ich mich wende, es brennt an allen Fronten und es gibt niemanden, der mir hilft. Das ist einfach zu viel. Meine Hände fahren hoch zu meinem Gesicht, können die Tränen aber nicht aufhalten, die mir aus den Augen quellen.

Einige Mädchen weinen und es ist ganz leicht, mit ihnen Mitleid zu haben. Ihre Augenlider flattern wie hübsche kleine Schmetterlinge und dann kullern Tränchen über die Wangen. Bei mir ist das ganz anders. Wenn ich hemmungslos heule, ist das besonders hässlich. Meine Tränen spritzen hervor wie aus einem kaputten Feuerhydranten. Meine üppigen Lippen dehnen sich über das ganze Gesicht, werden dadurch ganz schmal, Speichel läuft mir aus den Mundwinkeln. Meine Haut schlägt Falten und meine runden Augen schwellen zu. Jeder, der mich in diesem Zustand ansieht, fragt sich unwillkürlich, was er verbrochen hat, um damit bestraft zu werden.

Ich sitze einfach nur da, während der Unterricht ohne mich weitergeht, und lasse mir das Gesicht vom Wind trocknen. Ich mache keine Anstalten, das Mittagessen, das ich mitgenommen habe, auszupacken. Ich glaube nicht, dass ich im Moment irgendetwas hinunterbekomme.

Würde Oma Hattie noch in ihrem Haus wohnen, würde ich in meinen Wagen steigen und zu ihr fahren. Das würde gerade mal eine Dreiviertelstunde dauern. Ich würde diese dämlichen Klamotten ausziehen und in meine Arbeitshosen und die festen Stiefel steigen. Ich würde ihr helfen, die Saat in ihrem Garten auszusäen und Unkraut zu rupfen. Diese Dinge haben immer alles ins Reine gebracht – meine Gedanken, meinen Magen, mein Herz. Was würde ich nicht dafür geben, das jetzt tun zu können.

Als die Glocke zur siebten Stunde läutet, schaue ich ein letztes Mal zu den Bäumen hinüber. Dann stehe ich auf.

6

Was ich an dem heutigen Tag bereue

Geschichte bei Mr Green habe ich zusammen mit Destany, Matt und natürlich Carter. Die Katastrophe ist also vorprogrammiert. Ich gehe in die Mädchentoilette und wische mir mit einem Kosmetiktuch die zerlaufene Schminke aus dem Gesicht. Ich sehe wieder aus wie ich selbst. Ich sehe richtig angepisst aus.

Als ich ins Klassenzimmer komme, sitzt Auden schon auf seinem Platz, Carters Stuhl ist noch leer. Mein Blick fängt den von Destany ein. Sie sieht verwirrt aus. Sie fragt sich wahrscheinlich, ob die Sache mit der Columbia irgendetwas mit meinem Verhalten in letzter Zeit zu tun hat. Wahrscheinlich ist sie erleichtert, dass ich nicht die Unschuldige bin.

Bevor ich mich hinsetzen kann, hält Mr Green mich zurück. Seine Miene ist besorgt. »Geht's dir gut, Quinn?«

Ich blicke nach unten auf den gefliesten Boden und dann wieder hoch zu ihm. »Ja, mir geht's gut.« Moment mal, weiß er etwa auch Bescheid?

»Du siehst aus, als hättest du geweint«, sagt er leise.

Gott sei Dank. Er ist so gut mit meinen Eltern bekannt, dass er ihre Telefonnummern wahrscheinlich auf Kurzwahl gelegt hat. »Das ist bloß PMS«, versichere ich ihm.

Er sieht nicht überzeugt aus.

»Es ist alles in Ordnung.« Bekräftigend nicke ich und setze mich auf meinen Platz, während gefühlt tausend Augen auf meinem Rücken ruhen. Krampfhaft versuche ich, den heranrollenden Schweißausbruch zu unterdrücken. Nicht einmal zwei Sekunden später setzt sich jemand an den Schreibtisch neben mich. Ich spüre sofort, dass es nicht Carter ist.

Als ich aufsehe, halten Matts blaue Augen meinen Blick fest. »Quinnly«, sagt er, »wo warst du die ganze Zeit?«

Hat er mich gesucht? »In Deckung.«

»Geht's dir gut?«

Die Tatsache, dass er zu mir gekommen ist, dass er nach der Columbia-Sache immer noch mit mir spricht, hebt meine Stimmung. Ich nicke und nage an meiner Unterlippe.

Er betrachtet mich, als ob er so herauszufinden versucht, warum ich gelogen habe. Und ob ich immer noch eine Lügnerin bin. »Wann wolltest du es mir sagen?« Er runzelt die Stirn und zwickt mich leicht in die Wange.

Ich lächele. »Nie.«

Dann ertönt ein Räuspern hinter uns. Carter starrt Matts Finger an, die immer noch auf meiner Wange liegen. Er wirkt irgendwie angepisst, aber nicht so angepisst, wie ich mich fühle.

»Oh, tut mir leid, Carter.« Matt nimmt die Hand von meinem Gesicht und verlässt Carters Platz, hält meinen Blick jedoch fest. »Heute Abend im Hauptquartier, okay?«

»Okay«, sage ich dankbar. Er ist mein einziger Verbündeter an dieser gottverdammten Schule.

Carter setzt sich neben mich, würdigt mich keines Blickes.

»Der Test fängt an, wenn es klingelt«, sagt Mr Green, der vorne an seinem Schreibtisch steht.

Mein Herz setzt einen Schlag aus. Ich habe gestern Abend nicht gelernt. Ich war so damit beschäftigt auszurasten, weil ich nicht wusste, ob Carter mein Journal hat. Ich schlage mein Arbeitsbuch auf und versuche, die Worte noch auf die Schnelle in meinen Kopf zu zwängen, aber ich spüre, wie mir die Einzelheiten entgleiten. Wie Sand, der durch ein Sieb rieselt. Dann klingelt es.

»He, alles klar?« Carter wirft mir einen fragenden Blick zu.

»Was kümmert dich das? Ich habe doch in all meinen Kursen Probleme, richtig? Was ist da schon eine weitere miese Note?« Allerdings ist meine Note in Geschichte meistens die beste in meinem Zeugnis und selbst die ist nicht besonders lobenswert. Ich kann das alles gerade nicht gebrauchen.

Mr Green teilt die Tests aus und stellt dann den Timer ein. Als ich das Blatt umdrehe, sackt mein Magen nach unten. Ich habe von nichts eine Ahnung. Die drei Minuten fliegen nur so dahin. Als der Summer ertönt, habe ich drei Fragen nicht beantwortet – und ob die anderen sieben richtig sind, weiß ich nicht.

Normalerweise bekomme ich bei solchen Tests immer die volle Punktzahl. Es ist unglaublich, dass Carter einfach so in mein Leben eindringen und alles kaputt machen konnte, und zwar in weniger als vierundzwanzig Stunden.

Nachdem Mr Green die Tests eingesammelt hat, tauscht er die Ergebnisse unserer Hausaufgaben von gestern durch die aktuellen Aufgaben aus. »Hier ist eine Liste mit Filmen über JFK, einschließlich einer kurzen Zusammenfassung von jedem einzelnen. Am Ende der Stunde werde ich Nummern ziehen und jede Gruppe kann sich drei DVDs aussuchen, die sie dann übers Wochenende anschaut.«

»Mr Green, was ist, wenn wir die DVDs kaputt machen?«, fragt jemand hinter mir.

»Dann müsst ihr sie neu kaufen.«

»Mr Green, was ist, wenn wir keinen DVD-Player haben, weil wir diese Dinosauriertechnik nicht benutzen?«

Die ganze Klasse lacht, einschließlich Mr Green. »Mikey, ich bin mir ziemlich sicher, dass einer in deiner Gruppe irgendwo bei sich zu Hause einen DVD-Player rumstehen hat.«

Mikey stöhnt. »Darauf würde ich nicht wetten.«

»Alles klar. Das reicht jetzt. Macht euch an die Arbeit.«

Ich schaue Auden an und sage: »Ich will Kennedy spielen und ich finde, dass er« – damit deute ich auf Carter – »Oswald sein muss.«

Carter zieht die Augenbrauen hoch. »Echt jetzt, Quinn?«

»Welche Verschwörungstheorie legen wir unserem Drehbuch zugrunde?«, frage ich Auden, und zwar nur Auden.

»Ich glaube, es war die CIA.«

»Wirklich? Ich glaube, es war Kuba.«

Carter sagt: »Ich glaube, es war Johnson.«

»Also entweder Kuba oder die CIA«, sage ich und ignoriere ihn wieder.

Carter dreht sich um und blickt mich böse an. »Es wäre viel einfacher, Belege für die Johnson-Theorie zu finden.«

»Das stimmt wahrscheinlich«, sagt Auden.

Ich lehne mich auf meinem Stuhl nach hinten und verschränke die Arme vor der Brust. »Das sehe ich anders.«

»Ach, tatsächlich? Oder bist du nur sauer wegen deines Journals?«

»Ich bin außer mir wegen meines Journals. *Und* ich sehe das anders.«

»Ich lasse mir wegen dieses blödsinnigen Scheiß nicht meinen Schnitt von dir kaputt machen.«

»*Ich* mache deinen Schnitt kaputt?« Fassungslos schaue ich ihn an. »Du hockst doch immer nur hinten und machst nie den Mund auf.«

»Ach, willst du wirklich darüber reden, Miss Columbia?« Er grinst höhnisch und meine Augen werden schmal. »Lass es einfach sein. Ich werde mich nicht einen ganzen Monat lang mit so was rumschlagen.«

»Dann such dir doch eine andere Gruppe«, sage ich.

»Hab ich schon versucht. Mr Green lässt uns nicht tauschen.«

Ich klappe den Mund zu. Er hat schon gefragt, ob er wechseln kann?

»Leute«, sagt Auden, »ist alles in Ordnung?«

Wir ignorieren ihn.

»Ich bin diejenige, die in eine andere Gruppe gehen sollte. Ich bin diejenige, die mit der Person zusammenarbeiten muss, die mein Leben ruiniert hat.«

Carter stößt die Luft geräuschvoll durch seine Nase aus. »Herrgott noch mal, Quinn, ich stand direkt neben dir, als die Nachricht kam. Wie hätte ich das anstellen sollen?«

»Du hast jemanden, der die Arbeit für dich macht.«

Er schüttelt den Kopf und fängt dann an zu grinsen. »Ich fühle mich ja geschmeichelt, dass du mich für so berechnend hältst, aber wie ich bereits sagte: Du bist nicht wichtig genug für mich, weder du noch deine Probleme.«

»Wenn das stimmt, warum steckst du dann ständig deine Nase in meine Angelegenheiten und behauptest, ich käme nur auf eine Uni, wenn mein Dad eine Bibliothek spendet?«

Er lacht. »Ich hatte recht, nicht wahr?«

»Aber es geht dich nichts an!«

»Leute«, zischt Auden.

Carter und ich starren uns unverwandt an.

»Und jetzt zeigst du jedem die Listen aus meinem Journal und erpresst mich, damit ich meinen Eltern die Sache mit der Columbia beichte. Du bist ein grausamer Mensch, Carter Bennett.«

»Oh mein Gott.« Frustriert klatscht er in die Hände. »Was muss ich tun, damit du aufhörst?«

Ich tue so, als würde ich nachdenken. »Ach, ich weiß nicht ... Mir mein Journal einfach zurückgeben?«

»Wie soll ich das machen, wenn ich es nicht habe!«

»He!« Auden schlägt mit der flachen Hand auf den Tisch. Verdattert blicken wir ihn an. »Ich weiß nicht, was zwischen euch beiden los ist, aber seit wir in dieser Gruppenkonstellation arbeiten, gibt es hier ein Drama nach dem nächsten.« Er zeigt mit dem Finger auf die Liste mit den Filmtiteln. »Von mir aus könnt ihr euch nach dem Unterricht gegenseitig die Köpfe abreißen, aber solange wir hier sind, *konzentrieren wir uns gefälligst*!« Die letzten vier Worte kommen leise zischend aus seinem Mund, wie von einer Mom, die ihren Vierjährigen an der Supermarktkasse zurechtweist.

Carter fährt sich mit der Hand über die Stirn und seufzt. Dann schaut er mich an und zieht die Augenbrauen hoch, fragt mich stumm, ob ich in der Lage bin, mich zu benehmen – als ob *ich* das Problem hier wäre. Das macht mich dermaßen wütend. Was soll ich denn seiner Meinung nach tun? Soll ich vergessen, dass mein Leben vor meinen Augen den Bach runtergeht?

Ich sauge Luft durch meine Nasenlöcher ein und stoße sie so schnell wieder aus, dass sie meine Lunge nicht einmal erreicht. Ich bin so wütend, so verzweifelt. Ich spüre, wie sich die Schleusen meiner Tränen langsam wieder öffnen. Ohne mein Journal, in das ich alle Gründe schreiben kann, warum ich so unglücklich bin, habe ich das Gefühl zu explodieren.

»Du hast mein Notizbuch verloren.« Die Worte sprudeln einfach so aus mir heraus, ich kann sie nicht zurückhalten. »Deinetwegen hat jetzt irgend so ein Irrer all meine persönlichen Listen. Und du kannst dich noch nicht einmal entschuldigen! Jetzt weiß jeder über die Columbia Bescheid. Und jemand erpresst mich, bis ich es meinen Eltern gestehe. Und vielleicht bist das nicht du, aber wenn du es nicht bist, dann habe ich keine Ahnung, wie ich herausfinden soll, wer dahintersteckt. Also mache ich dich dafür verantwortlich«, spucke ich förmlich hervor. »Ich mache dich verantwortlich, weil ich keine Ahnung habe, was ich sonst tun soll. Mein ganzes Leben bricht zusammen …«

»Es tut mir leid«, sagt Carter.

Ich erstarre. Die Luft entweicht aus meinem Körper. Moment mal – wie bitte?

»Du hast recht, ich habe dein Notizbuch verloren. Nichts davon wäre passiert, wenn ich besser darauf aufgepasst hätte.« Er senkt den Blick und seufzt wieder. »Oh Mann.« Dann schaut er Auden an, ehe er sich wieder mir zuwendet. »Wie wär's, wenn ich dir helfe, es wiederzubeschaffen? Dann merkst du wenigstens, dass ich nicht der Schuldige bin, und wir können die ganze Sache hinter uns lassen.«

Ich klappe den Mund zu. Ich kann es nicht fassen, dass ich mein Innerstes dermaßen offengelegt habe. Aber noch überraschter bin ich, dass er sich tatsächlich entschuldigt hat. Ich verschränke meine Hände auf der Schreibtischplatte, weil ich nicht zugeben will, wie gerne ich seine Hilfe annehmen würde, wie erleichtert ich wäre.

Er streckt mir seine Hand entgegen, was mich wieder vollkommen unvorbereitet trifft. »Abgemacht?«, fragt er.

Ich denke nach und beiße mir auf die Unterlippe. Auf der einen Seite will ich seine Hilfe gerne annehmen, aber was, wenn er der Erpresser ist? Auf der anderen Seite gibt es eigentlich keinen Grund, warum ich *nicht* mit ihm zusammenarbeiten sollte, *während* ich ihn verdächtige. Mit dem Feind auf Tuchfühlung zu bleiben, ist doch nur sinnvoll, oder? Also nehme ich seine Hand. »Das heißt aber nicht, dass ich dir vertraue.«

»Musst du auch nicht«, gibt er zurück.

Dann drehen wir uns zu Auden um.

»Also ...« Er mustert uns unsicher, weil er keine Ahnung hat, was da gerade passiert ist. »Wenn wir mit der Johnson-Theorie arbeiten, sollten wir uns auf den JFK-Film von 1991 konzentrieren.«

WAS ICH AN DEM HEUTIGEN TAG BEREUE (AUFSTEIGEND, VON UNWICHTIG ZU WICHTIG)

1. Dass ich dieses blöde extravagante Kleid und die unbequemen Schuhe angezogen habe
2. Dass ich so viel Unterricht geschwänzt habe
3. Dass ich mich von Destany und Gia davon habe abhalten lassen, mir vor der ersten Stunde mein Journal zurückzuholen
4. Dass ich Carter nicht sofort nach dem Betreten des Schulgebäudes abgefangen und mein Journal von ihm eingefordert habe
5. Dass ich nicht auf die Idee kam, an der Bushaltestelle auf ihn zu warten – oder ihn zur Schule zu fahren
6. Dass ich den Erpresser provoziert habe und er meine Liste gepostet hat
7. Dass ich heute Morgen überhaupt aufgestanden und zur Schule gekommen bin

7

Wie man das Rätsel des verschwundenen Notizbuchs löst

Ich gehe mit Carter zu meinem Mercedes, der auf dem Schülerparkplatz steht. Nachdem ich meine Tasche auf den Rücksitz geworfen habe, setze ich mich hinter das Steuer. Er ist schon auf der Beifahrerseite eingestiegen. Innerhalb kürzester Zeit breitet sich sein Geruch in meinem Auto aus und bringt die Teile meines Gehirns durcheinander, die für Anziehung und Vernunft zuständig sind. Ich lasse den Motor an und schalte die Klimaanlage ein, in der Hoffnung, den Geruch so von mir wegzublasen. Zur Sicherheit öffne ich zusätzlich noch die Fenster.

Er mustert das Display des Autos mit großen Augen. »Yo, das ist …« Er scrollt durch meine Apple-Music-App, spielt aber keinen Song. »Es muss doch richtig schön sein, mit achtzehn so einen Wagen zu fahren.« Er sieht mich an und sein Gesicht ist vollkommen ernst. Kein Sarkasmus. Keine Hänselei.

Ich drehe mich weg und reibe mir den Nacken. »Das war ein Geschenk, weil ich es auf die Columbia geschafft habe.«

Einen Augenblick herrscht Stille, dann sagt er: »Das ist hart.«

»Ja.« Ich werfe ihm einen Blick zu. »Bitte anschnallen.«

Er schiebt den Sitz ein Stück zurück, damit ihm der Sicherheitsgurt nicht die Luft abdrückt, und lässt die Rückenlehne leicht nach hinten sinken, weil er sonst mit dem Kopf gegen das Wagendach stößt. Das erinnert mich daran, dass die letzte Person, die hier im Auto neben mir gesessen hat, Destany war. Letzte Woche, als wir nach der Schule in die Bibliothek gefahren sind, »um Bücher auszuleihen«. In Wahrheit wollte sie nur mit dem Typen am Schalter flirten.

Carter hat es sich endlich bequem gemacht. Auf dem Schulparkplatz ist immer noch viel los, als ich langsam rückwärts aus der Parklücke rolle. Matt steigt gerade auf das Fußbrett seines Diesel-Pick-ups, als ich vorbeifahre. Er schaut über seine Wagentür hinweg direkt in mein Auto zu Carter – und ich wäre beinahe auf den Wagen vor uns aufgefahren, weil ich ihn beobachte, wie er uns beobachtet.

Als ich plötzlich abrupt bremse, dreht sich Carter mit großen Augen zu mir um. »Wenn du vorhast, mich umzubringen …«

»Habe ich nicht.«

»Na ja, vielleicht nicht gleich umbringen, aber mir ein bisschen Angst einjagen?«

»Es gibt einen Grund, warum du in meinem Auto sitzt, also konzentrieren wir uns darauf.«

Matt fährt hinter uns. Ich höre das Dröhnen seines Trucks. Ich fühle ihn. Ich schaue in den Rückspiegel, habe den Eindruck, dass er mich beobachtet, obwohl ich weiß, dass er mich durch die getönte Heckscheibe nicht sehen kann. Dann biege ich auf den Highway ein und lasse die Seitenfenster wieder hochfahren. Matt folgt mir.

»Alles klar, sehen wir uns mal das Profil an«, sagt Carter.

Matt lässt kaum Abstand zwischen meinem und seinem Wagen. Er hat nicht die Absicht, jemanden einfädeln zu lassen. Ich halte an der ersten Ampel auf dem langen Highway an und schaue dann wieder in den Rückspiegel. Er hat die Sonnenblende runtergeklappt, sodass ich kaum sein Gesicht sehen kann.

»Das Bild ist geschwärzt, bis auf den Smiley. Hast du das schon mal gesehen?«

Matt schiebt die Sonnenblende ein winziges Stück hoch, als ob er versuchen würde, in den Wagen zu blicken.

»He, Quinn.« Carter stößt mich leicht in die Seite.

Ich löse meine Augen vom Rückspiegel. »Was?«

»Was machst du …« Carter dreht sich um, schaut zur Heckscheibe hinaus und runzelt die Stirn. »Aha, dein Typ ist hinter uns.«

»Er ist nicht mein *Typ*.«

»Du solltest ihm sagen, was du empfindest«, meint Carter neckend. »Ich habe doch gesehen, wie flirty er in Mr Greens Unterricht mit dir war. Er mag dich doch auch.«

Ich seufze und gebe Gas, als die Ampel auf Grün schaltet. »So ist Matt immer. Heute flirtet er mit mir und morgen hat er eine neue Freundin.«

»Du läufst ihm zu sehr hinterher.« Er stützt einen Ellbogen auf meine Mittelkonsole. »Du musst mit anderen Kerlen unterwegs sein. Ihm zeigen, dass du die Auswahl hast. Mach ihn eifersüchtig.«

Ich sehe Carter an, der neben mir in meinem Wagen sitzt, dann nach hinten zu Matt und mir wird klar, dass er uns hinterherfährt, seit wir den Parkplatz verlassen haben.

»Aber nicht mit mir«, sagt Carter. »Ich bin aus einem anderen Grund hier, schon vergessen?«

»Das wäre mir nicht im Traum eingefallen.«

»Ich habe es in deinen Augen gesehen, Jackson.« Er lächelt. »Tut mir leid, aber ich stehe einfach nicht auf dich.«

»Und ich nicht auf dich.«

»Ganz sicher?«

»Absolut«, bestätige ich. Obwohl es in meinem Journal etliche Listen gibt, die das Gegenteil beweisen. Dann wird mir klar – und unwillkürlich reiße ich die Augen auf –, dass Carter vielleicht doch mein Erpresser ist und meine Listen gelesen hat … und genau weiß, wie sexy ich ihn finde.

Ich beschließe, ihn zu testen. »Oder hast du irgendeinen Grund zu glauben, dass ich lüge?«

Er grinst. Dann deutet er auf die Ampel – grün. »Na ja, vielleicht die Tatsache, dass ich dich gestern ungefähr zehnmal dabei erwischt habe, wie du mich angestarrt hast.«

Meine Wangen werden heiß. Ich trete aufs Gas und der Wagen schießt ruckartig nach vorn. »Das war nicht …« Nicht zehnmal. Vielleicht dreieinhalbmal. Höchstens viermal. »Da war etwas in deinem Gesicht.«

Er lacht und wirft den Kopf in den Nacken. »Etwas in meinem Gesicht?«

»Ja. Da … da war was.«

»Oh ja. Ein sexy Ausdruck wahrscheinlich.«

Arroganter Mistkerl. »Wieso reden wir überhaupt über so etwas? Der einzige Grund, warum ich dich in mein Auto gelassen habe, ist, dass du mir helfen sollst, den Erpresser zu entlarven.«

»Das versuche ich ja! Ich habe dir eine Frage gestellt, aber du kannst ja nicht die Augen von dem Kerl hinter uns lassen.«

»Okay, sag an«, fordere ich ihn auf, als wir an der Straße vorbeifahren, die in mein Viertel führt. Ich sehe, wie Matts Truck langsamer wird und abbiegt. Ich frage mich, ob er darüber nachdenkt, wo Carter und ich hinwollen. Vielleicht hat Carter recht. Vielleicht ist es gar nicht so schlecht, wenn Matt mich mal mit einem anderen Typen sieht, obwohl ich rein gar nichts von Carter will.

»He, Quinn«, sagt er scharf.

»Was ist?«

»Ernsthaft? Du verlangst von mir, mich zu konzentrieren, du selbst bist aber nicht in der Lage, eine einzige Frage zu beantworten.«

»Tut mir leid! Ich war abgelenkt.«

»Was du nicht sagst.«

»Diesmal hör ich zu, versprochen.«

Er seufzt und hält mir dann sein Handy vor das Gesicht. »Sagt dir dieses Profilbild irgendwas?« Ich schaue auf die Straße und dann kurz auf das weiße Smiley.

»Nein.«

Er zieht den Arm weg. »Okay, also anonym.« Er blickt auf das Display. »Der Profilname besteht nur aus einem Haufen Zahlen. Vielleicht ein Datum?«

Daran hatte ich auch schon gedacht, als ich mich vorhin hinter der Schule ins Exil begeben hatte, aber jetzt, da er es vorschlägt, bin ich mir ziemlich sicher, dass es nicht so ist. »Nein. Das wäre zu offensichtlich.«

»Stimmt«, sagt er nickend. »Aber da steht eine Zwanzig und direkt danach eine Einundzwanzig. Das sieht mir nicht nach einem Zufall aus.«

»Vielleicht nicht. Aber für mich sieht auch die Tatsache, dass du mein Journal zuletzt hattest, nicht nach einem Zufall aus. Und hier sitzen wir nun und ignorieren diese Tatsache.«

Er funkelt mich an. »Willst du, dass ich dir helfe, oder nicht?«

Ich verdrehe die Augen. »Ich meine ja nur.«

»Na ja, keine Ahnung, vielleicht hast du das Rätsel ja schon alleine gelöst oder vielleicht ist es dir egal, wenn alle Welt erfährt, was in deinem Journal steht.«

Ich presse die Lippen aufeinander.

»Aber ob du mich nun für den Erpresser hältst oder nicht, eins weiß ich genau: Dir läuft die Zeit davon, Quinn. Willst du meine Hilfe oder nicht?«

»Na schön! Ja! Du hast recht, ich habe noch Zeit bis morgen um Mitternacht. Also, wie gehen wir vor?«

Er setzt sich gerade hin. »Wir brauchen Verdächtige und wir brauchen Motive …«

WIE MAN DAS RÄTSEL DES VERSCHWUNDENEN NOTIZBUCHS LÖST (CARTERS THEORIE)

1. Alle Orte aufschreiben, wo das Notizbuch gestohlen worden sein könnte
2. Alle Leute aufschreiben, die sich an diesen Orten aufgehalten haben
3. Mögliche Motive dieser Leute herausfinden
4. Verdächtige gründlich unter die Lupe nehmen
5. Notizbuch finden

Er fährt fort: »Aber ich weiß nicht, ob uns genug Zeit bleibt, wenn wir die Sache bis morgen um Mitternacht geklärt haben müssen. Ich muss nach dem Film bei Auden direkt nach Hause.«

Ohne nachzudenken, frage ich: »Warum?«

Er sieht mich an, als ob ich gerade sämtliche Regeln gebrochen hätte. »Weil ich Dinge zu erledigen habe. Ich habe Pflichten. Verantwortungen. Dinge, von denen du in deinem kuscheligen Leben keine Ahnung hast.«

»Hey!« Ich zeige mit dem Finger auf ihn. »Mein Leben ist nicht kuschelig!«

Sein Blick macht mir klar, dass er das zu gerne mit mir ausdiskutieren würde. Stattdessen sagt er: »Vielleicht solltest du dir überlegen, etwas von der To-do-Liste zu erledigen, um uns mehr Zeit zu verschaffen.«

Ich spüre, wie sich mein Brustkorb verkrampft. »Das kann ich nicht. Und das weiß der Erpresser auch; genau deshalb erpresst er mich ja damit. Weil er *weiß*, dass ich es nicht kann.«

»Okay, ganz ruhig. Wir machen einfach das Leichteste.«

»Auf dieser Liste ist nichts ›Leichtes‹!«

»Da muss doch was sein. Zeig mir die Liste noch mal.«

Ich nehme mein Handy von der Mittelkonsole und gebe es ihm.

Er ruft die Nachricht von dem Erpresser auf. »Na bitte, da haben wir's. Morgen besuchen wir ein College, das dich angenommen hat.«

»Wir?« Ich werfe ihm einen Blick zu und schaue dann wieder auf die Straße. »Du willst mitkommen?«

»Klar«, sagt er, als ob es das Offensichtlichste auf der Welt ist.

»Oh. Okay. Cool.« Mir wird bewusst, dass das Schwierigste an dieser Sache war, dass ich hätte allein gehen müssen. Niemand wusste, dass die Columbia mir eine Abfuhr erteilt hat, und für mich war es schon immer besonders schwer, irgendwo allein hinzugehen, wo ich vorher noch nie gewesen war. Jetzt bin ich nicht mehr allein und in meiner Vorstellung wird die Sache auf einmal kinderleicht.

»Hier kannst du rausfahren«, sagt Carter. Dann fragt er: »Welche Unis haben dich angenommen?«

»Die University of Houston und Sam Houston State.«

»Sind die beide in Houston?«

»Sam Houston ist in Huntsville.«

Er schaut mich verwirrt an. »Wo ist das denn?« Aber bevor ich es ihm erklären kann, schüttelt er schon den Kopf. »Nee, gehen wir zur University of Houston.« Er deutet nach vorn. »Hier links.«

»Ist irgendwie ziemlich blöd, dass die einzigen Unis, die mich haben wollen, von Verbrechen umgeben sind.«

Er schaut mich an. »Was meinst du damit?«

»Houston ist eine der gefährlichsten Städte in Amerika. Und Huntsville«, sage ich mit einem unsicheren Blick auf ihn, »ist eine Gefängnisstadt, falls du das nicht weißt.«

»Erstens«, sagt Carter, der aus irgendeinem Grund plötzlich empört wirkt, »ist jede Stadt gefährlich, auf die eine oder andere Art. Zweitens ist die University of Houston im Stadtzentrum. Solange du dich vom Süden fernhältst, kann dir nichts passieren.«

Ich verziehe das Gesicht. »Vielen Dank, jetzt fühle ich mich schon viel besser. Außerdem, was genau *ist* die University of Houston überhaupt? Ich meine, was für Schwerpunkte haben die dort?«

»Keine Ahnung, Quinn. Vielleicht solltest du mal ein bisschen recherchieren, weil es gut sein kann, dass du genau dort landest.«

Ich schnaube.

»Warum machst du gleich dicht, bevor du überhaupt den Campus gesehen hast?«

»Mache ich ja gar nicht.«

»Oh doch. Klar, es kommt nicht an den Standard der Columbia heran, aber … du auch nicht.«

Autsch. Ja, ich weiß, es stimmt, aber trotzdem … »Das war gemein«, sage ich.

»Tut mir leid, aber du bist selbst schuld. Gib der Houston eine Chance. Wer weiß, vielleicht gefällt es dir dort sogar besser als auf der Columbia.«

Ich schürze die Lippen. Vielleicht hat er recht. Die Columbia hat mich immer eingeschüchtert – das ganze Prestige und dann das Geld, das meine Eltern reingesteckt haben. Vielleicht fühle ich mich auf einem anderen College, wie zum Beispiel der University of Houston, viel wohler.

8

Wenn Carter mein Journal hat, dann weiß er …

Wir fahren zu Auden nach Pflugerville, ein Stück außerhalb von Austin. In der Einfahrt vor dem Haus stehen zwei Nissan Versa, Audens schwarzer und ein anderer, der weiß ist. Ich parke am Straßenrand und schaue zu Carters Seitenfenster hinaus auf den perfekt gepflegten Rasen, Vogelhäuser und Rosenbüsche umringen das Haus.

Als wir die Einfahrt hochgehen, öffnet sich die Haustür und Auden kommt die Treppe hinuntergehastet. »Hört mal, Leute, ich muss euch wegen meiner Mom vorwarnen.«

Carter fragt wie aus der Pistole geschossen: »Mag sie keine Schwarzen Menschen?«

Komisch. Genau dasselbe habe ich auch gedacht.

Auden schüttelt den Kopf. »Nein, sie liebt Schwarze Menschen.« Als Carter und ich unisono die Augenbrauen hochziehen, verbessert er sich schnell: »Ich meine, sie liebt keine … sie liebt … sie *mag* Schwarze Menschen genauso wie Leute jeder anderen Hautfarbe.«

Ich lächele und muss mich anstrengen, um nicht laut loszulachen.

»Wo liegt dann das Problem?«, fragt Carter.

»Sie übertreibt es manchmal ein bisschen. Esst bloß nichts, wenn sie euch etwas anbietet.«

Ich ziehe die Stirn kraus. »Wieso nicht? Versucht sie, uns zu vergiften?«

»Nein.« Auden seufzt. »Es würde sie nur ermutigen. Es ist so, dass …«

Die Haustür geht auf. Eine Frau mit Dutt und einem grauen T-Shirt, das sie in Mom-Jeans gesteckt hat, sowie sauberen weißen Sneakern kommt heraus und ruft: »Hallo! Seid ihr Audens Freunde aus der Schule? Quinn und Carter, stimmt's? Bitte kommt rein! Ich backe gerade Kekse.«

Auden dreht sich um. »Wir kommen gleich, Mom.« Dann schaut er über die Schulter zu uns. Ihm steht das Unbehagen förmlich ins Gesicht geschrieben. »Tut mir echt leid.«

Sie geht ins Haus und Auden folgt ihr mit verkrampften Schritten. Carter und ich schauen uns etwas unsicher an, bevor wir uns ebenfalls in Bewegung setzen.

Im Haus riecht es nach Vanille, Patschuli und Keksen. Wir gehen durch einen dunklen Flur, das Wohnzimmer auf der einen, die Küche auf der anderen Seite. Audens Mom kommt uns nach und zwitschert unentwegt. »Wollt ihr etwas zu trinken?«

Im Chor: »Nein danke, Ma'am.«

»Was ist mit dir, Auden?«

»Nein, schon gut, Mom.«

»Und wie steht's mit Keksen? Sie sind noch warm.«

Ich werfe einen Blick über die Schulter und bin schwer in Versuchung. Kekse, das klingt toll. Aber Auden schaut mich warnend an und sagt: »Nein, danke, Mom.«

Der Gang führt in eine Art Foyer mit weißen Fliesen, weißen Wänden und drei geschlossenen Türen. An jeder Wand stehen Regale mit Krimskrams und Fotos. Auden und Carter gehen nach rechts durch eine Falttür aus Plastik. Aber mein Blick fällt auf die Bilder von Auden als Kind, mit den unbändigen braunen Locken und der Brille.

Am Anfang zeigen die Fotos eine dreiköpfige Familie, aber irgendwann, als Auden schon älter ist, sind nur noch er und seine Mutter zu sehen. Ich starre das größte Foto an der Wand an, es zeigt seinen Vater in einer Uniform. Am unteren Rand des Rahmens ist ein gelbes Band zu sehen. Mein Herz verkrampft sich.

»Kommst du, Quinn?«, fragt Auden hinter mir. Als ich seinem Blick begegne, sehe ich, dass er auf keinen Fall nach seinem Vater gefragt werden will. Also lasse ich es sein.

Ich folge Auden drei Steinstufen hinunter in eine gemütliche Höhle, in der ein kleines mit Rosenblüten bedrucktes Rattansofa steht, daneben befindet sich ein passender Sessel. Mir stockt der Atem. Die Möbel sind identisch mit der Sitzgruppe in Hatties Wohnzimmer. Fast sehe ich vor mir, wie Hatties winziger Körper in dem Sessel versinkt. Dann lässt sich Auden hineinfallen und ich keuche auf.

Er öffnet die DVD-Hülle und blickt mich an. »Alles okay?«

Carter setzt sich auf das Sofa und schaut ebenfalls zu mir.

»Klar, alles in Ordnung.« Ich mache ein paar Schritte vorwärts und betrachte das Blumenmuster des Teppichs. »Das Sofa und der Sessel«, sage ich und versuche, möglichst gleichmütig zu klingen. »Sind die neu?«

»Nein.« Er kauert vor einem großen Flachbildfernseher und schaltet den DVD-Player ein. »Meine Mom hat sie vor ein paar Monaten bei einer Haushaltsauflösung gekauft.«

Meine Augen schließen sich zitternd. Meine Eltern würden Hatties Sachen doch nicht verkaufen, oder? Nein, das würden sie nicht tun. Eines Tages wird es ihr besser gehen. Eines Tages kommt sie wieder nach Hause.

»Weißt du noch, wo die Haushaltsauflösung war?«, frage ich.

»Keine Ahnung. Ich bin irgendwann nach Hause gekommen

und da hatten wir neue Möbel.« Er mustert mich neugierig. Und er sieht mir sofort an, was ich vorhabe. »Bitte, frag sie nicht! Dann hört sie nie mehr auf zu reden. Bitte nicht.«

»Ist ja schon gut.« Ich will die Antwort sowieso nicht wissen.

Ich setze mich zu Carter auf das Sofa und rede mir ein, dass es nicht nach Hattie riecht. Audens Mom hat die Möbel bestimmt aus einem staubigen alten Haus, wo alles nach Pfefferminz und Tabak roch, genau wie bei Hattie. Das ist nur ein Zufall. Das ist nicht Hatties Sofa. Ist es nicht. Denn wenn es das doch ist, dann drehe ich durch, also ist es nicht Hatties Sofa.

Als der Film anfängt, haben wir alle Stift und Papier zur Hand. Mr Green will von jedem von uns eine Seite mit Notizen haben, damit er sicher sein kann, dass nicht bloß einer von uns die ganze Arbeit macht.

Ich starre auf den Fernseher, sehe die Farben und erkenne doch nichts, höre die Stimmen, verstehe aber nicht, was gesagt wird. Stattdessen spielt sich in meinem Kopf eine andere Szene ab: wie ich aus Dads Wagen steige und die Stufen zu Hatties Haus hinaufgehe. Wie ich die Tür öffne, die nie verschlossen war. Hattie sehe, die in diesem Rosenblütensessel sitzt. »Hey, Kleine.« Die Brille auf der Nase, ohne ein Lächeln. Aber ihr Ausdruck heißt mich willkommen, als ob mein Anblick nichts Ungewöhnliches wäre. Als ob ich nach Hause kommen würde.

Als der Film zu Ende ist, habe ich nur eine halbe Seite mit Notizen. Carter wirft einen Blick auf mein Blatt. Er sieht so aus, als wollte er mir seine Hilfe anbieten, besinnt sich aber anders.

»Kann ich die DVD mitnehmen?«, frage ich Auden.

»Klar.«

Als ich in Richtung Tür gehe, verkündet Carter unvermittelt: »Olivia kommt morgen mit.«

»Olivia Thomas?« Ich wirble herum.

»Ja«, sagt er, als ob das offensichtlich sei. Auden horcht ebenfalls auf.

»Warum?«, frage ich unwillkürlich – obwohl ich weiß, dass sie befreundet sind. Und es ist ja nicht so, dass ich Olivia nicht mag. Nur … seit dem Vorfall mit ihren Bildern verkrampft sich bei ihrem Anblick mein ganzer Körper zu einer stummen Entschuldigung, die ich nie werde laut aussprechen können.

»Weil«, gibt Carter zurück und wendet kurz den Blick ab, »sie aus Houston kommt. Sie kann uns herumführen. Und weil ich möchte, dass sie dabei ist.«

»Warum sollten mir meine Eltern erlauben, morgen nicht zur Schule zu gehen und dafür nach Houston zu fahren?«

Er sieht mich an, als sei ich nicht ganz dicht. »Sag's ihnen nicht.«

»Schwänzen?«

»Nimm dir einen Collegetag.«

»Ihr beide seid also morgen nicht in der Schule?«, meldet sich Auden zu Wort.

Nachdenklich blicke ich ihn an. »Wir fahren an die University of Houston. Komm doch mit.« Je mehr Leute dabei sind, desto weniger habe ich mit Olivia zu tun. Außerdem will ich nicht, dass er denkt, er müsste die Gruppenarbeit allein erledigen. Bislang waren Carter und ich nicht besonders hilfreich, im Gegenteil.

Auden wirkt überrascht angesichts meiner Einladung. »Oh. Okay.« Er nickt. »Ja, vielleicht.«

Audens Mom fängt uns in der Diele ab. Wie ein Ghul steht sie in der Dunkelheit und wartet. Glücklicherweise geht Carter vor mir. Ihn erwischt sie zuerst.

Am Ende bekommt jeder von uns eine Tüte mit Keksen, eine

herzliche Umarmung und einen letzten mitfühlenden Blick von Auden. Dann gehen wir nebeneinander die Einfahrt hinunter.

»Sie war doch echt nett«, sage ich beim Einsteigen. »Auden sollte sich nicht ihretwegen schämen.«

»Ich glaube, es kommen nicht viele Leute zu ihm nach Hause«, bemerkt Carter.

Ich denke darüber nach und versuche, Auden in dem sozialen Gefüge unserer Schule einzuordnen. Ich habe keine Ahnung, wer seine Freunde sind. Ob er überhaupt welche hat.

Als wir die Innenstadt erreichen, geraten wir in den Berufsverkehr. Carter sitzt stumm neben mir, während sich in meinem Kopf die Gefühle im Kreis drehen: Zufriedenheit, Wut, Angst. Fünf Minuten dauert das Schweigen zwischen uns schon, als er das Wort ergreift. »Ich habe eine Frage.«

Überrascht hebe ich die Augenbrauen. »Okay?«

»Was bedeutet der letzte Eintrag auf deiner To-do-Liste?«

Ich werfe ihm einen Blick zu und schüttele dann den Kopf. »Nein.«

»Vertraust du mir immer noch nicht?«

»Warum sollte ich? Es ist eine einfache Tatsache, dass du der Letzte warst, der mein Journal hatte.«

»Was soll überhaupt diese ganze Aufregung um dein Journal?« Carter dreht sich zu mir. Ich fühle seinen Blick auf meiner Wange, aber ich kann ihn nicht erwidern. »Ein Journal voll mit Listen. Was für Listen?«

»Sehr private Listen.«

»Zum Beispiel?« Er lässt nicht locker. »Ich will dir helfen, aber ich muss wissen, warum dieses Notizbuch so wichtig ist.« Ich gebe keine Antwort. Und gerade, als ich denke, dass er nicht weiter versucht nachzubohren, sagt er: »Bitte, erzähl es mir.«

Das habe ich nicht erwartet – dass er nett fragt. Dass es ihn überhaupt interessiert.

»Ich habe eine Liste von meinen schlimmsten Erinnerungen.«

»Sag mir eine.«

»Nein«, wehre ich ab. »Ich habe eine Liste von allem, was ich niemals laut aussprechen würde. Ich habe eine Liste von allen Begegnungen mit Matt ...«

»Moment mal. Du führst Protokoll darüber, wann du dich mit Matt getroffen hast?« Er weicht ein Stück zurück. »Scheiße, dich hat's echt erwischt. Das hat ja schon Stalkerqualität.«

Ich werfe ihm einen skeptischen Blick zu. »Ich bin kein Stalker, okay? Ich bin nur gut organisiert.«

Er lacht. »Wie ein echter Stalker.«

Ich glaube es einfach nicht, dass ich mit ihm darüber rede. Ich hätte nie gedacht, dass ich die Sache mit den Listen überhaupt irgendjemandem anvertrauen würde, am wenigsten Carter Bennett. Aber ganz ehrlich, es fühlt sich gut an, als hätte ich endlich jemanden gefunden, mit dem ich ganz offen reden kann. Seltsam ist nur, dass dieser Jemand ausgerechnet er ist.

Einen Moment lang bleibt er stumm und schaut aus dem Fenster. Dann dreht er sich wieder zu mir. »Was noch?«

»Ich habe eine Liste mit allen Tagen, an denen ich richtig schlimm geheult habe.«

Er runzelt die Stirn, sodass sich sein ganzes Gesicht zusammenzieht. »Du führst auch Buch über alle Tage, an denen du geweint hast? Das ist ja schon fast depressiv.«

»An denen ich *geheult* habe. Das ist ein Unterschied.«

»Hättest du den heutigen Tag in die Liste aufgenommen?«

Ich schnaube. »Auf jeden Fall.«

»Hättest du auch eine Liste über mich geschrieben?«

Wenn er der Erpresser wäre, wüsste er, dass es schon eine Liste über ihn gibt. »Wahrscheinlich«, sage ich.

»Darüber, wie sehr du mich hasst?«

»Darüber, warum ich dir nicht vertraue.«

Er betrachtet noch einmal mein Gesicht von der Seite und dreht sich dann wieder zum Fenster. Er stellt keine weiteren Fragen mehr.

WENN CARTER MEIN JOURNAL HAT, DANN WEISS ER …

1. Dass ich ihn für attraktiv halte.
2. Dass es eine Zeit gab, in der ich ihn küssen wollte.
3. Dass ich lieber Sex mit ihm haben will, als ihn zu heiraten oder zu ermorden.
4. Dass ich ihn für einen anmaßenden Mistkerl halte.
5. Dass ich ausführlich über Sex mit Matt fantasiere.
6. Dass ich oft richtig schlimm und unkontrollierbar heule (ungefähr einmal in der Woche).
7. Dass ich in die Aktion gegen Olivia Thomas vor ein paar Monaten verwickelt war – dass ich nicht nur davon wusste, sondern sogar im Auto gewartet habe, während man ihre Fotos beschmiert hat.

Carter wohnt im Osten von Austin. Bettler mit Pappschildern und schmutzigen Gesichtern stehen an den Ampeln. Ihre bohrenden Blicke versuchen uns zu zwingen, ihnen direkt ins Gesicht zu sehen. Lässt man sich darauf ein, betrachten sie es als Einladung, am Fenster zu kratzen und um Kleingeld zu bitten.

Er weist mich an, geradeaus zu fahren; seine Wohnung befände sich gleich auf der rechten Seite, nach zwei weiteren Ampeln. Dann klingelt sein Handy, das auf dem Schoß liegt. Ich schaue unwillkürlich auf das Display. Olivia Thomas' wunderschönes Gesicht taucht im Licht des Displays auf.

»Hey«, begrüßt er sie. Dann wird seine Stimme weicher, zärtlicher und er lässt eine Seite von sich durchschimmern, die ich nicht kenne. »Hey, Baby.«

Meine Hände verkrampfen sich, während ich das Lenkrad umfasse. Mir steigt ein bitterer, saurer Geschmack in den Mund. Ich hatte keine Ahnung, dass sie zusammen sind. Ich dachte, Carter interessiere sich nicht für Mädchen von der Hayworth High. Ich tue so, als würde ich nicht zuhören, aber wir stehen an einer roten Ampel und es gibt sonst nichts, worauf ich mich konzentrieren könnte.

»Ich bin gleich zu Hause.« Er deutet auf einen eingezäunten Wohnkomplex, zu dem ein Tor mit einem Zahlencode führt. »Dreitausend, dann bestätigen«, sagt er zu mir, dann wieder ins Handy: »Wir fahren gerade durchs Tor. Bis gleich.« Er beendet das Gespräch.

Ich weiß nicht, warum ich enttäuscht bin. Immerhin besteht eine nicht geringe Chance, dass er mein Erpresser ist. Und selbst wenn nicht, ist er auf jeden Fall dafür verantwortlich, dass mein Journal weg ist. Ganz zu schweigen davon, dass er bisher – bis eben – nicht besonders nett zu mir war. Ich mag ihn nicht. Klar, er sieht total gut aus, aber das ist auch alles. Ich habe bereits entschieden, dass sein Inneres hässlich ist, genau wie seine Worte.

Ich gebe den Code ein und fahre durch das Tor. Er weist mir den Weg zu einem Haus. Als ich vorfahre, sehe ich Olivia unten an der Treppe stehen und auf ihn warten. Aber Carter steigt nicht aus. Als ich ihn anschaue, sehe ich, wie er mich mustert. »Wann sagst du mir, was der letzte Punkt auf deiner To-do-Liste bedeutet?«

»Niemals.«

Er hebt das Kinn. »Wann wirst du mir vertrauen?«

»Wenn ich mein Journal wiederhabe und keine Sekunde früher.«

Er nickt und betrachtet mich von oben bis unten, als wollte er sich meinen Anblick einprägen. »Das geht klar, schätze ich.« Dann steigt er aus und joggt zu seiner Freundin, die auf der Treppe auf ihn wartet. Olivia macht einen kleinen Schritt auf ihn zu. Sie sind ein schönes Paar; ihre kleine, zierliche Gestalt lässt Carter noch größer und stärker erscheinen. Mein Körper würde seinen regelrecht erdrücken.

Dann sehe ich, wie Carter mit einem Nicken auf mein Auto deutet. Olivia schaut mich an und winkt mir mit einem leichten Lächeln zu. Mein Herz rast. Ich frage mich, was sie über mich denkt, ob sie mich verdächtigt, irgendetwas mit dem Vandalismus zu tun zu haben. Tja, das werde ich vermutlich morgen auf der Fahrt nach Houston herausfinden.

Ich winke zurück und wende dann schnell den Wagen.

9

Was ich über meine Mutter weiß

WAS ICH ÜBER MEINE MUTTER WEISS

1. Sie wuchs in Chicago auf.
2. Sie redet nicht über ihre Kindheit.
3. Ihr großer Bruder war ihr bester Freund und ihr Beschützer.
4. Sie hatte einen Lehrer, der ihr aus dem Ghetto heraushalf und sie auf die Columbia brachte.
5. Als sie meinen Dad traf, hielt sie ihn erst für hochnäsig.
6. Es stört sie, wenn Dad und ich unsere Teller nicht leer essen.
7. Ihre Mutter starb an einer Herzkrankheit.
8. Wir sind nicht zu ihrer Beerdigung gegangen.
9. Sie weiß nicht, wo sich ihr Vater aufhält.
10. Ihr Bruder wurde durch eine Kugel aus einem vorbeifahrenden Auto getötet, bevor ich geboren wurde.
11. Der Rest ihrer Familie tut so, als gäbe es sie gar nicht.
12. Dad und ich sind die einzige Familie, die sie noch hat.

Sie sitzt an der Bar, als ich in die Küche komme, in der Hand ein volles Glas Rotwein. Sie starrt auf ihr iPad. »Sag mal, wo warst du denn?«

»Oh, entschuldige, Mom, ich war bei Auden und …«

»Du hast mir nicht Bescheid gesagt, wo du bist«, fällt sie mir ins Wort. »Mir ist klar, dass du in ein paar Monaten nach New York ziehst, aber solange du hier bist, musst du dich noch an unsere Regeln halten. Jetzt komm, iss etwas. Das Essen wird kalt.«

Bei der Erwähnung von Essen knurrt mir der Magen. Es ist vierundzwanzig Stunden her, seit ich eine anständige Mahlzeit zu mir genommen habe. Ich habe das Gefühl, ich könnte jetzt alles Mögliche essen.

Ich setze mich neben sie und nehme einen großen Bissen der ordentlich gefüllten Ofenkartoffel von Jason's Deli, als sie sagt: »Weil wir gerade von der Columbia sprechen – ich habe heute einen interessanten Telefonanruf bekommen.«

Ich erstarre. Während mein Mund noch voll mit heißer Kartoffel ist, gefriert mein Herz zu Eis. Ist es schon so weit? Warum sollte der Erpresser sein eigenes Ultimatum missachten?

»Du hast den Geschichtstest nicht bestanden.«

Ich atme erleichtert aus, wobei Kartoffelkrümel auf die Tischplatte fallen. Eigentlich sollte ich nicht froh darüber sein, aber ich bin es doch. »Mom …«

»Ist dir klar, dass die Columbia deine Aufnahmebestätigung widerrufen kann, wenn dein Notendurchschnitt bis zum Ende des Jahres sinkt?«

»Ja.«

»Ach, tatsächlich? Du hast nämlich einen wirklich wichtigen Test vergeigt.« Sie mustert mich mit einem fassungslosen Blick.

»Ich mach's in Zukunft besser. Ich hatte bloß einen verrückten Tag.«

»Einen verrückten Tag?«, schnaubt sie. Wut tritt in ihre Augen. »Ich würde dir nach dem Telefonat mit Mr Green am liebsten den Mercedes wieder wegnehmen.«

Tu's doch. Bitte!

»Du darfst den Test morgen noch einmal schreiben, aber sei dir darüber im Klaren, dass du solche Chancen nicht an jeder Straßenecke findest, besonders nicht mit unserer Hautfarbe. Du musst doppelt so hart arbeiten wie alle anderen.«

»Ich weiß.«

»Ist dir bewusst, dass ich immer noch doppelt so hart arbeiten muss, damit mich die Leute als Anwältin ernst nehmen?«

Ich nicke.

»Werde dir darüber klar, was du im Leben erreichen willst, Quinn. Such dir ein Hauptfach. Such dir eine Wohnung. Diese ganze Unentschlossenheit …« Sie wedelt abschätzig mit der Hand. »So einen Luxus können sich nur reiche weiße Jungen leisten. Und das bist du nicht. Du musst besser sein, wenn du mithalten willst.«

Das bin ich nicht. Und besser bin ich auch nicht. Ich kann einfach nicht mithalten. Wie soll ich ihr das klarmachen? Wie soll ich ihr sagen, dass dieser Test nicht der erste ist, den ich nicht bestanden habe? Und schlimmer noch: Wie soll ich ihr sagen, dass mich die Columbia nicht haben will?

Als ich mit Essen fertig bin, sagt sie: »Du solltest jetzt lernen, bevor dein Vater heimkommt.«

»Er kommt heim?«, frage ich, während ich meinen Rucksack nehme und zur Verandatür gehe. Ich habe ihn seit dem Vorfall mit Carter nicht mehr gesehen. Ich glaube nicht, dass ich ihn überhaupt sehen will.

»Er ist gleich da. Geh zum Lernen in dein Zimmer.« Was bedeutet, dass sie mich nicht in der Nähe haben will, wenn er kommt. Das wiederum bedeutet, dass sie sich heute Abend ganz sicher streiten werden.

»Draußen kann ich aber besser lernen.«

»Quinn.«

Ich gehe hinaus und stecke den Kopf noch einmal zur Tür hinein. »Nur bis er da ist.«

Ich setze mich auf Hatties Hollywoodschaukel und lerne für den Ersatztest. Dann schreibe ich Carter wegen der Tour zur University of Houston morgen.

Die Nacht legt sich über den Garten. In unserem Viertel ist es still, nicht so wie bei Hattie. Bei Hattie klang die Nacht wie ein Chor aus Eulen, Grillen, dem gelegentlichen Heulen eines Kojoten und Hatties Stimme, die mich in den Schlaf sang. *Don't you fear, I'm right here*. Hatties Stimme im Garten. Hatties Stimme, wenn wir mit dem Gator unterwegs waren, wie sie vom Wind davongeweht wurde. Hatties Stimme in meinem Kopf.

Dad hat mich immer zu Hattie gebracht, wenn er und Mom sich stritten, aber wenn ich dort war, musste ich ständig daran denken, was zu Hause wohl gerade passierte. Ob sie beide noch da sein würden, wenn ich wieder heimkam. Ich habe es nie laut ausgesprochen, aber Hattie wusste es. Sie hat es in meinen Augen gesehen.

Ich ging mit ihr in die Küche und setzte mich an den Tisch, während sie Reis kochte. Dann erzählte ich ihr von meinem Tag, bis zu dem Moment, in dem meine Eltern angefangen hatten sich zu streiten. An dieser Stelle musste ich mich immer konzentrieren, damit meine Tränen nicht auf das Tischtuch tropften.

Hattie füllte die Stille mit ihrer Stimme: *Don't you fear, I'm right here*. Darauf konnte ich mich immer verlassen: dass Hattie da war. Und jetzt ist sie nicht mehr da. Jetzt ist ihr Haus leer. Jetzt ist ihr Kopf voll mit Erinnerungen, in denen ich nicht vorkomme. Jetzt ist mir nur diese Schaukel auf unserer Veranda geblieben.

Die Verandatür öffnet sich und reißt mich aus meinen Gedanken. »Quinn?« Dad geht um die Gartenstühle herum und lächelt zu mir hinunter. Er sieht müde aus, besonders unter den Augen. Sein Bart ist noch grauer geworden. Er beugt sich zu mir und will mir einen Kuss auf die Stirn geben, aber ich weiche vor ihm zurück. Ich will ihm nicht in die Augen sehen.

Verblüfft zögert er. »Stimmt etwas nicht?« Seine Stimme ist anklagend, als ob ich die Schuldige bin – egal was das Problem ist.

Ich schüttele den Kopf. »Alles in Ordnung.«

Du bist verantwortlich dafür, dass sich ein Schwarzer Junge in unserem Haus nicht sicher fühlt.

Meine Haut ist genauso dunkel wie seine. Woher soll ich wissen, wie du über mich denkst? Hältst du mich auch für eine Kriminelle?

Du hast nicht mit mir darüber geredet, aber das musst du, denn ich weiß nicht mehr, wer du bist.

Und ich glaube, ich kann dir nicht mehr vertrauen.

Und ich werde irgendwann explodieren, wenn wir nicht bald darüber reden.

Er sagt: »Du gehst besser hoch zum Lernen.«

Ich schlage mein Arbeitsbuch zu, nehme mein Handy und meinen Rucksack, alles ohne ihn anzusehen. »Nein, ich gehe rüber zu Matt.«

»Es ist ein bisschen spät, um einfach so bei anderen Leuten hereinzuplatzen.«

Ich stapfe mit dem Rucksack über der Schulter an ihm vorbei. »Er hat mich eingeladen.«

»Wie kann es sein, dass deine Eltern nicht Bescheid wissen? Wie konntest du ein solches Geheimnis für dich bewahren?« Kopfschüttelnd starrt Matt auf das Display seiner Nintendo Switch.

»In so was bin ich echt gut.«

Er sitzt lässig mit nassen Haaren, einer Schlafanzughose und ohne Oberteil auf seinem Sitzsack auf der anderen Seite des Zimmers, während ich rücklings auf seinem Bett liege und den Rauputz an seiner Decke anstarre, weil mein Blick ansonsten wie magisch von dem Haarflaum auf seiner Brust angezogen werden würde.

»Wollten sie die Aufnahmebestätigung nicht sehen?«

»Doch. Sie haben sie eingerahmt und an die Wand gehängt.«

»Was?« Bestürzt blickt er auf. »Hast du sie etwa selbst geschrieben?«

»Mit Word.«

Er schnaubt. »Wow. Und wann wirst du ihnen reinen Wein einschenken?«

»Eigentlich wollte ich das gar nicht machen.«

Er legt die Spielekonsole neben sich auf den Sitzsack und rutscht ein Stück nach vorn. »Ähm …« Etwas anderes fällt ihm dazu nicht ein.

»Ich wollte … na ja, ich wollte einfach behaupten, dass ich nicht nach New York gehen will und mich für eine andere Uni entschieden hätte.«

Er verschränkt die Hände ineinander und drückt die Spitzen seiner Zeigefinger gegen seine Lippen. »Das ist das Verrückteste, was ich je gehört habe. Ich kenne deine Eltern …«

»Ich habe noch nicht wirklich darüber nachgedacht. Aber was auf keinen Fall passieren darf, ist, dass jemand anderes es ihnen sagt, bevor ich mir überlegt habe, was ich machen will.«

Er seufzt und greift wieder nach der Spielekonsole. Und gerade als er sagt: »Na ja, ich werde jedenfalls dafür sorgen, dass meine Eltern es nicht herausfinden«, kommt seine Mom mit einem Stapel frisch gewaschener Handtücher durch die Tür.

»Dass deine Eltern was nicht herausfinden?«, fragt sie und mustert uns abwechselnd mit hochgezogenen Augenbrauen.

Ich liege auf dem Bett, auf meine Ellbogen gestützt, Mund und Augen weit aufgerissen. Und Matt, der von seiner Spielekonsole aufblickt, hat genau den gleichen Ausdruck im Gesicht wie ich. Wir suchen beide krampfhaft nach irgendeiner Lüge; ich weiß zwar nicht, wie es Matt geht, aber ich kann an nichts anderes denken als an die Wahrheit.

»Kann mir mal jemand sagen, was hier los ist?«, sagt sie, legt die Handtücher auf dem Bett ab und stemmt die Hände in die Hüften.

Matts Blick huscht zu mir. »Das ist ein Geheimnis, Mom.«

Sie schürzt die Lippen. Dann streckt sie die Arme in die Höhe und dreht sich um. »Na bitte, wie ihr wollt. Ich werde es sowieso herausfinden.« Und mit einer selbstsicheren Miene geht sie energisch aus dem Zimmer.

Matt und ich sehen uns an und wechseln einen entsetzten Blick. That was close. Sein Mund formt stumm die Worte: *Hier ist es nicht sicher*.

Ich nicke und erwidere, ebenfalls stumm: *Du hast recht*.

Er macht eine Kopfbewegung und steht auf, die Nintendo Switch immer noch in den Händen. Ich klettere aus dem Bett und folge ihm zur Tür – wo wir beinahe mit seiner Mutter zusammenstoßen, die mit dem Ohr an der Wand vor der Tür steht. Sie sieht genauso schuldbewusst aus wie wir.

»Mom, was machst du da?«, fragt Matt fassungslos.

»Ich wollte dir gerade …«

Sie gerät ins Stocken.

»Mir gerade was?«, hakt er nach.

Sie blickt sich im Dämmerlicht des Flurs um. »Dir gerade sagen, dass es morgen Steak zum Abendessen gibt. Du bist herzlich eingeladen, Quinn.«

Matt schüttelt den Kopf. »Sie ist Vegetarierin«, sagt er und geht an seiner Mom vorbei. Ich grinse und schüttele auch leicht den Kopf.

»Also keine Steaks?«, ruft sie uns nach.

Wir gehen die Treppe hinunter, vorbei an den Hirschgeweihen, die an der Wand hängen, und den Kuhfellen auf dem Boden, durch die Küche, Richtung Hintertür. Er macht sich nicht die Mühe, ein Hemd anzuziehen, und keiner von uns hat Schuhe an. Wir rennen durch den Garten zum Trampolin. Ohne anzuhalten, springt er aus dem vollen Lauf hinauf, typisch Sportler. Ich bleibe stehen und klettere langsam und vorsichtig hoch. Dann setzen wir uns in Position für unser Wippspiel, aber ich glaube nicht, dass er es je mit freiem Oberkörper gespielt hat.

»Okay«, sagt er und drückt seine Brust gegen meine Zehen, die Arme auf meine Schienbeine gelegt, als ob wir seit dem letzten Mal nur kurz unterbrochen worden wären.

Seine Brust ist warm, die Haare kratzen leicht an meinen Fußsohlen. Ich strecke die Hände über den Kopf, lege mich nach hinten und schaue hinauf in den leeren Nachthimmel. »Ich habe das Gefühl, dass ich meinen Dad überhaupt nicht mehr kenne.« Was ich sage, überrascht nicht nur Matt, sondern auch mich selbst. Ich wollte das eigentlich nicht laut aussprechen, aber jetzt, da es raus ist, fühle ich, wie etwas in meiner Speiseröhre nach oben steigt.

»Wieso nicht?« Er hebt kurz den Blick und drückt sich dann wieder auf meine Zehen.

»Ich dachte immer, er hätte einen absolut klaren Blick … weißt du?«

»Nein, ich weiß nicht, was du meinst.«

»Na ja, auf Rassenprobleme und solche Sachen.«

Matts Gesicht legt sich in Falten, die sich in seinen Gesichtsausdruck bohren. Das Thema ist ihm unangenehm.

»Ich habe den Verdacht, dass er zu seiner Hautfarbe nicht so steht, wie ich dachte, und vielleicht …«

»Moment mal, wie kommst du denn darauf?« Er blickt hoch. »Das ist doch irre. Ich kenne deinen Vater seit vielen Jahren. Und ich weiß, wie stolz er darauf ist, dass er der erste Schwarze Chefchirurg seines Krankenhauses ist. Es ist doch immer das Zweite, was er den Leuten erzählt, nachdem er seinen Namen genannt hat. Und danach die Tatsache, dass er auf der Columbia war.« Matt lacht und spielt unser Spiel weiter. »Ich glaube, er fehlt dir einfach«, sagt er. »Ich weiß, dass er nicht oft zu Hause ist.«

Ich presse die Lippen zusammen und blicke weiter in den Himmel. »Ja«, sage ich, »vielleicht.«

Er versteht es einfach nicht. Seine Argumente ändern nichts an der Tatsache. Mein Dad kann so viel Stolz über seinen Beruf empfinden, wie er will, aber das heißt noch lange nicht, dass er stolz darauf ist, ein Schwarzer zu sein.

Als ich heimkomme, streiten meine Eltern immer noch. Da ich aber schlecht zu Matt zurückgehen kann, setze ich mich auf die Hollywoodschaukel auf der Veranda und warte.

Mom schreit: »Weißt du, dass deine Tochter in deinen Wandschrank geht, wenn sie dich vermisst?«

Ich hatte keine Ahnung, dass sie das weiß.

»Wenn ich da bin, passiert *das* hier. Streit. Das ist auch nicht besser für sie.«

»Du solltest mit deiner Tochter keine Fernbeziehung führen, wenn ihr im selben Haus lebt.«

»Was ist mit *unserer* Beziehung, Wendy? Warum ist dir die egal?«

»Ich bin die Einzige, der sie *nicht* egal ist. Du bist doch zu beschäftigt, um dich darum zu sorgen.«

»Ich weiß wirklich nicht, warum wir das noch machen.«

»Wegen Quinn.«

Wenn ich aufs College gehe, haben sie also keinen Grund mehr, sich weiter zu streiten.

SIEBEN DINGE, DIE IMMER IN DER NÄHE VON DADS SCHRANK ZU FINDEN SIND

1. Die silberne Armbanduhr, die sein Vater ihm geschenkt hat (auf der Unterseite ist sein Name eingraviert: Desmond Jackson)
2. Der Verschluss seines Lieblingsdufts – den meine Mutter ihm vor drei Jahren anlässlich ihres Jahrestags geschenkt hat
3. Seine schwarze Krawatte
4. Seine Arztschuhe
5. Stapelweise OP-Kleidung
6. Ich
7. Mom

10

Zehn Regeln, die Olivia Thomas täglich bricht

Gleich nachdem ich aufgewacht bin, schaue ich aus dem Fenster: Dads Wagen steht immer noch neben dem von Mom. In meinem Magen herrscht helle Aufruhr.

Ich ziehe mich an, und als ich nach unten gehe, höre ich Töpfe und Pfannen klappern. In der Küche liest Dad gerade die Anleitung auf einer Packung Teigmischung für Pfannkuchen. Mom trägt noch ihren Morgenmantel und umarmt ihn von hinten. Ich weiß nicht, was ich fühlen soll.

»Morgen.«

Beide wirbeln herum, als ich mir einen Apfel aus der Schale und mein Lunchpaket von der Arbeitsplatte nehme.

»Leg das weg, Quinn. Ich mache uns Frühstück«, sagt Dad. Mom erhebt sich auf Zehenspitzen und küsst ihn auf die Wange. Dad grinst und dreht ihr sein Gesicht zu.

»Ich will nicht zu spät kommen.« Zu meinem Ersatztest.

Dad seufzt und drückt Mom an sich. »Findest du die Shorts nicht ein bisschen zu kurz?«

»Dad.« Ich verdrehe die Augen. Er kann nicht einfach eines Morgens aufwachen und beschließen, mit seiner Familie zu frühstücken – das erste Mal seit Monaten –, und mir dann vorschreiben, wie ich mich anziehen soll.

»Ich meine ja nur. An dieser Schule gibt es überhaupt keinen Dresscode.«

»Aus gutem Grund«, sage ich und gehe hinaus in die Eingangshalle. »Den Verantwortlichen ist nämlich klar geworden, dass meine Kleidung nicht im Mindesten meine Fähigkeit zu lernen beeinflusst.«

»Quinn, komm bitte direkt nach der Schule nach Hause«, sagt Mom. »Wir gehen heute essen.«

Dad nickt und wendet sich wieder seiner hingebungsvollen Ehefrau zu.

Und damit beginnt der Kreislauf von Neuem. Dad wird gleich nach der Arbeit heimkommen, genau wie Mom. Sie tun, was sie zusammen so tun. Aber danach – heute Abend oder morgen, je nachdem, wie lange der Liebeszauber anhält – wird sich der Streit wieder in den Vordergrund schieben.

Dann geht Dad und kommt nicht wieder. Sie ignorieren sich so lange, bis die Spannung nicht mehr auszuhalten ist. Irgendwann macht sich der Konflikt in einer Riesenexplosion Luft, so wie gestern Abend. Und mitten in dem ganzen Zorn finden sie wieder zusammen. Es kommt mir so vor, als ob sie sich ohne die Wut als Vorspiel nicht lieben könnten. Das ist verwirrend und beängstigend, denn ihre Beziehung wirkt auf mich wie eine tickende Zeitbombe und ich will nicht diejenige sein, die sie hochgehen lässt.

In der Einfahrt sehe ich Matt, der zu seinem Truck geht. Wir blicken uns an. Er winkt und ich winke zurück, während ich die Fahrertür aufschließe. Als ich den Mercedes anlasse, höre ich, wie sein Truck rumpelnd zum Leben erwacht. Als Nächstes kommt eine Textnachricht:

War gestern Abend alles okay?

Ja, alles bestens. Es war schön, dass wir reden konnten.

Jederzeit, Quinnly. Du weißt, dass ich immer für dich da bin. 😉

Dann fährt er rückwärts aus seiner Einfahrt und gibt Gas. Der Zwinkersmiley schafft mich. Ich schaue ihm nach und sitze in dem gleichen bauschigen Nest aus rosaroter Zuckerwatte wie meine Eltern gestern Abend.

Der Schülerparkplatz ist schon ziemlich voll. Als ich in meine Parklücke fahre, steigt Matt ebenfalls aus seinem Truck. Ehe ich den Motor ausschalten kann, geht die Beifahrertür auf und Carter setzt sich neben mich.

»Wo kommst du denn her?«, krächze ich erschrocken.

»Aus dem Bus.« Er deutet auf die Haltestelle ein paar Schritte hinter uns. »Bist du bereit für einen freien Tag, Jackson?«

Ich sehe Matt nach, der über den Parkplatz geht und dabei meinen Wagen nicht aus den Augen lässt. »Ich muss noch kurz zu Mr Green, bevor wir loskönnen.«

Carter folgt meinem Blick. »Verdammt. Ich mach den weißen Jungen eifersüchtig.«

Ich sehe Carter an und zucke mit einem Grinsen die Schultern.

»Deshalb bin ich nicht hier, Jackson.«

»Zwei Fliegen mit einer Klappe«, sage ich und öffne die Wagentür.

»Hey«, sagt er. Ich habe schon einen Fuß auf dem Asphalt und drehe mich zu ihm um. Ich schaue ihn an. Mustere ihn eingehend. Denn seine Miene ist nachdenklich. »Was du gestern gesagt hast, ist mir nicht aus dem Kopf gegangen.«

Unwillkürlich verkrampft sich mein Körper.

Er senkt den Blick auf die Mittelkonsole. »Du hast gesagt, dein Journal sei dein Fundament und würde dir sagen, wer du bist.« Er sieht mich wieder an. Ich nicke. »Wäre es so schlimm, ein neues Fundament zu bauen? Dich neu zu erfinden?«

Ich steige wieder in den Wagen. »Willst du damit sagen, ich müsse mich neu erfinden, weil ich eine erbärmliche Person bin?«

Er wirkt verblüfft, dann lacht er. »Nein.« Das Lachen wird zu einem Lächeln, während er sich am Kiefer kratzt. »Ich will damit nur sagen, dass es ziemlich schwer ist, sich zu verändern, wenn in einem Buch steht, wer du sein sollst.« Er senkt wieder den Blick, während er mit der rechten Hand über die Innenseite seines linken Handgelenks streicht. Doch dann schaut er noch einmal auf, als ob er Angst vor meiner Reaktion hat. Er zuckt mit den Schultern. »Es ist bloß so, dass ich gestern Abend lange darüber nachgedacht habe.«

Meine Haut prickelt. Ich habe das Gefühl, als würde ich strahlen, als wären alle meine Körperteile, die ich sonst so gerne verstecke, für ihn ganz deutlich sichtbar. Ich räuspere mich und steige aus. »Bin gleich wieder da.«

Mit dem Kopf in den Wolken gehe ich zu Mr Greens Büro. Carter hat gestern Abend über mich und mein Journal nachgedacht? Ich frage mich, wann gestern Abend – war es schon spät? Und ich kann es nicht fassen, dass seine Gedanken nicht gemein und hässlich waren, im Gegenteil. *Es ist ziemlich schwer, sich zu verändern, wenn in einem Buch steht, wer du sein sollst.* Na ja, aber im Grunde genommen ist ja genau das der Sinn. Doch zum ersten Mal dämmert mir, dass es vielleicht tatsächlich nicht ratsam ist, alles in Stein zu meißeln.

Immer noch in Gedanken versunken klopfe ich an die Tür zu Mr Greens Klassenzimmer.

»Hallo, Quinn«, begrüßt er mich. »Bist du bereit?«

Ich nicke und setze mich auf einen Platz in der ersten Reihe. »Danke für diese zweite Chance.«

»Kein Problem.« Er legt das Blatt mit den Aufgaben mit der Vorderseite nach unten auf meinen Schreibtisch. »Ich habe ja gesehen, wie aufgewühlt du gestern warst. Ich dachte mir, dass dich irgendetwas abgelenkt hat.«

Ich nicke und weiche seinem Blick aus. Ich weiß, dass er mich dazu bewegen will, mit ihm über mein Problem zu reden, aber das geht nicht. Er ist zu gut mit meinen Eltern bekannt. Wenn er das mit der Columbia herausfindet, bin ich erledigt.

Ich fliege durch die neuen Fragen und bin eine Minute vor Ende der Zeit damit fertig. »Danke«, sage ich und meine es ernst.

Er nimmt den Test und widmet sich wieder dem Papierkram auf seinem Schreibtisch. »Wenn du jemanden zum Reden brauchst, weißt du ja, wo du mich findest.«

»Danke«, sage ich noch einmal und gehe mit schnellen Schritten zur Tür hinaus. *Aber nein, danke.*

Als ich das Gebäude verlasse, fühle ich mich wie eine Rebellin, als ob mich jeden Moment jemand verfolgen könnte.

Die Sonne knallt bereits mit voller Hitze auf den Parkplatz, Carter steht jetzt mit Olivia neben meinem Wagen. Er trägt knielange schwarze Sportshorts und ein graues T-Shirt, Olivia ein sehr, sehr tief ausgeschnittenes Crop-Top und Baggy-Jeans. Sie sieht aus wie ein Model. Olivia sieht immer aus wie ein Model.

Wenn ich sie so betrachte, habe ich Angst, wie dieser Trip enden wird. Jedes Mal, wenn sich unsere Blicke treffen, meine ich eine Anklage in ihren Augen zu erkennen, als ob sie genau wüsste, dass ich bei der Sache mit ihren Fotos dabei war.

Ich hätte nie gedacht, dass ich ihr mal so nahe kommen würde. Ich dachte, ich mache meinen Abschluss, sehe sie nie wieder, denke nie wieder an sie, fühle nie wieder diese Schuld. Und sie würde es auch vergessen. Dazu ist das College doch da – um die Schrecken der Highschool hinter sich zu lassen.

Aber hier sind wir nun und blicken einer zweistündigen Autofahrt nach Houston entgegen – und einer zweistündigen Rückfahrt.

Sie wirft die Hände in die Höhe und Carter zuckt hilflos mit den Schultern. Es sieht so aus, als ob sie streiten, und ich habe dieses widersinnige Gefühl, dass es um mich geht.

Die Sache ist die: Olivia mag zwar klein und zierlich sein, aber ich weiß ganz genau, dass sie jeden Kampf gegen mich gewinnen würde.

ZEHN REGELN, DIE OLIVIA THOMAS TÄGLICH BRICHT

1. Sie ist ein »Mixed Girl«, aber meine Freunde behaupten, sie benimmt sich eher wie eine Schwarze als ich.
2. Sie hat wunderschöne Locken, aber sie flicht ihre Haare immer in unzählige Microbraids.
3. Sie trägt ein silbernes Septum, auch in der Schule. Sie hat bis oben hin Löcher in den Ohren und einen Ring im Bauchnabel, den sie dank der Crop-Tops, die sie fast jeden Tag anhat, für alle Welt entblößt.
4. Mit sechzehn hat sie sich die Arme tätowieren lassen.
5. Sie nennt die Lehrer bei ihren Vornamen. Nur Mr Green (Edward) hat es aufgegeben, sie zu berichtigen.
6. In den vier Jahren, die wir gemeinsam auf die Hayworth High gehen, hat sie sich schon mit etlichen Leuten angelegt, meistens mit weißen Jungs, die sie für rassistische, privilegierte Mistkerle hält.

7. Sie hat jede dieser Auseinandersetzungen gewonnen. Und hat es irgendwie geschafft, ihr Stipendium trotzdem nicht zu verlieren.
8. Sie erzählt jedem offen von diesem Stipendium. Jeder weiß, wie arm ihre Familie ist. Und ihr ist es völlig egal.
9. Sie spricht offen über ihre sexuellen Erfahrungen. Obwohl ich bisher keine zwei Worte mit diesem Mädchen gewechselt habe, weiß ich mehr über Olivias Liebesleben, als mir zusteht.
10. All ihre Freunde sind männlich – aber das ist womöglich das Resultat der Schmutzkampagne.

Im Näherkommen umklammere ich die Gurte meines Rucksacks noch fester. Carter schaut mich an und sagt: »Der ist langweilig. Stimmt's, Quinn?«

Olivia schaut mich an. Ich erstarre, weil ihr Blick so bohrend ist.

»Was? Wer?«, frage ich und bleibe etwa zehn Schritte vor ihnen stehen. Ich schaue nur Carter an. Sein Blick ist ungefährlicher.

»Vontae.«

»Oh.« Also geht es gar nicht um mich. Es geht um Musik. Total miese Musik.

Ich verziehe das Gesicht und Carter lacht. Dabei kommt er mit schnellen Schritten auf mich zu, sodass ich keine Chance habe, die Distanz zwischen uns aufrechtzuerhalten. Er legt mir den Arm um die Schultern und sagt: »Siehst du? That's my girl!«

Mit großen Augen sehe ich Olivia an und warte auf ihre Reaktion. Ihr Blick liegt auf dem Arm um meine Schultern. »Ihr zwei habt keine Ahnung von Musik.« Sie verdreht die Augen, verliert aber kein Wort darüber, dass ihr Freund mich umschlungen hält. »Na schön, dann frage ich halt Marqueese, ob er mitkommt.«

»Das sage ich dir schon die ganze Zeit«, meint Carter und lässt mich los – woraufhin ich erst einmal tief durchatmen muss.

»Aber dann denkt er, es ist ein Date«, sagt sie jammernd, »und ich will ihm keine Hoffnungen machen.«

»Na, dann geh halt allein, Livvy.«

Ich bin verwirrt. Wieso geht er nicht mit seiner Freundin zu einem Konzert? Was für ein Junge tut so etwas?

»Du weißt doch, wie ungern ich selbst fahre.« Sie stampft mit dem Fuß auf wie eine Dreijährige. »Na schön, dann frage ich eben Marqueese.« Sie wendet sich ab und sagt: »Ich hasse dich«, wobei sie auf dem Rücksitz meines Autos Platz nimmt, als hätte sie das schon tausendmal gemacht. Als ob mein Mercedes Olivia Thomas' Zweitwohnsitz wäre.

Carter reagiert nicht darauf. Er wirkt vollkommen unbekümmert. »Du lässt deine Freundin mit einem anderen Kerl ausgehen?«

Er sieht mich an, als hätte ich ihn angespuckt. »Meine Freundin? Du denkst, Livvy sei meine …?« Er krümmt sich vor Lachen. »Holy shit, nein!« Dann läuft er zum Wagen und klopft an Olivias Seitenfenster.

Sie lässt es hinunter. »Was?« Sie klingt immer noch angepisst.

»Quinn dachte, wir wären zusammen.«

Olivia schiebt ihren Kopf zum Fenster hinaus und schaut mir geradewegs in die Augen. In ihrem Blick liegt Abscheu. »Das wäre ja Inzest!«

»Jedenfalls fast«, sagt Carter.

»Aber ich habe doch gehört, wie ihr gestern telefoniert habt«, sage ich verdattert.

Er schaut zu ihr hin. »Sie hat auf meine kleine Schwester aufgepasst, während wir bei Auden waren. Ich habe mit meiner Schwester geredet.«

Ich blinzele und merke, wie meine Wangen heiß werden. »Oh.«

»Ahhh!« Er schlendert mit wiegenden Hüften zu mir und fährt dabei mit der Hand über seinen Backenbart. »Warst du eifersüchtig?«

»Girrrrl, du kannst ihn haben!«, schreit Olivia zum Fenster hinaus, ehe sie die Scheibe wieder nach oben gleiten lässt.

»Ich war nicht eifersüchtig. Ich will nichts von dir.«

Er grinst frech. »Bist du sicher?«

»Ich steh auf Matt – schon vergessen?«

Sein Grinsen verblasst. »Stimmt, ich hatte kurz ausgeblendet, dass du nur auf weiße Jungs abfährst.«

Ich zucke zusammen. Er stellt es so dar, als ob mir nur Weiße gefallen. Was nicht der Fall ist und ich hasse es, dass er so über mich denkt. Doch noch ehe ich ihm widersprechen kann, marschiert er zur Beifahrertür und steigt ein. »Wir warten nur noch auf Auden, dann fahren wir.« Und damit schlägt er die Tür zu.

Ich stehe allein da, die Hände an meinen Rucksackgurten, und sammle mich, bevor wir uns zwei Stunden lang gemeinsam in dieser Blechkiste einschließen. Zwei Stunden mit Carter. Zwei Stunden mit Olivia. Zwei Stunden Achterbahngefühle. Ich stähle meinen Geist, meinen Magen und mein Herz für diese Fahrt.

Ironischerweise ist Auden, der einzige Weiße unter uns, zu spät. Als er ankommt, entschuldigt er sich am laufenden Band und wirft sich buchstäblich auf den Rücksitz neben Olivia. Der Wagen riecht nach einer Mischung aus Carters Duschgel, meinem Victoria's-Secret-Parfüm, Audens Patschuli-Haus und Olivia, die – so vermute ich – für den Hauch Lavendel in dem Gemisch verantwortlich ist.

Ich schalte die Klimaanlage ein und wünsche mir, jemand würde etwas sagen.

Carter geht es wohl genauso, denn er fängt an, in meiner Apple-Music-App herumzusuchen.

»Lass das.« Ich schlage ihm leicht auf die Finger. Ich werde nicht zwei Stunden oder noch mehr mit Mumble-Rap verbringen.

Er runzelt die Stirn. »Du wärst überrascht, wie viel wir gemeinsam haben.«

»Was haben wir denn gemeinsam?«, will ich wissen. »Du hast doch keine Ahnung, was für Musik ich mag.«

»Ich weiß, dass du Vontae nicht magst.«

»Ja, und das ist sehr verdächtig. Woher weißt du das?« Ich mache meine Augen schmal.

Er lächelt und legt den Kopf leicht schräg. »Vertrau mir.« Dann widmet er sich wieder der Liste auf dem Touchscreen. Und da ich meine Neugier kaum zügeln kann, lasse ich ihn einfach machen.

So verbringen wir die nächsten zwei Stunden zu den Klängen von R&B aus den Neunzigern, meiner absoluten Lieblingsmusik. Carter und Olivia singen laut mit, ich nur leise. Auden starrt stumm aus dem Fenster.

Eine Autostunde hinter Austin überzieht die Morgensonne die Welt mit ihren Strahlen. Wir fahren an Landhäusern vorbei, leer stehendem Weideland und verlassenen Tankstellen.

»Oh mein Gott!«, keucht Olivia hinter mir plötzlich auf. Ich schaue sie durch den Rückspiegel an. Sie drückt sich die Nase an der Scheibe platt. »Du musst umdrehen«, sagt sie mit flehenden Augen.

»Warum? Was ist los?«

»Diese Tankstelle war einfach wunderschön. Ich muss unbedingt Bilder machen.«

»Wir haben einen ziemlich engen Zeitplan.«

Carter sagt: »Tu es einfach. Vertrau mir, sie lässt nicht locker.«

Auden ergreift das Wort: »Du wirst doch wohl unserer Meisterfotografin nicht die Gelegenheit für einen guten Schnappschuss verpatzen wollen.«

Ich erstarre.

Ich weiß, dass er sich nichts dabei denkt, aber ich habe das Gefühl, dass er in meinen Schuldgefühlen herumstochert. Als ob er ein paar Worte betont hätte, die so nicht hätten betont werden müssen. *Du*, ausgerechnet *du*, wirst doch unserer *Meisterfotografin* – deren Ruf du geholfen hast zu ruinieren – nicht die Gelegenheit für einen *guten Schnappschuss verpatzen* wollen, wo du doch genau weißt, wer all ihre anderen Fotos zerstört hat.

Mit ihren Fotos hat sie schon Preise gewonnen. Unsere Jahrbuchabteilung kann sich glücklich schätzen, sie im Team zu haben. Unsere Schule ist stolz auf sie. Sie hat die ganze Wand im Gang C bekommen, um ihre Arbeiten auszustellen. Es war eine eigene kleine Kunstgalerie. Die Fotos von Schülern der Hayworth High waren offen und ehrlich und die Bilder von Austin waren schlichtweg atemberaubend.

Und in den Weihnachtsferien, während die meisten Schüler gemütlich zu Hause saßen, brachen ein paar Leute in die Schule ein. All ihre Bilder wurden mit rotem Edding beschmiert.

Breaking News: Meisterhafte Fotografin macht meisterlich die Beine breit.

Olivia Thomas ist verfügbar für alles, 24/7.

Die kriegt immer was in den Kasten.

Ich schaue in den Rückspiegel. Olivia hat die Hände unter dem Kinn verschränkt. »Ich mach auch ganz schnell, versprochen!«

Meine Schuldgefühle ersticken mich fast. Ich wende den Wagen so abrupt, dass sich Carter am Griff der Seitentür festhalten muss.

Während sie die Kamera herausholt, dreht sie sich zu Auden um. »Ich habe dir doch erzählt, dass ich meine Fotos online verkaufe.«

Er nickt.

»Ich würde dir einen Anteil am Kaufpreis geben, wenn du sie für mich bearbeiten würdest.«

»Echt?« Sein Gesicht strahlt.

»Auf jeden Fall! Bei der Bildbearbeitung kann dir in der Jahrbuch-AG keiner das Wasser reichen, Audee.«

Audee? Und ... sie sind zusammen in der Jahrbuch-AG?

Er grinst von einem Ohr zum anderen. »Klar mach ich das. Du musst mir auch nichts bezahlen.«

»Ich werde dich aber bezahlen.«

Als ich vor der verfallenen Tankstelle anhalten will, weist mich Olivia an, den Wagen am Anfang der Straße stehen zu lassen, damit der Mercedes nicht im Bild ist.

Ich betrachte die Wände, die mit Graffiti übersät sind, das Wellblechdach über dem Tankbereich mit den Zapfsäulen, das sich Stück für Stück ablöst. Die Fenster des winzigen Gebäudes sind alle mit Holzbrettern vernagelt, genau wie die Eingangstür. Der Wegweiser, der weiter vorne an der Straße steht, fällt allmählich in sich zusammen.

Olivia springt begeistert aus dem Wagen; es fehlt nur noch, dass sie in Freudentränen ausbricht. Auden steigt ebenfalls aus und gemeinsam erkunden sie die Wände und Einzelheiten der Graffiti. Sie macht Nahaufnahmen von jedem Detail, aus allen möglichen Blickwinkeln. Dann befiehlt sie mir, meinen Wagen ans andere Ende der Straße zu fahren, weil ich anscheinend doch im Bild bin. Ich gehorche widerspruchslos.

Carter und ich bleiben im Mercedes sitzen und hören leise Musik – Tyrese. Er lehnt sich nach hinten und macht die Beine lang, so gut es in dem engen Fußraum eben geht. Dann dreht er sich zu mir und starrt mich an. Er scheint sich dabei ziemlich wohlzufühlen.

»Was ist?«, frage ich nervös.

Sein Blick gleitet zu meinem Mund. »Gar nichts.«

Mein Atem wird flacher, versickert, lässt mich im Stich. Ich drehe mich zum Fenster und betrachte die Gegend, während ich versuche, so leise wie möglich weiterzuatmen. ›How You Gonna Act Like That‹ tönt jetzt aus den Lautsprechern, mein Lieblingslied von Tyrese. Ich lehne den Kopf nach hinten, schließe die Augen und singe stumm mit.

Doch dann dreht Carter die Musik laut. »Das ist mein Lieblingslied.« Als ich ihn anschaue, lächelt er.

Ich reiße die Augen auf. »Meins auch.«

Er wirft den Kopf in den Nacken und grölt den Text mit.

Ich stimme mit ein und singe den Backgroundpart.

Er schaut mich überrascht an. Dann singen wir gemeinsam – er sehr laut und sehr schief, während ich kaum einen Ton herausbringe, weil ich über sein Gequäke so sehr lachen muss. Bei der Bridge streckt er die Hände aus, als ob er in einem Musikvideo mitspielen würde. Und dann bezieht er mich in sein Spiel mit ein. Er beugt sich zu mir und streicht mir bei der nächsten Strophe mit dem Finger seitlich über den Unterkiefer.

Ich knabbere an meiner Unterlippe und frage mich, wie ernst ich das nehmen soll. Besonders, als er noch meine Hand nimmt und sie im Takt mitschwingt. Seine Hand ist wärmer als meine und viel größer.

Ich lächele und hoffe, dass der Song nie endet, und gleichzeitig bete ich darum, dass er jetzt sofort aufhört. Wer kennt nicht das Gefühl, das man hat, wenn gerade etwas Unglaubliches passiert – noch eine Sekunde länger und man kommt womöglich auf die

Idee, irgendetwas Dämliches zu sagen und die ganze Sache zu verderben.

Ich strecke den Arm vor, schalte die Musik aus und ziehe meine Hand aus seinen Fingern.

»He«, protestiert er. »Was ist denn?«

Meine Augen werden schmal. »Woher weißt du, was für Musik ich mag?«

»Gut geraten.« Er grinst.

»Mit ›gut geraten‹ meinst du nicht zufällig, dass du mein Journal gelesen und die Liste mit meiner Lieblingsmusik gesehen hast?«

Sein Lächeln verschwindet wie in Treibsand. »Herrgott noch mal, Quinn. Damit meine ich den Englischkurs in unserem ersten gemeinsamen Highschooljahr, wo wir einen Diavortrag über einen schmerzlichen Moment in unserem Leben halten sollten, und du hast als Untermalung einen Song von Sisters With Voices gewählt.«

»Das weißt du noch?« Ich lege meine Hand auf mein Herz. Ich weiß es ja selbst kaum noch. Ich habe einen Diavortrag über das kleine Kaninchen gehalten, das Hattie und ich aufgezogen hatten und das von Kojoten getötet worden war. Das Leben war so viel einfacher, als das noch die schmerzlichste Erfahrung war, die ich je gemacht hatte. Mir gelang damit der erbärmlichste Vortrag der ganzen Klasse und deshalb finde ich es umso erstaunlicher, dass sich Carter daran erinnert.

»Nachdem alle irgendwas von Taylor Swift genommen hatten, dachte ich, du würdest das auch tun.«

»Taylor ist gar nicht so schlecht«, sage ich.

Er lacht und ich lächele, während ich meine Hände betrachte, die auf meinem Schoß liegen. Ich kann nicht glauben, dass er das noch weiß. »Du hast ›Strange Fruit‹ von Billie Holiday genommen«, sage ich. Als ich hochschaue, sehe ich, dass er genauso überrascht ist wie ich eben. »Das war ein mutiges Statement in einem Klassenzimmer voller weißer Kids, aber ich glaube nicht, dass irgendjemand das Lied kannte.«

»Sie nicht, Mrs Dexter schon. Sie sah zu Tode erschrocken aus.« Wir lachen uns an. Dann kommen seine Lippen zur Ruhe und er sieht mich an, als hätte er mich noch nie zuvor gesehen. »Ich wusste nicht, dass du so aufmerksam bist.«

Ich zucke mit den Schultern und betrachte schon wieder die Mittelkonsole. »Dasselbe könnte ich auch von dir sagen.«

Die hintere Wagentür geht auf und wir beide zucken zusammen, als ob man uns bei etwas Verbotenem erwischt hätte. Irgendwie fühlt es sich so an.

Olivia schiebt sich auf den Rücksitz. »Das sind Bilder für die Ewigkeit!«

»Das hättet ihr sehen sollen«, sagt Auden. »Die Hintertür stand offen. Hier kommen bestimmt ständig Teenager her …«

»Und nehmen Drogen und machen wer weiß was«, sagt Olivia.

»Habt ihr deshalb so lange gebraucht?«, neckt Carter.

Auden wird rot.

Olivia zieht die Augenbrauen hoch. »Und was habt ihr die ganze Zeit gemacht?«

Carter schaut mich an und ich erwidere seinen Blick. Wir beide fragen uns vermutlich dasselbe. Was genau haben wir gemacht? Und warum fühlt sich das so falsch an?

Ohne etwas zu sagen, wendet er den Blick ab und schaut aus dem Fenster. Ich schalte das Radio wieder an und fahre auf den Highway. Vergeblich versuche ich zu verdrängen, dass keiner von uns die Frage beantwortet hat.

11

Tage, an denen mein Schwarzsein auf die Probe gestellt wird

Houston sieht mehr nach einer Großstadt aus als Austin. Die Highways schlängeln sich wie Spaghetti über- und untereinander. Die Leute fahren schnell und biegen unvermittelt rechts und links in Ausfahrten ein. Ich gerate in Panik, aber Carter sagt mir genau, wie ich fahren muss. Wir erreichen das Verwaltungsgebäude kurz bevor die Tour losgeht. Wir müssen uns in eine Liste eintragen und bekommen eine Tüte mit rot-weißen Werbegeschenken.

SIEBEN MOMENTE WÄHREND DER TOUR, IN DENEN ICH MIR EINEN BÖSEN BLICK VON CARTER EINFANGE …

1. Als ich die Hand hebe und den Guide frage, wie viele Angriffe auf Studenten es hier auf dem Campus schon gab
2. Als der Guide fragt, wer von uns schon an der University of Houston angenommen wurde, und ich nicht die Hand hebe
3. Als ich langsamer gehe und mich beklage, dass mir die Füße wehtun
4. Als ich die Auswahl an vegetarischen Gerichten in der Mensa kritisiere
5. Als ich ihn frage, ob er mich huckepack nimmt, weil ich keine Lust mehr habe zu laufen

6. Als ich eine andere Schülerin höhnisch mustere, die stolz erzählt, sie sei in das Begabtenprogramm aufgenommen worden
7. Als ich ihm auf die Zehen trete, während Olivia am Ende der Tour ein Foto von uns macht

Auf dem Weg zum Auto fragt er mich ärgerlich: »Warum benimmst du dich so, als ob das alles nicht gut genug für dich wäre?«

»Entschuldige mal. Mir gefällt diese Uni einfach nicht.«

»Das ist nicht der Grund«, sagt er.

Olivia und Auden gehen ein paar Schritte hinter uns.

»Du warst abfällig, genau wie gestern, als ob du irgendwann selbst angefangen hast zu glauben, dass du für die Columbia geeignet wärst, obwohl du es nicht bist.«

»Ich weiß, dass ich es nicht bin!«

»Du hast keinen Grund, so die Nase über diese Uni zu rümpfen, vor allem weil die große Wahrscheinlichkeit besteht, dass du am Ende hier landest.«

Ich sage nichts mehr.

Vielleicht hat er recht. Vielleicht empfinde ich Bitterkeit über die Ablehnung der Columbia. Und vielleicht habe ich noch nicht akzeptiert, dass die University of Houston möglicherweise meine Zukunft sein könnte. Aber ich bin nicht wegen der Tour hergekommen. Ich hatte keine Lust, mir den Campus anzusehen. Ich bin hier, weil mein Erpresser es so wollte. Aber mir wird klar, warum ich diese To-do-Liste überhaupt geschrieben habe: Vielleicht werde ich hier die nächsten vier Jahre meines Lebens verbringen. Eine solche Entscheidung will gut überlegt sein.

Im Wagen sagt zunächst niemand etwas. Ich starte den Motor und starre auf die Betonmauer vor uns. »Und wohin jetzt?«

»Livvy erklärt dir den Weg.«

Olivia gibt mir knappe Anweisungen, ohne ein überflüssiges Wort zu verlieren: »Links. Rechts. Geradeaus. Noch ein Stück. Fahr rechts ran.«

Ich parke an einer Straßenecke, flankiert von baufälligen Gebäuden, braunem Gras und aufgerissenem Pflaster. Carter sagt: »Livvy und Auden, ihr wartet hier.«

Olivia greift über die Rückenlehne des Beifahrersitzes nach vorn, als er die Tür öffnet, und reicht ihm ein paar Geldscheine. »Bring mir rote Bohnen und Reis mit.«

Nachdem er ausgestiegen ist, kommt er zu meiner Seite und öffnet die Fahrertür. Ich will den Wagen nicht verlassen. Diese Gegend sieht so aus, als bestünde nur eine geringe Chance, dass der Wagen bei meiner Rückkehr noch da ist. Ich werfe einen Blick auf den Hähnchengrill hinter ihm. »Du weißt schon, dass ich Vegetarierin bin, oder?«

»Wir holen Essen für die anderen, du kannst ja ruhig bei deinem Kaninchenfutter bleiben.«

Ich runzele die Stirn. »Und warum kann ich dann nicht gleich im Wagen bleiben?«

»Wieso denn? Hast du Angst vor Schwarzen, so wie dein Dad?«

Ich mache die Augen schmal. Da haben wir es.

»Ich habe keine Angst«, sage ich und steige aus. Warum sollte ich Angst haben?

Er geht mit mir über die Straße, ohne einen Fußgängerübergang zu benutzen. In dem Restaurant sitzen nur Schwarze an den Tischen. Einige essen Chicken Nuggets und Pommes, andere warten auf ihre Bestellung. Als die Türglocke läutet, dreht sich ungefähr die Hälfte der Gäste zu uns um. Meine Haut kribbelt. Ich bin es nicht gewohnt, von Menschen meiner Hautfarbe umgeben zu sein. Ich habe das Gefühl, sie können sehen, wie anders ich bin. Aber das stimmt ja gar nicht, das können sie nicht. Ich könnte mit dieser Menge verschmelzen, wenn ich will. Ich könnte meine Sprache der ihren anpassen, könnte »ain't« und »y'all« sagen und das N-Wort, und niemand würde etwas merken.

An der linken Seite verläuft ein Tresen, hinter dem Schwarze Frauen mit Haarnetzen wie aufgescheuchte Hühner hin und her laufen. Als wir uns anstellen, rücke ich ganz nah an Carter heran, denn wenn ich ehrlich bin: Ich *habe* Angst. Es fühlt sich wirklich so an, als könnten sie meine Andersartigkeit sehen.

Aber wieso eigentlich? Ich sehe doch aus wie sie. Ich sollte mich hier sicherer fühlen als in meinem Viertel zu Hause. Weiße haben früher Menschen wie mich gelyncht, also warum um alles in der Welt sollte ich mich in ihrer Gegenwart sicherer fühlen als hier? Ich atme tief durch und straffe die Schultern.

Als wir an der Reihe sind, muss Carter schreien, damit die Servicekraft ihn versteht. Er gibt seine Bestellung auf und bezahlt mit dem Geld, das Olivia ihm gegeben hat. Nachdem er seinen Bon bekommen hat, gehen wir beide zu einer Sitznische hinten im Laden. Die Tischplatte ist so verdreckt, dass ich mit den Händen an mein Schlüsselbein gedrückt auf die Bank rutsche. Erst als ich sitze, sehe ich, dass er stehen geblieben ist. Erschrocken schaue ich zu ihm hoch.

»Ich muss mal auf die Toilette. Bin gleich wieder da.« Dann lässt er mich allein. Ganz und gar allein.

Ich weiche allen Blicken aus, mache mich so unsichtbar, wie es nur geht. Aber mein Zauberumhang scheint nicht zu funktionieren, denn sobald Carter verschwunden ist, taucht ein dürrer Schwarzer Junge neben mir auf. »Aye.«

Du darfst nicht mit Fremden sprechen. Du darfst nicht mit Fremden sprechen. Du darfst nicht mit Fremden sprechen. Aber trotzdem blicke ich auf. Der Fremde legt den Kopf leicht schräg und fragt: »War das dein Bruder?«

Ich sehe weg und schüttele den Kopf.

»Dein Freund?«

Wieder schüttele ich den Kopf. Und merke dann erst, was für ein Riesenfehler das war.

Seine Augen wandern über mein Gesicht, hinunter zu meiner Brust und wieder nach oben. »Woher kommst du?«

Ich weiß nicht, was ich sagen soll. Die Wahrheit ist wohl keine gute Idee.

Er lächelt über mein Schweigen. »Aha, du bist schüchtern. Das mag ich.« Er streckt die Hand aus und streicht mir über die Wange und ich weiche angewidert zurück. Zum Glück kommt Carter in diesem Moment aus der Toilette.

»Also, was geht? Wie lange bist du hier?« Und wieder streckt der Junge die Hand nach meinem Gesicht aus.

»Aye, Mann«, sagt Carter und bleibt hinter dem Fremden stehen. »Ich bin mir ziemlich sicher, dass sie von dir nicht angefasst werden will.«

Der Hagere dreht sich um. »Oh. Is sie dein Girl?«, fragt er und deutet mit dem Daumen auf mich.

Carter schaut mich an. »Ja, mein Girl.«

Ich senke das Kinn. Mein Herz rast. Ich weiß, dass er es nicht ehrlich meint, aber es allein schon aus seinem Mund zu hören, scheucht einen Schwarm Schmetterlinge in meinem Bauch auf.

»Shit. Na ja, wusst ich ja nicht, Bruder.« Der Hagere wirft mir einen Blick zu.

»Es spielt auch keine Rolle, ob sie mein Girl ist oder nicht. Du hast nicht das Recht, sie einfach zu betatschen.« Und damit macht Carter einen Schritt nach vorn und türmt sich vor dem Kerl auf.

Der Hagere lacht und mustert Carter von oben bis unten. »Das war doch nicht ernst gemeint. Ich will ihren hässlichen Arsch sowieso nicht.« Und damit geht er davon und lässt mich gekränkt, angewidert und ein bisschen verwirrt zurück. Jetzt habe ich also einen »hässlichen Arsch«?

Carter wirkt wütend. Er macht den Eindruck, als wolle er sich umdrehen und irgendwas Blödes tun, deshalb sage ich schnell: »Alles okay.«

»Nichts ist okay.« Er setzt sich und seine Kieferknochen treten hervor. »Was wäre, wenn ich nicht gesagt hätte, dass du mein Girl bist? Hätte er sich dann das Recht rausgenommen, dich zu belästigen?«

Sein Zorn überrascht mich und ich betrachte seine ineinander verkrampften Finger auf der Tischplatte.

»Das ist einfach *nicht* okay.« Er schüttelt den Kopf. »Was, wenn du allein hier reingekommen wärst? Dieser Mistkerl wäre dir wahrscheinlich zu deinem Wagen gefolgt.« Dann schaut er mich an und stutzt. »Warum grinst du so?«

Ich lache auf. »Weil ich ja keine Ahnung hatte, dass du dich so um mich sorgst.«

Er senkt den Blick. »Es geht nicht um dich. Es geht um … Frauen im Allgemeinen.« Dann schaut er wieder auf und in seinen Augen liegt ein weicher Ausdruck. »Aber klar kümmert es mich, ob es dir gut geht oder nicht.«

Meine Haut kribbelt, als ich unseren Blickkontakt löse und ein Lächeln unterdrücken muss.

Nachdem wir unsere Bestellung bekommen haben und den Imbiss verlassen, spüre ich beim Anblick meines Wagens eine Welle der Ruhe. Ich renne über die Straße und lasse mich auf den Fahrersitz fallen. Daran, was Olivia und Auden gemacht haben, während wir weg waren, verschwende ich keinen Gedanken. Aber in dem Moment, in dem ich meine Wagentür zuziehe, spüre ich die aufgeladene Atmosphäre, die in der Luft liegt.

Carter geht es ebenso und wir beide schauen vorsichtig nach hinten auf den Rücksitz. Olivias Füße ruhen auf Audens Schoß. Er wirkt verkrampft, als ob er nicht wüsste, wohin mit seinen Händen.

Carter wirft mir einen Blick zu und zieht die Augenbrauen hoch. Da scheint sich etwas zwischen Auden und Olivia anzubahnen.

»Und wohin jetzt, Livvy?«, fragt Carter.

»Oh! Am besten zu meinem alten Park. Da vorne an dem Stoppschild links.«

Die Gegend, durch die wir fahren, scheint aus Stacheldraht und Autowracks zu bestehen und aus Häusern, an denen Dachschindeln fehlen. Frauen sitzen auf den Treppenstufen und spielen mit kleinen Kindern, die nichts weiter als Windeln tragen.

Mein Herz rast. *Tolle Idee, Quinn – fahr mit deinem funkelnagelneuen Mercedes durch eine der kriminellsten Gegenden in ganz Texas.* In dieser Stadt wird jeden Tag jemand überfallen, wenn nicht gar getötet.

Olivia klettert über Auden und deutet auf einen heruntergekommenen Wohnblock. »Da hat meine frühere Freundin Holly mal gewohnt. Ich frage mich, ob sie immer noch hier lebt.«

»Hast du auch hier gewohnt?«, erkundige ich mich.

»Ein bisschen weiter südlich. Aber alle meine Freunde waren hier.« Wieder deutet sie aus dem Fenster. »Das ist der Eckladen, wo die Schießerei war. Weißt du noch, Carter? Ich habe dir davon erzählt.«

Carter brummt zustimmend und schaut aus dem Fenster.

»Wurdest du darin verwickelt?«, frage ich erschrocken.

Sie nickt. »Ich war im Laden.«

»Das ist krass«, sagt Auden. »Was ist passiert?«

»Irgendwelche Idioten hier aus der Gegend haben den Laden überfallen. Zwei Leute wurden getötet.«

»Und was hast du gemacht?«, will ich wissen.

»Ich habe mich hinten bei der Milch versteckt.«

Ich habe keine Ahnung, was ich dazu sagen soll. Dieses Mädchen hatte weiß Gott kein leichtes Leben und jetzt fühle ich mich noch schuldiger, weil ich dabei geholfen habe, ihr Leben noch ein bisschen schwieriger zu machen, nachdem sie nach Austin gekommen war.

Sie dirigiert mich zu etwas, das in diesem Viertel wohl als Park durchgeht, voller Schwarzer, die am helllichten Tag Alkohol trinken und scheinbar in Feierlaune sind. Als ich langsam auf den Parkplatz einbiege, bemerke ich, dass niemand Augen für meinen schwarzen Mercedes hat. Die Aufmerksamkeit aller liegt auf einem roten, auf Hochglanz polierten Impala, der quer über zwei Parkbuchten steht, mit weit geöffneten Türen und einer Gruppe von Leuten vor der Motorhaube. Aus den Lautsprechern dröhnt HipHop, und als ich einparke und dabei in den Rückspiegel sehe, fällt mein Blick auf die spitz zulaufenden Felgen, die das Auto insgesamt ungefähr zwei Fuß breiter machen.

»Wie kann man mit solchen Felgen überhaupt fahren?«

Carter dreht sich mit einem begeisterten Blitzen in den Augen nach hinten um. »Swanga-Felgen.«

»Swinger-Felgen?«, frage ich ratlos und starre im Rückspiegel denjenigen an, den ich für den Besitzer des Wagens halte, einen dunkelhäutigen Mann mit einer golden glänzenden Beißschiene über der unteren Zahnreihe. Er sieht aus wie aus einem Musikvideo.

»Nein«, sagt Carter und wendet sich mir zu. »*Swanga*-Felgen.«

Olivia lacht. »Ich habe mal gesehen, wie ein Typ mit Swangas versucht hat, durch eine schmale Gasse mit Betonabsperrungen zu fahren. Das ist nicht gut gegangen.«

»Livvy, die Geschichte hast du schon hundertmal erzählt.«

Sie krümmt sich vor Lachen. »Ja, aber es war so lustig!«

»Kommt, steigen wir aus.« Carter öffnet die Beifahrertür, aber ich starre immer noch auf den Mann im Rückspiegel.

Ich habe Angst, Aufmerksamkeit zu erregen, als das erkannt zu werden, was ich bin – oder auch nicht bin. Aber als wir aus dem Wagen steigen, schaut niemand zu uns hin. Carter und ich folgen Olivia und Auden zu einem freien Picknicktisch. Sie setzen sich auf eine Seite und futtern Hühnchen und Fritten, während ich mich ihnen gegenüber niederlasse. Carter hockt sich auf die Tischplatte, das Gesicht mir zugewandt und die Füße neben meine Oberschenkel auf die Bank gestellt. Er isst hin und wieder einen Happen, mit seinem alten roten Collegeblock auf dem Schoß.

Olivia klatscht leicht mit dem Handrücken auf Carters Schultern. »Was schreibst du da?«

»Nichts«, grummelt er, ohne den Kopf zu heben.

»Sag schon. Einen Liebesbrief?«

»Nein.« Er schießt mir einen kurzen Blick zu und schaut dann wieder auf seinen Block. Ich fange an, mich unbehaglich zu fühlen.

Ich beiße in mein Sandwich mit Cashewbutter und Apfelscheiben. Dann sehe ich auf und fange Olivias bohrenden Blick ein, der mich immer noch förmlich umhaut. Sie reißt mit ihren Zähnen an einem Hähnchenschenkel und mustert mich. »Also, was soll dieser Scheiß mit der Columbia?«

Mein Mund wird trocken und meine Handflächen fangen an zu schwitzen. Auden schiebt den Kopf an Carter vorbei, damit er mich auch sehen kann.

»Ähm ... na ja, sie haben mich abgelehnt.«

»Aber du hast alle angelogen und gesagt, du wärst angenommen worden.«

Das klingt anklagend. Ich verbessere sie: »Ich habe meine Eltern angelogen. Und die haben es allen erzählt.«

»Aber warum hast du *überhaupt* gelogen?«, fragt sie, offenbar ehrlich interessiert.

Carter hebt den Blick von seinem Block. Er fragt sich wahrscheinlich dasselbe.

Aber auf diese Frage gibt es so viele Antworten, so viele Gründe für mein Verhalten. »Meine Eltern haben schon am Tag meiner Geburt beschlossen, dass ich auf die Columbia gehe. Was sie nicht vorausgesehen haben, ist die Tatsache, dass ich dumm bin.«

Olivia verdreht die Augen. »Du bist nicht dumm.«

»Hast du mal meine Noten gesehen?«

»Ich habe Sachen von dir gelesen. Du hast echt Talent.«

Das trifft mich unvorbereitet. »Wann hast du etwas von mir gelesen?« Dabei ist Englisch mein schlechtestes Fach.

»Weißt du noch, letztes Jahr, als die Jahrbuch-AG diesen Wettbewerb für die besten Bildunterschriften hatte? Deine Texte waren großartig.« Sie schaut Auden an.

»Das stimmt«, nickt Auden.

»Aber hat nicht Gia Teller den Wettbewerb gewonnen?«

»Ja, aber …« Olivia seufzt.

»In der Jahrbuch-AG spielt Politik eine wichtige Rolle«, beendet Auden den Satz.

Wieder verdreht sie die Augen. »Gias Dad hat …« – Sie dreht sich zu Auden um. – »… wie viele Seiten hat er gekauft? Zwei Seiten Anzeigen für seinen blöden Gebrauchtwagenhandel?«

»Ja, ich glaube schon. Außerdem hat er der Schule große Summen gespendet.«

»Und genau das ist der Grund, warum man keine Seite im Jahrbuch aufschlagen kann, ohne dass einem ihre Fresse entgegengrinst.«

Bei ihrem Ton mache ich große Augen.

»Gott, wie ich dieses Miststück hasse«, sagt sie.

Ich grinse und senke den Blick wieder auf mein Sandwich. »Ich auch.«

Als ich wieder hochschaue, lächelt sie. »Du hättest gewinnen sollen. Ich fand schon immer, dass du in die Jahrbuch-AG gehörst. Du wärst eine großartige Texterin.«

Wow. Ich hätte nie gedacht, dass meine Bildlegenden so gut waren. Und ich hätte nie gedacht, dass ich das einmal aus dem Mund von Olivia Thomas hören würde.

»Danke«, sage ich.

Sie lächelt immer noch und lässt mich nicht aus den Augen. »Hey, was mich noch interessieren würde …«

Zögernd stelle ich mich ihrem fragenden Blick.

»Wie kommt's, dass dieses Foto online ging?«

Meine Lippen zucken. Der Wind fährt durch meine Haare. Ich schiebe sie hinter meine Ohren und schaue Carter an. Er sagt: »Du solltest es ihr erzählen. Sie wäre wahrscheinlich eine große Hilfe.«

Ich hatte niemandem etwas von meinem Journal verraten wollen. Ich hatte nie vor, dass Carter etwas davon erfährt. Und schon gar nicht Olivia. In diesem Buch stehen Geheimnisse, in denen es um sie geht.

»Eine Hilfe wobei?« Sie verengt die Augen.

Mein Blick zuckt zu Auden hin, der neben ihr sitzt. Er sieht mich neugierig an. »Hat das irgendwas mit eurem Streit von gestern zu tun?«

Ich schaue Carter wieder an. Er macht eine aufmunternde Kopfbewegung.

»Du kannst mir vertrauen«, sagt Olivia unvermittelt. Ich blicke ihr in die Augen. Das ist nicht der Grund für mein Zögern, trotzdem tut es gut zu hören, dass ich mit meiner Einschätzung richtigliege.

»Mir auch«, setzt Auden hinzu.

Ich stehe auf und mache ein paar Schritte vom Tisch weg, den Rücken ihnen zugewandt. Dass Carter von meinem Journal erfahren hat, war gar nicht so schlimm. Und dass ich über meine Listen reden konnte, hat richtig gut getan. Ich weiß, dass ich nie so weit gekommen wäre, wenn er nicht dabei gewesen wäre. Wenn sie alle nicht hier wären. Vielleicht könnten sie mir wirklich helfen.

Als ich mich wieder umdrehe, hat sich Olivia neben Carter auf den Tisch gesetzt, den Oberkörper erwartungsvoll vorgebeugt, die Arme auf ihre Knie gestützt. All ihre Aufmerksamkeit liegt auf mir. Auden sitzt hinter ihnen, ebenfalls auf dem Tisch. Ich betrachte diese drei, die darauf warten, dass ich den Mund aufmache. Sie sehen aus wie Zuhörer bei einer Märchenstunde, aber unglücklicherweise geht es in der Geschichte, die ich erzählen muss, um den schlimmsten Tag in meinem Leben.

12

Wie man neue Freunde findet

Es weht ein frischer Wind und ich erkaufe mir ein bisschen Zeit, indem ich meine Haare zu einem Pferdeschwanz binde. In der Ferne weint ein Baby. Jemand lacht. Auf dem Parkplatz plärrt immer noch die Hip-Hop-Musik.

»Komm schon!«, drängelt Olivia ungeduldig.

»Okay, okay.« Ich schaue Olivia an, aber ihrem Blick standzuhalten, ist zu schwierig, also schwenke ich zu Carter. »Ich habe ein ganzes Journal voller Listen wie diejenige, die gestern öffentlich gemacht wurde. Und zufällig ist dieses Journal gestern verschwunden.«

Olivias Augenbrauen schießen in die Höhe.

»Carter«, sage ich, »willst du übernehmen?«

Er seufzt. »Ich habe ihr Journal aus Versehen eingesteckt. Und dann habe ich es irgendwie … verloren.«

»Carter!« Olivia schlägt ihm mit dem Handrücken gegen die Brust.

Er runzelt die Stirn und reibt sich über die Stelle, wo ihr Schlag ihn getroffen hat. »Es war keine Absicht.«

»Also hat jemand dein Journal gestohlen und diese Liste gepostet?«, fragt mich Olivia.

»Ja, aber das ist noch nicht alles. Nachdem mir Carter erzählt hatte, dass er das Notizbuch nicht mehr hat, bekam ich eine private

Nachricht von einer Person mit einem anonymen Profil, die diese Liste gepostet hat. Sie zwingt mich dazu, eine meiner To-do-Listen abzuarbeiten, ansonsten geht das ganze Notizbuch online.«

Olivia beugt sich vor. »Du wirst erpresst?«

»Warum sollte jemandem daran gelegen sein, dass du Sachen von einer To-do-Liste erledigst?«, will Auden wissen.

Carter nickt mir zu. »Zeig ihnen die Liste.«

Meine Hand verkrampft sich um mein Smartphone. Diese Liste war so lange mein Geheimnis. Carter hat sie gegen meinen Willen gelesen, und auch der Erpresser, aber mich freiwillig bloßzustellen, ist eine ganz andere Sache.

»Hey«, sagt Carter und reißt mich aus meinen Gedanken. »Es ist okay. Sie sind in Ordnung.«

Aber ich weiß immer noch nicht, ob *er* in Ordnung ist. Wie auch immer, sie wissen ja schon über die Columbia Bescheid. Und das ist so ziemlich das Schlimmste, was auf der Liste steht.

Ich öffne die Nachricht meines Erpressers. »Das ist die Liste mit den Dingen, die ich vor meinem Highschoolabschluss noch erledigen will. Das ist der Grund, warum wir heute hier sind.«

Auden liest die Liste über Olivias Schulter hinweg. »Moment mal. Was bedeutet der letzte Punkt?«, fragt Olivia und hebt eine Augenbraue.

»Das will sie mir nicht verraten«, sagt Carter.

Der letzte Punkt auf der Liste ist der einzige, der immer noch ein Geheimnis ist. Selbst der Erpresser weiß nicht, was sich dahinter verbirgt. Und solange das der Fall ist, kann mich niemand zwingen, diesen Punkt zu erledigen.

»Aber schau mal hier.« Carter zeigt uns seinen Block.

Olivia und Auden blicken über seine Schulter. Neugierig trete ich näher. Er hat einen Sitzplan von Mrs Yates' Klasse angefertigt.

»Hier sitze ich.« Er deutet auf seinen Namen in einem Quadrat. »Jetzt schaut euch an, wer in meiner Nähe sitzt. Wer hasst dich so sehr, dass er dir so etwas antun würde?«

Ich runzele die Stirn. »Ich habe keine Hater.«

»Das ist dir vielleicht nicht bewusst, trotzdem muss es da irgendjemanden geben.« Er deutet auf die Quadrate, die seinen Tisch umgeben. »Vielleicht einer von denen?« Sein Finger verharrt auf dem Tisch hinter ihm, auf dem *Matt Rat* steht.

»Wer ist Matt Rat?«

Er grinst. »Dein Herzblatt.«

Ich verziehe das Gesicht. »Sein Name ist Matt Radd.«

»Wie auch immer. Tatsache ist, dass er direkt hinter mir sitzt.«

»Ja, aber so was würde er nie tun.«

Carter beugt sich ein Stück weiter vor. »Bist du sicher?«

»Ja. Wir sind Freunde. Warum sollte er das machen?«

»Na ja …« Er richtet sich wieder auf und schaut Olivia an. »Wir haben da so was gehört, über ihn und Destany …«

Ich atme tief durch und trete ein paar Schritte zurück. »Da ist überhaupt nichts dran.«

»Vielleicht ist er sauer, dass du dich zwischen ihn und Destany gedrängt hast«, beharrt Carter.

»Erstens«, lache ich und hebe den Finger, »haben Matt und ich schon darüber geredet. Er weiß, dass er nicht der Grund für meine Probleme mit Destany ist. Und zweitens ist ihm unsere Freundschaft wichtiger als Destany.«

Carter wirkt nicht überzeugt. »Das redest du dir ein.«

»Wie bitte?«

»Weißt du, was ich denke? Er ist stinksauer, dass du ihm die Tour bei dem Mädchen vermasselt hast, das er *wirklich* mag.«

Ich zucke zusammen.

»Er hat sich dein Journal gegriffen, was ihm die Möglichkeit gibt, deine Geheimnisse zu enthüllen, damit er jetzt eine Chance bei Destany hat.«

»Das ist Blödsinn. Er kann doch einfach mit ihr ausgehen. Warum muss er mich deshalb erpressen?«

»Er muss alle Bande zwischen dir und Destany zerreißen, weil sie sich sonst nicht darauf einlässt. Und genau das ist sein Motiv.« Carter will etwas unter Matts Namen notieren.

»Schreib das nicht auf.« Ich versuche, ihm den Stift wegzunehmen.

Er schaut mich an, als ob ich verrückt geworden bin. »Du musst unparteiisch bleiben.«

»Und du realistisch.«

»Ähm«, meldet sich Olivia zu Wort. »Wie wäre es, wenn wir unser Augenmerk darauf lenken, dass auch Destany in diesem Kurs ist?«

»Sie sitzt aber ziemlich weit weg von mir«, erklärt Carter.

»Ja, und außerdem würde sie das auch nicht machen.« Ich schüttele den Kopf. Sie sind total auf dem Holzweg.

»Wieso glaubst du das?«, fragt Olivia verblüfft.

»Weil wir beste Freundinnen waren.«

»Die Betonung liegt auf ›*waren*‹.«

»Na gut. Und was für ein Motiv könnte sie haben?« Ich stemme die Hände in die Hüften. »Wenn sie wieder meine Freundin sein will, ist Erpressung wohl kaum der richtige Weg, oder?«

»Wer sagt denn, dass sie wieder deine Freundin sein will?«

»Sie selbst! Sie bekniet mich schon seit einer Woche!«

Olivia zuckt mit den Schultern. »Ich bin dafür, sie aufzuschreiben.«

Carter tut es und ich seufze tief auf. »Oh mein Gott!«, sage ich und halte die Luft an. »Weißt du, wer *wirklich* verdächtig ist?« Ich deute auf Carters Viereck.

Er blickt mich böse an. »Echt jetzt, Quinn?«

»Du warst der Letzte, der mein Journal hatte. Wenn wir schon ›unparteiisch‹ sein wollen« – an dieser Stelle male ich Anführungszeichen in die Luft –, »dann solltest du das auch aufschreiben.«

»Was soll ich aufschreiben? Was für ein Motiv habe ich denn?«

»Du willst dich an mir rächen für die Art, wie mein Dad dich behandelt hat.«

Er fährt sich mit der Zunge über die Lippen. »Was dein Dad gemacht hat, war scheiße, aber da bin ich drüber weg.«

»Tatsächlich?«

»Es ist mir völlig egal, wenn dein Vater seine eigene Hautfarbe verachtet.«

Meine Gesichtszüge erschlaffen. Ich schaue auf meine Fußspitzen. Also bin ich nicht verrückt, weil ich glaube, dass mein Dad es hasst, Schwarz zu sein. Carter denkt das auch.

Er bemerkt meine Niedergeschlagenheit und rudert zurück. »Also schön, weißt du, was? Ich schreibe: ›Die letzte Person, die das Journal hatte‹ neben meinen Namen. Es ist kein Motiv, aber es ist das, was wir mit Sicherheit wissen.«

»Jeder fragt ständig danach, wer Quinn so sehr hasst, dass er – oder sie – so etwas tun würde«, mischt sich Auden ein. »Aber die entscheidende Frage ist doch, wer etwas dabei *gewinnen* würde, wenn Quinn schlecht dasteht.«

Wir beugen unsere Köpfe über das Blatt Papier. Dann sehe ich ihn – links von Carter: Harvard-Kaide. Ich deute auf seinen Namen. »Aller Welt zu beweisen, dass ich nicht gut genug für die Columbia bin, würde wunderbar in sein rassistisches Weltbild passen.«

»Scheiße, du hast recht«, sagt Carter. »Kaide gibt immer irgendwelches rassistisches Geschwafel von sich. Und er unterstellt mir immer, dass ich betrüge, um bessere Noten zu bekommen als er.«

»Ich warte schon lange darauf, dem mal einen richtigen Arschtritt zu verpassen«, meldet sich Olivia zu Wort. »Er war bislang noch nicht so blöd, um in meiner Gegenwart irgendwelche Bemerkungen zu machen, aber ich habe schon so einiges über ihn gehört.« Sie schüttelt den Kopf und reibt mit ihrer rechten Hand ihre linke Faust. »Der hat es verdient.«

»Wir sollten nichts überstürzen«, sagt Auden. »Zuerst brauchen wir Beweise.«

Carter nickt. Dann fragt er mich: »Hast du schon unser Campusbild gepostet?«

»Oh!« Ich nehme mein Handy vom Picknicktisch, suche das Bild, das Olivia von uns vieren gemacht hat, und schicke es ab.

»Okay, wir haben also drei Verdächtige ...«

»Vier«, sage ich mit einem Blick auf Carter.

Olivia verbessert sich: »Vier Hauptverdächtige, wobei sich einer besonders verdächtig gemacht hat.«

Mein Handy pingt. Ich öffne die Nachricht.

Toll. Aber das war erst eine Uni.
Da steht: zwei Universitäten besuchen.

Mir bleibt der Mund offen stehen. »Oh mein Gott.«

»Was ist los?«

Ich reiche Carter das Handy. »Das war komplette Zeitverschwendung!«

»Was ist denn?«, will Olivia wissen.

Carter gibt mein Handy an sie weiter. »Wie weit ist die andere Uni von hier entfernt?«

»Ich weiß es nicht«, antworte ich schulterzuckend. »Eine oder zwei Stunden mit dem Auto. Das schaffen wir nicht. Ich muss gleich nach der Schule nach Hause. Was soll ich bloß machen?«

Olivia hebt mit einem diabolischen Grinsen den Kopf. »Ich habe eine Idee.«

Fragend ziehe ich die Augenbrauen hoch.

»Auf deiner Liste steht doch auch, dass du das Nachtleben von Austin ausprobieren willst, richtig?«

Carter seufzt. »Nein, Livvy.«

»Was ist denn?«, frage ich.

»Na ja … heute Abend ist in der Sixth Street das Konzert von Vontae.«

Ich folge einem silbernen Ford Super Duty über den Highway. Der Fahrer fährt ein bisschen zu schnell und überholt diejenigen, die sich an die Geschwindigkeitsbeschränkung halten. Ich schalte innerlich auf Autopilot und fahre blindlings hinterher. Ein Blick in den Rückspiegel zeigt mir, dass Olivia mit offenem Mund schläft, während Auden still in seiner Ecke sitzt und aus dem Fenster starrt. Ich schaue zu Carter und will wissen, ob er wach ist, kann es aber in der halben Sekunde, die ich zu ihm hinsehe, nicht erkennen. Sein Kopf liegt an der Kopfstütze, das Kinn leicht zur Seite in Richtung Himmel gereckt, die Wimpern gesenkt.

Der Ford umschifft einen alten Minivan. Ich tue es ihm nach.

Kurz vor Austin geraten wir in einen Stau. Die Nachmittagssonne blendet mich und lässt die weißen Fahrbahnmarkierungen verschwinden. Ich klappe die Sonnenblende nach unten, aber das hilft auch nichts.

»Dein Sitz ist zu tief eingestellt.«

Überrascht blicke ich Carter an. Er ist also doch wach.

»Deshalb funktioniert die Sonnenblende nicht. Du musst den Sitz etwas höher stellen«, sagt er und deutet auf die Stelle, an der diverse Knöpfe zu finden sind.

Ich taste seitlich an meinem Sitz und schiebe ihn versehentlich nach vorne.

»Nein, der Schalter weiter hinten.«

Ich fahre diesen Wagen noch nicht lange genug, dass ich mich mit allen Knöpfen und Hebeln hätte vertraut machen können. Ich habe es auch nicht wirklich versucht. Der Mercedes kommt mir immer noch geliehen vor.

Ich ziehe an einem Hebel, woraufhin meine Rückenlehne nach hinten fällt. »Oh mein Gott«, kreische ich und ziehe sie wieder hoch.

»Er ist genau … da.« Er zieht seinen Sicherheitsgurt lang, legt eine Hand auf meine Kopfstütze und greift mit dem anderen Arm über meine Oberschenkel. Mir stockt der Atem, als er mit der Innenseite seines Arms über meinen Unterleib streicht. Mein Sitz gleitet ein Stück nach oben, die Sonnenblende beschattet die Seite meines Gesichts und mein Blick fällt auf seine Lippen, die nur Zentimeter von meinem Gesicht entfernt sind. Leise fragt er: »Besser?« Sein Arm berührt meine Oberschenkel und seine Augen nehmen mich buchstäblich auseinander.

Ich nicke, dann hupt es hinter uns. Ich fahre hoch und sehe, dass zwischen mir und dem Auto vor uns jetzt meterweise Platz ist. Carter weicht zur Seite und zieht wieder seinen Sicherheitsgurt zurecht, während ich Gas gebe und dann wieder bremse, als ich zu der Wagenkolonne aufgeschlossen habe.

Ich schaue wieder in den Rückspiegel. Olivia schläft immer noch und Auden schaut immer noch aus dem Fenster. Als ich mich wieder traue, zu Carter zu blicken, starrt er geradeaus. Aber er spürt wohl meinen Blick, denn er wendet sich mir zu und schaut mir für einen Moment direkt in die Augen.

Ich sehe auf die Straße und wieder zu ihm hin.

»Tut mir leid, was ich vorhin über deinen Dad gesagt habe.«

»Ach.« Ich zucke mit den Schultern. »Schon gut.«

Wieder geht es ein paar Zentimeter voran. Er sieht ebenfalls nach vorn. Alles ist still. Ich denke an das, was Matt gestern Abend zu diesem Thema gesagt hat, und frage Carter: »Glaubst du wirklich, dass er seine eigene Hautfarbe verachtet?«

Er schaut mich an, als ob er der Meinung ist, dass ich mich an dem Stück, das ich abgebissen habe, unweigerlich verschlucken werde. Statt zu antworten, fragt er: »Und du?«

Ich seufze und entspanne mich leicht. »Ich weiß nicht. Ich glaube, es wäre ein bisschen zu hart zu behaupten, er würde Schwarze verachten. Vielleicht ist er bloß ...« Ich schaue kurz nach oben. »Na ja, ich war ja nicht dabei. Ich weiß nicht, was er zu dir gesagt hat.«

Carter presst die Worte zwischen den Zähnen hervor. »Er hat mich nicht gefragt: ›Hallo, wer bist du denn?‹ Er sagte: ›Entschuldige mal, was machst du in meinem Haus?‹ Das war das Erste, was ich aus seinem Mund gehört habe.«

Meine Lider fangen unwillkürlich an zu flattern. »Mein ganzes Leben lang bläut er mir schon ein, welchen Herausforderungen ich mich gegenübersehe, weil ich Schwarz bin. Er hat mich vor ungerechten Benotungen und härteren Strafen gewarnt, vor genau solchen Sachen. Aber so etwas habe ich nie erlebt. Es war nicht nötig, mich auf so etwas ... vorzubereiten.«

Carter beugt sich leicht zu mir. »So war das in ihrer Jugend.« Er legt die Arme auf die Mittelkonsole. Es scheint ihn zu freuen, dass er mit mir darüber reden kann. »Und es ist sicher auch noch in unserer Generation ein Thema, aber nicht mehr so sehr.«

Ich nicke und merke, wie seine Freude auf mich überspringt. Endlich habe ich jemanden, der mit mir über solche Dinge reden will. »Meine Eltern haben mich nie davor gewarnt, dass die Art, wie ich rede und mich benehme, dazu führen kann, dass die Leute mich eine Weiße nennen.«

»Ja, das verstehe ich«, sagt Carter. »Meine Mom hat mir alles Mögliche über Stereotype erzählt, aber sie hat nie erwähnt, wie gefährlich es sein kann, eine Ausnahme zu sein.«

»Sich nicht wie ein typischer Schwarzer zu benehmen, bedeutet in den Augen anderer automatisch, dass man nicht richtig Schwarz ist.«

Er nickt und blinzelt langsam. Ich sehe ihn an, sehe alle Stereotype, die ich ihm zugeschrieben habe. Ich hätte nie gedacht, dass es ihm ebenfalls zu schaffen macht, eine Ausnahme zu sein. So wie er redet, seine ganze Körpersprache und die Tatsache, dass alle an der Schule ihn für einen »richtigen« Schwarzen halten … Ich habe mich von all diesen Äußerlichkeiten blenden lassen. Ich bin nicht besser als die weißen Kids. Ich bin nicht besser als mein Dad.

»Ich will ehrlich zu dir sein, Quinn«, sagt Carter. Ich runzele die Stirn. »Ich dachte nicht, dass es dir etwas ausmacht, ›Oreo‹ genannt zu werden.«

Ich mache die Augen schmal. »Das Wort habe ich nie in den Mund genommen.« Nur in mein Journal geschrieben.

»Das war auch nicht nötig«, sagt er. »Man hat mich auch schon so genannt.«

Was, echt jetzt? Mir steht wohl die Überraschung ins Gesicht geschrieben. Er lacht und nickt. »Als ich noch kleiner war, in der Grundschule.« Er zögert und schaut aus dem Fenster. »Dadurch habe ich mich verändert. Ich habe die Art verändert, wie ich rede, wie ich mich kleide, wie ich mich verhalte, habe mit anderen Leuten abgehangen. Glücklicherweise hat sich an meinen Noten nichts geändert. Ich habe mich in der Schule lediglich bedeckt gehalten.«

Er atmet tief durch. »Na ja, was ich damit sagen will, ist, dass ich vielleicht das, was diese Kids mit mir gemacht haben, auch mit dir gemacht habe. Das tut mir leid.«

Ich blicke ihm in seine dunklen Augen und merke, wie ich auf einmal leichter atmen kann. Wie macht er das bloß? In seiner Nähe fühle ich mich sichtbarer als je zuvor. Als ob all die Dunkelheit in mir plötzlich golden leuchtet.

Mein Smartphone, das in dem kleinen Fach im Armaturenbrett liegt, surrt leise. Ich löse mich von Carters durchdringendem Blick und checke kurz die Bremslichter vor mir, ehe ich die Nachricht auf meinem Handy lese. Matt:

Hast du mit Carter die Schule geschwänzt?

Ich kann mich nicht auf eine Antwort konzentrieren, bin nicht einmal aufgeregt, weil es mir offensichtlich gelungen ist, ihn eifersüchtig zu machen. Ich lege das Smartphone wieder in das Fach zurück und werfe Carter einen Blick zu. Er mustert mich immer noch nachdenklich. »Es tut mir auch leid«, sage ich.

Wir brauchen eine halbe Stunde bis zum Parkplatz vor der Schule, der mittlerweile völlig leer ist. Auden rüttelt Olivia wach. Sie stöhnt, gähnt und reckt sich. Dann öffnet Auden die Autotür. »Danke fürs Mitnehmen, Quinn.«

»Auden, du kommst um acht zu mir«, sagt Carter.

»Okay.«

Olivia wirft ihre Hand über meine Rückenlehne und versetzt mir einen Klaps auf die Schulter. »Das gilt auch für dich. Du kommst um acht zu *mir*. Wir müssen dir noch einen Ausweis fälschen.«

»Was?« Ich wirbele herum.

»Wenn wir das machen, dann machen wir es richtig.« Und damit steigt sie aus und lässt mich mit Carter allein.

Fassungslos starre ich ihn an. »Einen Ausweis fälschen? Davon war nie die Rede!«

»Quinn, keine Sorge. Überleg dir nur eine Ausrede, warum du heute Nacht nicht zu Hause schläfst. Wir werden nämlich die ganze Nacht unterwegs sein.«

Und dann ist er auch weg.

Das Nachtleben in Austin, gut und schön. Aber gefälschte Ausweise? Ich bin achtzehn. Ich könnte dafür ins Gefängnis kommen.

Ich schaue auf die Uhr im Armaturenbrett. Kurz vor vier. Verdammter Mist. Ich hätte schon längst zu Hause sein müssen. Als ich vom Parkplatz fahre, setzt sich Carter gerade an das Steuer von Olivias altem Honda. Er schaut mich an, als ich davonfahre. Ich erwidere seinen Blick im Rückspiegel, während mir das Herz in der Brust hämmert.

13

Was ich über meinen Vater weiß

WAS ICH ÜBER MEINEN VATER WEISS

1. Er weint nie.
2. Er hält sich nicht gern im Freien auf.
3. Er liest gerne Bücher über die Geschichte der Technik.
4. Entweder er betrügt Mom oder er braucht nicht viel Sex.
5. Er ist auf die Columbia gegangen, um von hier wegzukommen.
6. Sein Vater hat ihn deswegen enterbt.
7. Er kam zurück, nachdem sein Vater gestorben war.
8. Er hasste seinen Vater, weil er aufgegeben hatte.
9. Er wurde Chirurg, um Menschenleben zu retten.
10. Er besucht Hattie jeden Samstag (ohne mich).
11. Er macht sich Vorwürfe, dass er nicht da war, als sein Dad starb.
12. Er hält sich dennoch von uns fern, während unsere Familie langsam auseinanderfällt.

Wir nehmen Moms Land Rover. Dad fährt. Sie haben die Musik eingeschaltet – Tyrese –, aber leise. Seine Songs hören sie sich nur dann an, wenn es gut zwischen ihnen läuft. Wahrscheinlich mag ich ihn deswegen so sehr.

Dad und Mom halten auf der Mittelkonsole Händchen. Seine Finger wandern kitzelnd ihren Arm hinauf. Ich halte den Atem an und warte auf den Moment, in dem Mom klar wird, dass Dad sich nie entschuldigt, und Dad sich daran erinnert, dass Mom ihn nicht versteht. Ich will nicht auf das Ende warten. Ich will den Moment genießen. Ich will mit Tyrese mitsingen, aber ich muss trotzdem ständig daran denken, dass es nur eine Frage der Zeit ist.

»Ich liebe es, deinen Land Rover zu fahren«, sagt Dad, schaut Mom an und dann wieder auf die Straße. »Er ist so butterweich.«

»Kauf dir einen.«

»Meinst du? Wir könnten eine Land-Rover-Familie werden. Wir tauschen einfach Quinns Mercedes um.« Er schaut mich im Rückspiegel an. »Was meinst du, Quinn?«

Ich zucke mit den Achseln.

»Wenn du deinen Abschluss machst, kaufen wir dir einen Land Rover. Der hat viel mehr Platz im Innenraum, was praktisch ist, wenn du nach New York fährst.«

»Soll sie mit dem Auto nach New York fahren?«, fragt Mom. »Ich glaube nicht, dass sie einen Wagen braucht. In der Stadt kann sie ihn doch sowieso nicht benutzen.«

Boyz II Men sind jetzt zu hören.

»Jemand muss doch die ganzen Kisten hinfahren.«

»Sie braucht nur ein paar Sachen zum Anziehen. Mehr muss sie doch gar nicht mitnehmen, Desmond.«

Oh, oh.

»Wendy, sie zieht in eine Wohnung. Sie wird mehr brauchen als nur Kleidung.«

»Das ist doch vollkommen unnötig. Sie ist im ersten Studienjahr. Sie sollte ein Zimmer im Wohnheim mieten und sich erst mal an das Unileben gewöhnen, bevor sie sich eine Wohnung sucht.«

»In so einem Wohnheim kann einiges passieren, wenn man bedenkt, wie viele Leute da wohnen. Ich würde mich besser fühlen, wenn ich wüsste, dass mein kleines Mädchen eine eigene Wohnung hat.«

»Ich habe auch zwei Jahre lang im Wohnheim gelebt, als ich auf der Columbia war. Mir ist nichts passiert. Ich denke, es wäre gut für Quinn, mit dem Wohnheim anzufangen. Dann lernt sie ein bisschen Dankbarkeit.«

»Willst du damit sagen, dass sie nicht dankbar ist?«

Sie reden über mich, als ob ich gar nicht da wäre.

»Du hast ihr mit *achtzehn* einen Mercedes gekauft. Weißt du, was ich gefahren bin, als ich achtzehn war?«

»Wendy, bitte fang nicht damit an.«

Sie reden nicht mehr darüber. Sie halten sich immer noch an den Händen, aber ihre Finger wirken verkrampft. Die Musik spielt noch, aber sie klingt wenig überzeugend.

Als wir zum *Olive Garden* kommen, läuft Dad um das Auto herum und öffnet Mom die Tür. Aber auf dem Weg ins Restaurant fassen sie sich nicht mehr an den Händen. Die Enttäuschung ist größer, als ich erwartet habe.

Der Kellner führt uns zu einer Nische an der Wand. Mom und Dad setzen sich auf eine Seite, die Arme meilenweit voneinander entfernt. Der Speisesaal ist voll mit Paaren und Vierergruppen. Das lockere Geplauder vermischt sich mit der Hintergrundmusik. Das Klirren von Besteck auf Porzellan durchbricht das Ganze und schafft eine angenehme Atmosphäre. Wir sind umgeben von Weißen, wie fast immer in diesem Teil der Stadt.

Ich warte ein paar Minuten, schaue mich im Speisesaal um und dann wieder zu der Lücke zwischen meinen Eltern. »Kann ich heute bei einer Freundin übernachten?«

Beide schauen von ihren Speisekarten hoch.

»Bei Destany?«, sagt Dad. »Natürlich, Liebes. Ist das andere Mädchen auch dabei? Wie heißt sie doch gleich?«

»Gia«, antwortet Mom, die wieder die Speisekarte studiert.

»Irgendwie kann ich diese Gia nicht leiden.«

»Ihr Vater hat viel für Hayworth gespendet«, sagt Mom. »Sie muss nie die Konsequenzen für ihre Taten tragen und das merkt man auch.«

»Sie spricht uns immer mit Vornamen an«, sagt Dad. »›Hey Wendy, hey Desmond‹. Das ist ...« Kopfschüttelnd wendet er sich wieder der Speisekarte zu. »Destany zeigt wenigstens immer Respekt.«

»Ja, aber Destany orientiert sich an Gia.« Mom schaut zu mir hin. Und ich orientierte mich immer an Destany ...

»Es geht nicht um Destany«, sage ich und verschränke meine Arme auf dem Tisch.

Beide sind überrascht.

»Ihr Name ist Olivia Thomas.«

Dad fragt: »Wo wohnt sie?«

Ich zögere. Ich will nicht lügen. Ich habe ihnen schon so viele Lügen aufgetischt. »East Austin.«

Beide legen die Stirn in Falten. »Und sie geht auf die Hayworth?«, vergewissert sich Dad.

»Sie hat ein Stipendium.«

Mom nickt anerkennend. »Dann muss sie ziemlich clever sein.«

»Das ist sie.« Ich lächele. »Sie ist die Fotografin der Jahrbuch-AG. Sie hat wirklich Talent.«

Beide studieren wieder ihre Speisekarten. Mom sagt: »Wir haben nichts dagegen.«

Dad blättert auf die nächste Seite – als ob er nicht sowieso das Gleiche wie immer bestellen würde (Steak, gut durchgebraten, mit

Fettuccine Alfredo). Dann fragt er mich: »Hast du dir die Appartements angeschaut, die ich dir geschickt habe?«

Das macht er ständig: Er schickt mir E-Mails mit Links zu allen möglichen Wohnungen in New York. Früher habe ich sie mir angeschaut, habe mir vorgestellt, in ihnen zu leben, aber nach einer Weile hat es zu sehr wehgetan. »Die ersten drei haben mir gefallen«, sage ich.

Er zieht die Augenbrauen hoch. »Ich habe dir doch nur zwei geschickt.«

Meine Kinnlade klappt nach unten. »Ja … ja, das meinte ich«, stammele ich. »Sie haben mir beide gefallen.«

»Quinn Jackson.«

Und schon geht es wieder los.

ZEHN FRAGEN, DIE MEIN DAD MIR STELLT, BEVOR UNSER ESSEN SERVIERT WIRD

1. Du hast die E-Mail nicht mal geöffnet, stimmt's?
2. Willst du in New York auf der Straße leben?
3. Ist dir klar, dass die Mieten ständig steigen und es immer teurer wird, je länger du wartest?
4. Hast du eine Ahnung, wie kostspielig New York ist?
5. Hast du dir Gedanken über dein Hauptfach gemacht?
6. Willst du nach deinem Abschluss auf der Straße leben?
7. Was willst du mit dem Rest deines Lebens anstellen?
8. Willst du auf der Straße leben?
9. Hast du deinen Studienberater angerufen?
10. Du kannst nicht ewig bei uns wohnen, willst du etwa auf der Straße leben?

Als ich das Bestätigungsschreiben von der Columbia gefälscht habe, dachte ich, dass ich ihnen vielleicht später erzähle, New York sei zu weit weg und ich würde lieber in Austin bleiben und auf die University of Texas gehen. Aber dann hat mich die UT nur auf die Warteliste gesetzt und mir wurde der Boden unter den Füßen weggezogen. Nicht einmal die Uni, die ich als Rückversicherung geplant hatte, will mich haben.

»Dad, der Grund, warum ich mir noch keine Wohnung in New York gesucht habe, ist …«

Da ist er. Der richtige Zeitpunkt, um ihnen reinen Wein einzuschenken.

»Ja?«, hakt er nach, leider viel zu ungeduldig.

Und ich mache einen Rückzieher. »Ich habe Angst.«

»Ich weiß, dass man sich fürchtet, wenn man das Nest verlassen muss, aber …«

»Nein, Dad. Ich habe Angst, dass du auch ausziehst, wenn ich gehe.«

Plötzlich sieht er aus, als ob alle Luft aus ihm entweicht. Mom wirft ihm einen Blick zu. Auch in ihren Augen steht Angst.

»Ich habe den Eindruck, dass ihr beiden nur noch eins gemeinsam habt: mich. Was wird mit dieser Familie passieren, wenn ich nicht mehr da bin?«

»Nichts wird passieren, Liebes«, sagt er. Aber er weicht meinem Blick aus.

Als das Essen kommt, ist die Anspannung deutlich spürbar. Wellenartig strahlt sie nach allen Seiten aus, auch der Kellner kann es fühlen. Mir ist der Appetit vergangen. Ich will einfach nur weg, will zu Olivia, damit sie sich wieder in Ruhe streiten können.

14

Warum ich mir wünsche, dass wir früher Freundinnen geworden wären

Ich bin noch nicht über die Türschwelle ihrer Wohnung getreten, da schiebt mir Olivia einen falschen Ausweis in die Hand. »Du bist zweiundzwanzig. Merk dir dein Geburtsdatum.«

Ich stehe auf dem Treppenabsatz und betrachte den Ausweis. Ich kenne das Bild.

»Ich habe das Foto aus dem letzten Jahrbuch benutzt.«

Meine Augen sind so klar und sorglos. Damals hatte ich ja auch keine Sorgen. Ich präge mir das Datum ein: 14. Dezember 1998. Meine Finger zittern. »Das ist so was von illegal.«

Sie zieht die Tür ganz weit auf. »Komm rein. Du lässt die ganze kühle Luft raus.«

In ihrer Wohnung ist es dunkel. Es riecht nach Räucherstäbchen, Kerzen und Zigarettenrauch. Ihre Mutter sitzt auf dem Sofa, die blonden Haare zu einem unordentlichen Knoten hochgesteckt. Sie scheint eine Halskette aus grünem Leder herzustellen, während im Fernsehen eine Krimiserie läuft. Sie blickt auf und blinzelt in das Licht, um uns im Dunkeln zu erkennen.

»Momma, das ist Quinn.«

Ich hebe die Hand. »Hallo.«

»Hey, Liebes.« Ihre Stimme klingt kratzig und müde.

Olivia geht mir voraus, vorbei an dem Sofa und in eine dunkle Küche, wo sie ein Sixpack Dos Equis aus dem Kühlschrank holt. Ich bin sprachlos, dass sie sich traut, in der Wohnung ihrer Mutter Alkohol zu trinken – *während* ihre Mutter zu Hause ist!

»Geh weiter in mein Zimmer. Da vorne rechts.« Sie kramt in einer Schublade herum. »Ich muss erst den verdammten Flaschenöffner finden.«

»Keine Flüche bitte, Livvy!«, ruft ihre Mom vom Sofa, als ob Olivias Ausdrucksweise das eigentliche Problem an der Situation wäre.

Ich gehe durch einen dunklen Flur. Nur in ihrem Zimmer brennt Licht. Gleich beim Eintreten bin ich fasziniert von ihren Fotos, die an den Wänden hängen oder an Schnüren zwischen den Lichterketten baumeln, die quer über die Decke gespannt sind.

Sie hat viele Bilder von der Stadt gemacht. Es gibt eins von Carter, wie er lachend auf der Treppe vor ihrem Haus sitzt. Ich starre es an, starre Löcher in die Grübchen in seinen Wangen. Er hat Grübchen? Vermutlich habe ich die noch nie gesehen, weil er in meiner Gegenwart nie so ausgelassen lacht. Was gut ist, denn ansonsten hätte ich vermutlich schon längst die Beherrschung verloren. Ich kann ja jetzt kaum die Fassung wahren, während ich in diesen anbetungswürdigen Gesichtszügen ertrinke.

Als ich das nächste Foto betrachte, bleibt mir fast das Herz stehen. Es ist ein Bild von Kristina Lowry in der Cafeteria, neben ihren Freundinnen. Sie sieht direkt in die Kamera, stoisch und starr, als ob sie nicht begreifen würde, dass sie gerade fotografiert wird. Es ist ein entzückendes Bild, bis auf den roten Edding, der über ihr Gesicht den Großbuchstaben B malt.

Mein Blick wandert zu dem Bild rechts von Kristina und dann weiter: Die ganze Fotoreihe ist genauso zusammengestellt wie ursprünglich in der Schule, als sie beschmiert wurde. Und da steht:

Breaking News: Meisterhafte Fotografin macht meisterlich die Beine breit.

Sie hat die verunstalteten Fotos behalten? Nicht nur behalten: in ihrem Zimmer aufgehängt! Warum will sie so etwas ständig vor Augen haben? Entgeistert starre ich hin, während sich Schweißtropfen auf meiner Stirn bilden.

Olivia kommt hinter mir ins Zimmer, das Bier in der einen Hand und den Flaschenöffner in der anderen. Ich wirbele herum und fasse mich unwillkürlich an den Nacken. Fragend schaut sie erst mich an und dann die beschmierten Fotos. Ein verstehender Ausdruck macht sich auf ihrem Gesicht breit.

»Ach das.« Mit dem Fuß drückt sie die Tür zu, geht zu ihrem Schreibtisch und stellt das Sixpack dort ab. »Ich fand immer, dass die rote Farbe die Kunst der Fotos noch unterstreicht, weißt du?« Sie dreht sich um und lehnt sich an die Schreibtischplatte, während sie auf meine Antwort wartet.

Ich bin sprachlos.

»Na ja, ich muss doch irgendeinen Nerv getroffen haben, wenn jemand das dringende Bedürfnis hatte, mein Werk zu zerstören.« Sie grinst und zuckt dann mit den Schultern. »Ich weiß auch nicht. Das Ganze gibt mir das Gefühl, eine echte Künstlerin inmitten einer Revolution zu sein, oder so was Ähnliches.«

Ich senke den Blick in dem Versuch, meine Scham zu verbergen.

»Nimm dir eins«, sagt sie und deutet auf das Bier.

»Oh, ich … schon gut«, stammele ich. »Ich trinke nicht.«

»Du stürzt dich ja auch normalerweise nicht in das Nachtleben von Austin«, sagt sie lächelnd. »Hast du schon mal Alkohol getrunken?«

»Ein paar Schlucke hier und da.« Meistens unfreiwillig.

Destany und Gia fahren total auf Alkohol ab, während ich damit noch nie etwas anfangen konnte. Aber wenn ich mich weigerte, stellten sie meine Loyalität infrage. Gia sagte dann immer: »Du hast vor, uns zu verpetzen, richtig?«

Und ich versicherte dann immer, dass ich so etwas nie tun würde, aber Destany meinte: »Trink nur ein Schlückchen, damit wir wissen, dass du dichthältst.« Und danach noch ein Schlückchen und noch eins. Irgendwann bin ich nicht mehr zu ihnen gegangen, wenn ich wusste, dass ihre Eltern nicht zu Hause waren.

»Hier«, sagte Olivia und hält mir eine offene Flasche hin. »Das mildeste Lager, das es gibt.«

Eine Zeit lang starre ich auf den Rand der Öffnung.

»Du musst nicht, wenn du nicht willst«, sagt sie und hebt beide Hände. »Dann bleibt mehr für mich.« Sie lacht, nimmt sich ein weiteres Bier und öffnet es.

Ich nippe an der Flasche, meine Neugier ist geweckt. Es ist bitter. Ich bin dankbar, dass sie mich nicht drängt. Dann nippe ich noch einmal. Der bittere Geschmack lässt nach.

»Gut, nicht wahr?«, sagt sie.

»Ja.« Immerhin ist es nicht widerlich.

Sie klappt ihren Laptop auf und wählt eine Playlist mit dem Titel *Get Ready, Bitch* aus – voll mit bekannten Hip-Hop-Songs und jeder Menge Müll von Vontae. Ich gebe mir Mühe, mir nichts anmerken zu lassen. Der heutige Abend wird eine echte Herausforderung.

»Und jetzt …« Sie dreht sich um, schaut mich an und tippt sich gegen die Lippen.

Nervös trinke ich noch einen Schluck von dem Dos Equis. »Hast du dir schon mal die Haare geglättet?«

»Ähm …« Unwillkürlich trete ich einen Schritt zurück. »Nein. Und eigentlich will ich das auch gar nicht.«

»Schon klar, ich hab's kapiert.« Sie lacht wieder. »Meine Mom wünscht sich nichts sehnlicher, als dass ich nicht die ganze Zeit Braids trage, aber sie hat ja keine Ahnung, wie schwer es ist, das Haar einer Schwarzen zu frisieren. So ist es viel einfacher.«

»Machst du sie dir selbst?«

Sie lächelt und fährt sich mit der Hand durch ihre Microbraids. »Nein, das macht Carters Mom.« Dann kommt sie zu mir, streckt die Hand aus und kämmt mit ihren zierlichen Fingern durch mein Haar. Ich zucke zusammen und wappne mich für ihren Spott. »Du hast so dicke Haare. Das ist fantastisch.« Sie betrachtet mein Gesicht, dann wieder meine Haare. »Okay, du wartest hier.«

Ich schaue ihr nach, während mein Herzschlag allmählich wieder langsamer wird.

Ich lasse niemanden meine Haare anfassen. Nicht mehr. Ich habe mein Haar nie verändert, sondern es immer so gelassen, wie es ist. Meine Mom hat mir gezeigt, welche Shampoos und Conditioner ich benutzen muss, wie ich es entwirren kann und dass ich jede Woche einen Moisturizer einmassieren muss. Sie ist nie auf die Idee gekommen, meine Haare zu glätten – weder chemisch noch irgendwie anders. Und ich hatte nie das Bedürfnis danach. Ich liebe meine krausen Haare.

Aber, na ja … Destany und Gia wollten es immer glatt haben. Jedes Mal, wenn wir ausgegangen sind, haben sie mich förmlich angefleht, mir die Haare zu glätten. Und einmal bin ich eingeknickt. Gia hat Destanys Haare geglättet und ich habe gefragt: »Kannst du meine auch machen?« Etwas Unüberlegteres hatte ich noch nie getan.

Beide zögerten und musterten meine Haare. Gia sagte: »Ähm, nun, das ist ein ganz neues Glätteisen.« Ich verstand nicht, was sie damit meinte, und sie erklärte es mir: »Ich will nicht, dass es dreckig wird.«

Meine Kehle zog sich zusammen. Ich war verlegen und mir wurde übel. Destany kam zu mir und fuhr mit ihren Fingern durch meine Haare. »Sie sind ziemlich fettig, Quinn. Wenn du sie vielleicht erst waschen würdest?«

Olivia kommt wieder, mit einem ganzen Arm voller Haarpflegeprodukte, von denen ich einige kenne, und einer Kosmetiktasche. Sie lädt alles auf ihrem Schreibtisch ab. Dann bedeutet sie mir, mich hinzusetzen. Mit klopfendem Herzen trinke ich einen Schluck Bier, genau wie sie.

Sie zieht, ohne zu zögern, ihre Finger durch meine Haare. Es macht ihr nichts aus, dass ihre Hände dabei fettig werden. Ich entspanne mich, als sie nach dem gleichen Spray greift, mit dem auch ich meine Haare entwirre.

»Du hast da diesen Mittelscheitel«, sagt sie, »aber wir machen jetzt Folgendes. Wir versetzen deinen Scheitel ganz nach links.«

Sie klingt wie die Moderatorin einer Kochshow, die jeden einzelnen Schritt genau erklärt. Dann nimmt sie einen Kamm und zieht auf der linken Seite meines Kopfs einen Scheitel.

»Gut. Jetzt nehmen wir diese Strähne und stecken sie nach hinten.« Sie trinkt einen Schluck, öffnet eine Tube Haargel und klatscht mir etwas davon auf die Seite meines Schädels. Dabei tanzt sie leicht zu dem Song, der leise aus ihren Lautsprechern dringt. »Und jetzt nach hinten bürsten.«

Sie hat gerade ihre erste Flasche Bier ausgetrunken und ich greife nach meiner, weil ich nicht zurückbleiben will.

Ehe sie auf der linken Seite meine Haare nach hinten steckt, kämmt sie mir die Babyhaare an meiner Stirn aus. »Das kriegen wir in den Griff, Momma. Du wirst hot aussehen.«

Ich lache und setze die Flasche an den Mund. Das Bier schmeckt wie Apfelsaft, nur ohne den Apfel? Es schmeckt so, wie es aussieht:

bronzefarben. Und es gibt mir das Gefühl, durch nassen Zement zu waten. Ich trinke mein erstes Bier aus, während Olivia sich schon durch ihre zweite Flasche arbeitet.

Während sie meine Babyhaare stylt, betrachte ich die Wand vor mir. Es dauert eine Weile, bis mein Gehirn meinem Blick folgen kann: Die ganze Wand ist mit einem Stoff bezogen, in den Tintenflecken eingeblutet sind. Ich betrachte sie, einen Tropfen nach dem anderen, bis ich das Bild erkenne. Es ist das Bild einer Frau, die auf einem Rasenstück sitzt und eine Zigarette raucht.

»Oh mein Gott«, sage ich. »Dieser Wandbehang ist fantastisch.«

Ihre Hände in meinen Haaren verharren kurz. »Danke«, sagt sie. »Das ist meine Mom.«

»Wirklich?« Ich schaue genauer hin und sehe den blonden Haarknoten, den Rauch, der sich aus ihrem Mund kräuselt, die Zigarette zwischen ihren Fingern. »Sie ist wunderschön.« Ich betrachte wieder das ganze Porträt. »Mein Gott, bist du gut.«

»Findest du?« Sie legt Kamm und Bürste auf den Tisch und trinkt wieder einen Schluck. »Ganz ehrlich, ich würde zu gerne mal angefragt werden, Bilder für so einen Wandkalender zu machen. Du weißt schon, wie man sie in den Dollarläden kaufen kann, mit den ganzen wunderschönen Landschaftsbildern und so 'nem Scheiß.«

»Ja«, sage ich. »Aber du bist so viel besser als das. Dieser Wandbehang gehört in ein Museum.«

»Es ist schon verrückt, denn das Foto dazu habe ich am Straßenrand aufgenommen. Ich halte immer Ausschau nach stimmungsvollen Orten, die ich fotografieren kann, wie diese alte Tankstelle, an der wir heute vorbeigekommen sind. Ich kann es kaum abwarten, die Bilder hochzuladen. Auden und ich werden eine Menge Kohle verdienen.«

Ich hatte keine Ahnung, dass sie so eng befreundet sind. Das wäre mir nie in den Sinn gekommen.

Ich trinke mein zweites Bier aus und sie reicht mir ein drittes. Dann kommt mein Make-up dran. Sie beugt sich über mein Gesicht und ihr Bieratem streift meine Haut. »Mach die Augen zu.« Nachdem sie Primer aufgelegt hat, streicht sie mir Lidschatten über. »Wegen deinem Journal«, sagt sie unvermittelt. »Weißt du, woher ich weiß, dass es nicht Carter ist?«

»Woher?« Dann denke ich nach. »Moment mal, hat er dir gesagt, du sollst mir das sagen?«

Sie lacht. »Verdammt noch mal, Quinn, ich bin doch keine Marionette.«

»Na ja, ich weiß nicht. Ich weiß nicht, wem ich vertrauen kann.«

Da weicht sie von mir zurück. Ich kann ihren Atem nicht mehr auf meiner Wange fühlen. Ich öffne die Augen und sehe, dass sie den Mund nachdenklich verzogen hat.

»Was ist?«, frage ich.

»Ich weiß, dass wir heute zum ersten Mal richtig miteinander geredet haben. Und ich weiß auch, dass du bislang eng mit Destany befreundet warst.«

Ich verkrampfe mich.

»Du weißt sicher von dem bösen Blut zwischen uns. Wahrscheinlich hast du Gerüchte gehört, dass Holden und ich was am Laufen hatten, während er noch mit ihr zusammen war …«

»An diese Gerüchte habe ich nie geglaubt.«

»Aber das musstest du«, sagt sie und nickt. »Ihr beide wart Freundinnen.«

»Sie hat sich besser gefühlt, weil sie dir die Schuld geben konnte, nachdem er mit ihr Schluss gemacht hatte. Aber ich habe diesen Gerüchten nicht geglaubt.« Ich will mich entschuldigen, weil ich nicht stärker auf Destany eingewirkt habe, damit sie Olivia nicht die volle Verantwortung dafür auflud, aber ich bringe es nicht über die Lippen. Das wäre so, als ob ich meine Beteiligung an der Zerstörung von Olivias Fotos zugeben würde.

»Nur zu deiner Information«, sagt sie und tritt mit dem Lidschattenpinsel in der Hand wieder näher. »Ich habe auch nie geglaubt, dass du Destany wegen Matt Rat abserviert hast.«

»Radd«, sage ich.

»Was?«

»Sein Name ist Matt Radd.«

Sie grinst. »Augen zu«, befiehlt sie und schminkt mich weiter. »Aber um wieder auf Carter zu sprechen zu kommen: Ich weiß mit absoluter Sicherheit, dass er es nicht ist, der dir das antut.«

»Und woher?«

»Weil der Idiot in dich verknallt ist, seit er dich zum ersten Mal gesehen hat.«

Ich reiße die Augen auf und sie hätte mir beinahe mit dem Pinsel in den Augapfel gepikt. »Unmöglich. Er hasst mich.«

»Wenn das so wäre, würde er nicht mit allen Mittel versuchen, deinen Namen reinzuwaschen. Er wäre nicht so scharf darauf, dir zu helfen. Er kann den Gedanken nicht ertragen, du könntest glauben, dass er so gemein zu dir wäre.«

Ich muss daran denken, wie er mich behandelt hat, als er bei mir zu Hause war. »Und warum *ist* er dann so gemein zu mir?«

»Carter ist nicht die taktvollste Leuchte im Porzellanladen.«

Unwillkürlich rechne ich nach, wie viele Redewendungen sie gerade zusammengeworfen hat.

Sie lacht mir ins Gesicht. »Er versucht, aus dir schlau zu werden. Er fordert dich heraus, um dich aus der Reserve zu locken.«

»Warum?«, frage ich verdattert.

»Weil du total hot bist, wenn du sauer bist?« Sie zuckt mit den Schultern. »Keine Ahnung. Er ist halt ein Depp.« Sie greift nach dem Mascara. »Nicht blinzeln.«

»Wie kommst du darauf, dass er in mich verknallt ist?«

Sie seufzt und streicht die Mascarabürste durch meine Wimpern. »Weil.« Sie seufzt wieder und haucht mir ihren Atem gegen die Stirn. »Erstens nennt er diesen Typen Matt Rat, weil es ihm nicht passt, dass du ihn magst. Zweitens geht er wegen dir zu einer Vontae-Show. Hast du eine Ahnung, wie viel ich ihm hätte bezahlen müssen, um mit mir dahin zu gehen?«

»Das beweist doch gar nichts.«

»Dir vielleicht nicht, mir schon.«

Es dauert noch eine halbe Stunde, bis sie mit meinem Make-up fertig ist. Die ganze Zeit gehe ich in Gedanken jeden einzelnen Augenblick durch, den ich mit Carter verbracht habe, seit Mr Green uns zusammen in die Arbeitsgruppe gesteckt hat. Er war mir gegenüber so hasserfüllt. Ich kann mir nicht vorstellen, dass Liebe dahintersteckt.

Aber dann denke ich an das, was heute war. Dass er sich noch an mein Englischprojekt von vor zwei Jahren erinnern konnte, wie er den Song von Tyrese mitgesungen, meine Hand gehalten und mir in die Augen geschaut hat. Wie er mich vor diesem hageren Typen in dem Hähnchengrill beschützt hat. Und er hat sich entschuldigt, dass seine Einschätzung von mir falsch war. Ich weiß es nicht. Ich weiß wirklich nicht, was ich glauben soll.

Ich merke, wie sich mein Gesicht anspannt, als Olivia meinen Mund schminkt. »Meine Lippen werden taub. Was für ein Lippenstift ist das?«

»Das liegt nicht am Lippenstift, sondern am Bier.«

»Durch Bier kriegt man ein gefühlloses Gesicht?«, frage ich erschrocken.

Sie lacht. »Nur, wenn man zu viel davon trinkt. Und wenn man ein Leichtgewicht ist.« Sie zieht mich vom Stuhl hoch. »Jetzt geh gucken.«

Ich tapse ins Badezimmer und starre mich im Spiegel an wie eine Fremde. Die aufreizende Frisur überschattet meine eine Gesichtshälfte. Meine vollen Lippen sind in einem dunklen Lilabraun geschminkt und die Wimperntusche lässt meine Augen noch größer erscheinen. Ich sehe fantastisch aus.

Olivia nimmt sich für ihr eigenes Make-up und ihre Frisur viel weniger Zeit. Als sie fertig ist, drückt sie mir ein rotes Kleid in die Hand – eins mit Cut-outs und rätselhaften Schnüren – und ein paar schwarze Stilettos.

»Das geht nicht«, sage ich und betrachte Kleid und Schuhe.

Sie macht ein verdrießliches Gesicht. »Probier es doch wenigstens mal an.«

»Nein, ich meine, ich habe noch nie solche Absätze getragen. Nur Blockabsätze.«

Sie denkt nach. »Okay, warte mal.« Sie rennt aus dem Zimmer und kommt mit einem Paar schwarzen Boots mit Blockabsätzen wieder. »Die gehören meiner Mom. Das sieht zwar nicht ganz so heiß aus, aber es wird gehen.« Während sie mich in ihr kleines Badezimmer schiebt, sagt sie: »Zieh das Kleid bloß nicht über den Kopf. Steig von unten rein. Sonst verdirbst du meine ganze Arbeit.«

Es dauert eine Weile, bis ich herausgefunden habe, dass die Schnüre ganz oben am Kleid ein angenähtes Halsband sind. Als ich das Kleid endlich anhabe, betrachte ich mich wieder im Spiegel. Ich kann den Blick nicht von meinem Körper abwenden, von meinem üppigen Dekolleté, von meinen Kurven, von dem glänzenden Dunkelbraun meiner Haut, das durch die Cut-outs und den hohen Seitenschlitz schimmert. So habe ich mich noch nie gesehen.

Als ich aus dem Badezimmer komme, treten Olivia fast die Tränen in die Augen. »Oh mein Gott, Quinn. Du siehst umwerfend aus.«

Meine Augen leuchten auf. »Wirklich?«

»Un-glaub-lich umwerfend.«

Olivia dreht mich um die eigene Achse. »Wahnsinn! Schau dir diesen Hintern an! Girl, du musst mir unbedingt mal Modell stehen.«

»Nein!«, lache ich.

»Doch! Du bist so verdammt wunder-wunderschön.«

Ich schüttele den Kopf, aber innerlich teile ich ihre Ansicht. Ausnahmsweise habe ich das Gefühl, dass ich mit den Besten mithalten kann, mit Destany, Gia, sogar mit Olivia. Doch Olivia gibt mir gar nicht das Gefühl, dass ich mit ihr konkurrieren muss.

WARUM ICH MIR WÜNSCHE, DASS WIR FRÜHER FREUNDINNEN GEWORDEN WÄREN

1. Weil ich mich dann in der Gegenwart von Schwarzen vielleicht wohler fühlen würde. Mit Olivia zusammen zu sein, gibt mir das Gefühl, dass es okay ist, die Seiten von mir zu zeigen, die ihren Ursprung darin haben, dass ich Schwarz bin. Zum ersten Mal versuche ich nicht, aus meiner Haut zu schlüpfen. Es ist, als ob eine ganze Hemisphäre von Quinn Jackson zum Leben erwacht, von deren Existenz ich nichts geahnt habe.
2. Weil ich dann anderen Schwarzen gegenüber – besonders Carter – vielleicht etwas nachsichtiger wäre. Denn Olivia hat eine Art, Stereotype zu akzeptieren und sich ihnen gleichzeitig zu widersetzen. Und es ist ihr egal, was das über sie aussagt oder was die Leute über sie denken.

3. Weil ich dann vielleicht nie zugelassen hätte, dass man mich »Oreo« nennt oder das N-Wort in meiner Gegenwart ausspricht. Denn Olivia ist Schwarz und weiß, alles zusammen, und doch zögert sie keine Sekunde, rassistischen weißen Jungs eine reinzuhauen.
4. Weil ich dann vielleicht wegen der Columbia nicht gelogen hätte. Ich hatte nie Freunde, die sich selbst so treu sind wie Olivia. So furchtlos.
5. Weil ich dann vielleicht selbst auch furchtloser wäre.

15

Tequila-Shots gehen runter wie Öl, wenn man betrunken ist

Trotz der Straßenbeleuchtung ist der Parkplatz für mein Empfinden viel zu dunkel. Hauptsächlich wegen dem Typen unten an der Treppe, der jedem unserer Schritte mit seinen Blicken folgt. Er befeuchtet sich die Lippen, als wir den Treppenabsatz erreichen. »Livvy. Wer ist deine Freundin?«

Olivia geht weiter. »Beachte ihn gar nicht«, flüstert sie mir zu.

Aber es fällt mir schwer, nicht nach hinten zu schauen, als er uns über den Parkplatz nachkommt. Ich atme schwer und meine Augen füllen sich mit Tränen.

»Schon gut.« Olivia nimmt meine Hand und drückt sie. »Ich passe auf dich auf.«

Ich betrachte ihre zierliche Gestalt und blicke dann zu dem Muskelprotz hinter uns. Ich glaube ihr. Ich habe sie kämpfen gesehen, mehrmals, gegen unterschiedliche Typen. Dieses Mädchen könnte ein ganzes Footballteam umhauen, wenn es nötig wäre. Ich entspanne mich und erwidere den Druck ihrer Hand.

Wir steuern auf ihren Wagen zu, der ganz hinten auf dem Parkplatz steht. Carter und Auden sind schon da und lehnen an der Fahrerseite. Meine Augen heften sich an Carter. Er trägt ein weißes Kurzarmhemd mit geknöpftem Kragen und Blumenmuster, das er in den Bund einer schwarzen Hose mit passendem Gürtel gesteckt hat, dazu saubere weiße Sneaker. Ich stolpere und muss aufpassen, dass ich nicht hinfalle. Olivia packt meinen Arm und lacht. »Alles okay?«

Meine Wangen werden warm. Ich nicke und streiche mir die Haare aus dem Gesicht. Carter hat uns gesehen. Seine Lippen teilen sich leicht und seine Augenbrauen schießen in die Höhe, als er mich mustert. Zentimeter für Zentimeter. Die Wärme breitet sich von meinen Wangen bis hinunter zu meinem Nacken aus.

Auf hohen Absätzen und in unseren eng anliegenden Kleidern kommen wir näher. Olivia hat sich bei mir untergehakt.

»Alles klar?« Er schaut Olivia an, doch dann fällt sein Blick wieder auf mich.

»Wir sind nur ein bisschen beschwipst«, lacht Olivia.

Auden stößt sich vom Wagen ab. Er trägt eine schmale schwarze Hose, ein weißes Hemd und schwarze Schuhe. Seine Locken hat er seitlich abrasiert, die Brille ist verschwunden und seine grünen Augen ziehen meinen Blick auf sich. Er hat Kontaktlinsen, warum trägt er sie nie?

Als er Olivia in ihrem kurzen, trägerlosen schwarzen Lederkleid und den Stilettos sieht, weiten sich seine Pupillen.

Ihr geht es wohl nicht anders, denn sie sagt etwas atemlos: »Auden, wow. Du siehst toll aus.«

Er wird rot und zieht den Kopf ein. »Danke. Du auch.«

»Wir waren beide beim Friseur«, sagt Carter und reibt sich mit der Hand über den gestutzten Bart. Dabei sieht er mich an, als ob er auf mein Lob wartet.

Ich betrachte die Goldkette an seinem Hals, die funkelnden Ohrstecker, seine ganze Erscheinung. Mir stockt der Atem. Er ist ja so schon wunderschön, aber das ist einfach zu viel. Unwillkürlich mache ich einen Schritt rückwärts und stolpere wieder über meine Boots.

Er reagiert blitzschnell und packt mich am Arm.

»Verdammt noch mal, Quinn«, lacht Olivia. »Du verträgst ja wirklich rein gar nichts.«

Ich lächele sie an. Es liegt nicht am Alkohol. Ich habe einfach nur weiche Knie bekommen.

Carter setzt sich ans Steuer von Olivias Wagen, Olivia lässt sich neben ihm auf dem Beifahrersitz nieder. Ich schiebe mich zu Auden auf die Rückbank und ringe immer noch um Fassung. Mein Geburtstag: 14. Dezember 1998. Moment mal, war es der vierzehnte? Oder der fünfzehnte?

»Was, wenn sie merken, dass mein Ausweis eine Fälschung ist?«

»Sie werden kaum einen Blick darauf werfen.« Olivia dreht sich zu mir um. »Du siehst heiß aus. Es kann losgehen.«

»Hör auf Livvy, sie hat das schon tausendmal gemacht«, sagt Carter und wirft mir im Rückspiegel einen Blick zu.

Ich atme tief durch.

»Aber wenn sie was merken«, setzt sie hinzu und ich starre sie erschrocken an, »dann stell dich dumm. Sie werden dich gehen lassen. Das habe ich auch schon hingekriegt.«

»Du bist erwischt worden?«

»Sie haben mich nach meiner Adresse gefragt und ich war so betrunken, dass ich die Straßennamen durcheinandergebracht habe. Aber dann habe ich gesagt: ›Ach, was soll's. Ich gehe heute Nacht ja sowieso nicht nach Hause.‹ Und dann habe ich mit den Wimpern geklimpert und der Türsteher hat mich durchgelassen.« Sie zuckt mit den Schultern.

»So was kann ich nicht!« Ich weiß nicht, wie man flirtet, und ich habe null Sex-Appeal. In einer Horde Mädchen bin ich nicht diejenige, die sich die Typen ausgucken. Ich habe nie gelernt, wie ich ihre Aufmerksamkeit errege. Ich kann ja kaum aufrecht stehen, wenn Carter mich anschaut. Wie soll ich da dreist genug sein, um einen Türsteher zu umgarnen?

Bei Nacht ist Downtown Austin anders. Immer wenn ich daran vorbeifahre, betrachte ich die Lichter der Stadt. Sie sind so wunderschön, so einladend. Aber wenn man darauf zufährt, fühlt es sich anders an. In mir vibriert alles und den anderen geht es auch so. Wir alle sind voller Erwartung.

Carter stellt den Wagen in einem Parkhaus in der Fifth Street ab und von dort aus gehen wir zu Fuß. Olivia und ich halten uns an den Händen und stützen uns gegenseitig auf unseren hohen Absätzen, aber in der Sixth Street übernehmen Carter und Olivia die Führung, während Auden und ich ihnen folgen.

Wir schließen uns einer Menschenmenge an – alle älter als wir –, die in dieselbe Richtung strömt. Absätze klappern auf Zement. Gelächter steigt in die Luft. Mädchen in Kleidern, die noch knapper und aufreizender sind als die von Olivia und mir, Typen in verschwitzten Tanktops und Shorts. Es ist schwül und unfassbar heiß. Ich höre förmlich, wie sich meine Haare kräuseln.

Je dichter die Menge wird, desto mehr Parfümwolken nebeln mich ein, dazu Zigarettendunst und Bierfahnen. Je tiefer wir in dieses Chaos eindringen, desto lauter wird die Musik. Je lauter die Musik wird, desto härter hämmert mein Herz. Die ganze Sache ist nervenzerreißend.

Von allen Seiten strömen die Menschen herbei und es werden immer mehr, als ob wir auf eine Art Höhepunkt zusteuern. Dann kommen wir an eine Straßensperre aus Polizei und Streifenwagen, mitten auf der Straße. Mein Herz fängt an zu rasen, als ob sie mit einem Blick erkennen könnten, dass ich nicht alt genug bin. Carter und Olivia sind nicht im Mindesten beeindruckt. Sie unterhalten sich sogar noch über die Barrieren, während wir daran vorbeigehen.

Auden ist direkt hinter ihnen, aber ich falle etwas zurück, weil ich von allem fasziniert bin, sogar von den Lichterketten über meinem Kopf.

Auf der einen Seite der Blockade parken Autos mit eingeschalteten Warnblinkanlagen und *Lyft*-Stickern auf der Windschutzscheibe neben einer Reihe von Fahrradtaxis. Auf der anderen Seite herrscht das Chaos. Menschen bevölkern die Straße, wie auf dem Festival »South by Southwest«, das jedes Jahr in Austin Kunst und Kultur verbindet. Heute ist es allerdings nur ein ganz gewöhnlicher Samstagabend.

Als wir eine Menschenschlange erreichen, die bis um die Ecke eines Häuserblocks reicht, dreht sich Olivia zu uns um. »Wir sind da!«, sagt sie quietschend und hopst auf und ab. Keiner von uns ist so aufgeregt wie sie.

Wir lehnen uns an die Hauswand, Olivia, Carter, ich und Auden. Die Leute, die an uns vorbeigehen, betrachten uns neugierig. Je mehr interessierte Blicke ich ernte, desto mehr schwanke ich zwischen dem Gefühl, sexy auszusehen, und der Annahme, dass dieses Kleid viel zu viel preisgibt.

Ich senke den Blick. Plötzlich steigt in mir die Angst auf, dass ich nicht das Recht habe, so viel Aufmerksamkeit auf mich zu lenken.

Mein Blick fällt auf eine Gruppe Mädchen in supersexy Kleidern und superhohen High Heels, mit schlankeren Figuren, glatteren Haaren und perfekt geschminkten Gesichtern. Im Vergleich zu ihnen sehe ich aus wie ein kleines Mädchen, das im Schrank seiner Mutter gewühlt hat, wie eine Highschoolgöre mit unordentlichen Haaren, einem zu üppigen Körper und zu wenig Make-up.

»Ich gehöre hier nicht hin.«

Carter schaut mich verdattert an. »Warum nicht?«

Ich weiß nicht einmal, wo ich anfangen soll:

WARUM ICH HIER NICHT HINGEHÖRE

1. Ich sehe nicht aus wie die anderen Mädchen, die hierherkommen.
2. Ich bin nicht so selbstbewusst wie sie.
3. Ich habe mich noch nie auf Partys amüsiert.
4. Wenn man mich mit meinem falschen Ausweis erwischt, habe ich nicht die Kaltschnäuzigkeit, um mich herauszureden.
5. Ich tanze nicht gern in der Öffentlichkeit.
6. Ich stehe auch nicht gern in der Öffentlichkeit an einer Hauswand.
7. Ich rede nicht gern mit Fremden.
8. Ich mag es nicht, wenn mich so viele Leute anstarren.
9. Ich mag es nicht, dass mich so viele Leute abschätzen, weil ich mir ziemlich sicher bin, dass ich ihren Erwartungen nicht entspreche.

Um die ganze Sache abzukürzen, sage ich einfach: »Ich bin nicht der Typ Mensch, der sich bei so etwas wohlfühlt.«

Er stößt sich von der Wand ab und stellt sich vor mich hin. »Ich finde nicht, dass du dein Unbehagen dem *Typ* Mensch zuschreiben solltest, der du bist. Das kommt mir ziemlich einengend vor.«

Verblüfft durch seine Logik schaue ich zu ihm hoch.

Er fährt fort: »Denn vielleicht fühlst du dich eines Tages nicht mehr unbehaglich.« Bevor er weiterspricht, wirft er einen Blick über die rechte Schulter und sieht eine Gruppe Mädchen in High Heels und eine andere Gruppe laut lachender Collegetypen auf uns zusteuern. »Wenn du dir dein Unbehagen als Person zuschreibst …«

Die beiden Gruppen wälzen sich an uns vorbei und er tritt näher an mich heran, *richtig* nah. Wir stehen beinahe Brust an

Brust. Er legt eine Hand auf die Hauswand neben meinem Arm. Ich bade in dem frischen Duft seines Duschgels und starre seinen weichen Hals an, den ich gerne mit meinen Lippen berühren möchte. Dann schaut er mir in die Augen und sagt: »Ich habe vergessen, was ich sagen wollte.«

Meine Augen wandern über sein Gesicht zu seinen Lippen und wieder zu seinem Hals. »Ich auch.« Ich habe vergessen, was ich sagen wollte, was ich gerade gesagt habe und was ich gefühlt habe, bevor mich dieses schmerzvolle Verlangen überkam, seinem Atem noch näher zu kommen – und ich habe vergessen, warum ich je glaubte, ich würde ihn hassen.

Die lärmenden Gruppen sind weitergezogen. Carter weicht einen Schritt zurück und räuspert sich. »Nach dir.« Er bedeutet mir, zum Ende der Schlange aufzuschließen, und sein Blick lässt mich vermuten, dass auch er nicht mehr weiß, warum er mich jemals nicht leiden konnte.

Ich habe nicht bemerkt, dass die anderen weitergegangen sind. Zwischen uns und Olivia klafft eine riesige Lücke. Sie schaut über die Schulter mit einem Grinsen zu mir hin, das besagt: *Wusst' ich's doch*. Ich stoße mich von der Wand ab und haste zu ihr, wobei ich Carters Augen wie glühende Kohlen in meinem Rücken spüre. Sie nimmt meine Hand und zieht mein Ohr an ihre Lippen. »Was habe ich dir gesagt?«

Ich lächele sie an. »Das beweist gar nichts.« Ich schaue hinter mich und sehe Carter mit Auden reden. Beide schauen zu uns hin. Ich beiße mir auf die Lippe und drehe mich wieder um.

»Na, wie du meinst«, sagt sie leichthin. »Aber du siehst fantastisch aus und er kann die Augen nicht von dir lassen. Selbst du kannst das nicht abstreiten.«

Wieder schaue ich nach hinten. Er beobachtet mich immer noch.

Als er meinen Blick einfängt, lächelt er und wendet sich ab. Ich lächele ebenfalls und drehe mich wieder nach vorn.

Die Schlange bewegt sich um die Ecke. Als wir vor dem Club stehen, zieht Olivia Carter am Arm. »Mach ein Foto von uns, für Kaide.«

Ich reiche ihm mein Smartphone. »Wir wissen noch nicht mit Sicherheit, dass er der Erpresser ist.« Dann tritt er aus der Schlange bis zum Rand des Gehsteigs. Leute drängeln sich an uns vorbei. Wir nutzen die erste Gelegenheit, als niemand kommt, und Olivia und ich drücken die Wangen für lächerliche Duckfaces aneinander.

Nachdem er das Foto geschossen hat, schaut er auf das Display und gibt mir dann mein Handy zurück. »Ist es was geworden?«, frage ich ihn.

Carter streicht sich über das Kinn und lächelt mich an. »Perfekt.«

Ich muss blinzeln und verstecke mein Lächeln hinter meiner Hand. Olivia wirft mir einen weiteren wissenden Blick zu, während sie wieder zu der Schlange aufschließt. Sie ist ziemlich hartnäckig.

Ich betrachte das Bild von Olivia und mir, unsere zusammengequetschten Gesichter. Irgendwie sehe ich weder neben ihr noch vor dem Club fehl am Platz aus. Ich sehe aus, als würde ich mich prächtig amüsieren.

Und warum auch nicht?

Ich schicke meinem Erpresser das Bild und denke, dass ich nicht nur deswegen hier bin, um ihn zufriedenzustellen. Ich bin hier, weil ich das immer schon einmal machen wollte, also sollte ich verdammt noch mal diesen Augenblick genießen.

Ich grinse von einem Ohr zum anderen, als ich mein Handy einstecke und die Security-Typen vor mir stehen sehe. Jetzt kommt der

Moment, in dem ich lügen muss. Ich bin zweiundzwanzig und mein Geburtstag ist … na ja, irgendwann im Dezember. Ich kann nicht einmal mehr auf dem Ausweis nachsehen, weil Olivia ihn eingesteckt hat.

Aus dem Inneren der Bar hämmert der Bass und lässt meinen Brustkorb vibrieren. Plötzlich steigt mir die Aufregung in die Kehle. Ich schlucke, wieder und wieder. Ich ziehe das durch – wenn man mich nicht vorher hinter Gitter bringt.

»Wie alt bist du?«, fragt der Typ von der Security Olivia.

Sie lächelt und drückt ihre Brust an meinen Arm. »Wir sind beide zweiundzwanzig.«

»Ausweis und Ticket.«

Unverfroren umfasst sie ihre linke Brust und zieht unsere Ausweise und die Eintrittskarten aus ihrem Ausschnitt.

Der Security-Mann, ein junger Latino, der nicht viel älter ist als wir, grinst über Olivias Kühnheit, wirft einen Blick auf unsere Tickets und einen halben auf unsere Ausweise, ehe er uns alles wieder zurückgibt.

Kopfschüttelnd lacht er: »Streck den Arm aus. So.« Er präsentiert uns seinen Arm, der mit Tattoos übersät ist.

Er befestigt ein grünes Band an ihrem Handgelenk. Dann wartet sie, bis ich meins bekommen habe. Als er uns mit einer Kopfbewegung einlässt, lächelt Olivia und zieht mich mit sich. Das war ja einfach. Vielleicht bin ich doch der Typ Mädchen, der so etwas schafft.

In der Bar atme ich tief durch und lasse mir von der kühlen Luft den Schweiß trocknen. Es sieht hier aus wie in einer Spielhalle, nur dunkler, mit viel lauterer Musik und ohne die Spielautomaten. Vor der Bühne drängeln sich Leute Anfang zwanzig und erwartungsvolle Teenies, die ganz offensichtlich das Gleiche durchgezogen haben wie wir. Der DJ spielt ein Mash-up aus populären Hip-Hop-Songs. Das Publikum sucht sich Plätze, entweder an der Bar oder inmitten der Menge.

Als Carter und Auden hereinkommen, hopst Olivia wieder auf und ab. »Lasst uns was trinken!« Wir folgen ihr zur Bar an der hinteren Wand, zwängen uns zwischen Leibern hindurch und stoßen gegen knochige Hüften. Olivia und ich ergattern einen Platz am Tresen, Auden und Carter stellen sich hinter uns.

»Was willst du haben?«, fragt Olivia.

»Bier?«

Sie grinst. »Wie wär's mit Shots?«

»Ich weiß nicht …« Meine Augen weiten sich; ich sauge ihre Begeisterung förmlich in mich auf.

»Weniger Flüssigkeit, mehr Wums«, sagt sie und zieht die Augenbrauen hoch. »Mit Shots tanzt du auf den Tischen, fängst an zu kreischen, machst dich nackig.«

»Was?«

Sie lacht. »Ich mache nur Spaß … vielleicht.« Ich lache ebenfalls und schaue zum Barkeeper, der zu uns an den Tresen tritt.

»Na, dann los«, sage ich und blicke ihr in die Augen.

»Echt?«

Ich nicke und sie quietscht auf. Olivia bestellt vier Tequila-Shots und bezahlt mit zwei Zehnern. Dann nimmt sie einen Shot und kippt ihn runter. Ich mustere sie, als wäre sie eine Superheldin.

»Mach schon!«, ruft sie. »Auden! Los doch!«

Er und Carter treten an den Tresen und greifen nach ihren Gläsern. Ich tue es ihnen nach. In dem winzigen Glas schwimmt eine klare Flüssigkeit. Keine große Sache. Ich bin neugierig, was das Zeug mit mir anstellt, und versuche es wie Olivia – runter damit in einem Zug. Aber ich bin eine blutige Anfängerin, mache drei Schlucke und lasse den Alkohol zu lange in meinem Mund. Es brennt und – oh Gott, schmeckt das eklig!

Olivia reibt mir den Rücken, während ich huste und keuche. »Du hast es geschafft! Ich bin so stolz auf dich.«

Ich lächele und merke, wie mir der Alkohol den Magen wärmt und die Wärme sich allmählich in meinem Körper ausbreitet. Audens Glas ist ebenfalls leer, aber Carter hält seins noch voll in der Hand. Er will es Auden überlassen. »Trinkt Carter keine Shots?«, frage ich in Olivias Ohr.

»Er ist unser Chauffeur heute Abend. Er darf nichts trinken«, sagt sie und lächelt breit. »Frag ihn doch, ob du sein Glas haben kannst.« Schelmisch zieht sie die Augenbrauen hoch.

Ich verdrehe die Augen.

»Das wäre so hot«, sagt sie.

»Ich stehe nicht auf Carter, nicht auf diese Weise.«

Sie bleibt wie angewurzelt stehen. Starrt mich ein paar Sekunden lang fassungslos an. Bricht dann in schallendes Gelächter aus. »Bullshit!« Sie zieht mich an den Armen und schiebt mich auf Carter zu.

Und dann stehe ich vor ihm, den Mund leicht geöffnet. Und auch mein Körper schwankt leicht. Er unterbricht sein Gespräch mit Auden und blickt mich neugierig an.

»Wenn du deinen Shot nicht willst, nehme ich ihn dir gerne ab.«

Das war ganz und gar nicht hot. Ich glaube, Olivia hat vergessen, wer ich bin, als sie mir die Sache vorschlug.

Trotzdem, er lacht. »Klar doch.« Er reicht mir das Glas und mustert mich. »Na, dann los.«

Ich nehme ihm das Glas aus der Hand und versuche, ihn mit meinem beständigen Blick aus der Fassung zu bringen, denn ausnahmsweise fühle ich mich gerade mutig genug, um ihm tief in die

Augen zu sehen. Belustigt betrachtet er mich. Ich lecke mir über die Lippen und gieße mir dann den Schnaps in den Mund. Er schwappt in meine Backentaschen und meine Augen fangen an zu tränen. Ich schlucke und verziehe dann angeekelt das Gesicht.

»Sehr elegant«, sagt er und lacht.

»Halt die Klappe.« Ich drehe mich weg, lächele, lache, erröte.

Olivia schüttelt den Kopf über mich. »Girl.« Sie zieht mich zum Tresen. Die Jungen scharen sich rechts und links um sie, während sie mir ins Ohr flüstert: »Wie sieht deine Taktik aus?«

»Meine Taktik wofür?«

»Carter rumzukriegen«, sagt sie, als ob es das Offensichtlichste auf der Welt wäre. Sie wirft ihre Microbraids über ihre Schulter nach hinten und zieht ihr trägerloses Kleid hoch.

»Ihn … rumzukriegen? Was meinst du?«

Sie verdreht die Augen. »Ins Bett zu kriegen, was denn sonst?«

Panisch ziehe ich die Lippen nach hinten. »Ich will doch nicht … was? Meinst du das ernst?«

»Oh. Bist du noch Jungfrau?«

Ich presse die Lippen zusammen und nicke.

»Dann lass es langsam angehen. Stell dir die Frage, wie du Carter dazu kriegst, dich zu küssen.«

Ich runzle die Stirn. »Ich kenne ihn doch kaum.«

Sie seufzt und dreht sich zum Tresen. »Ich brauch noch was zu trinken. Willst du auch einen?«

Ich schüttele den Kopf. Ich merke gerade, wie der zweite Shot seine Wirkung zeigt. Die Wärme in meiner Körpermitte nimmt zu.

Sie beugt sich über den Tresen und bestellt einen weiteren Shot, während meine Augen an ihr vorbei zu Carter wandern. Er und Auden lehnen über dem Tresen, die Arme vor dem Körper gekreuzt. Sie unterhalten sich angeregt. Natürlich habe ich mir schon unzählige Situationen vorgestellt, in denen ich Carter küsse, aber das trifft auf fast jeden attraktiven Jungen zu, den ich kenne.

Das hat nichts damit zu tun, ob ich Carter mag oder nicht. Die Art, wie er mich ansieht, lässt mich lebendig fühlen. Weiblich. Anziehend. Hier geht es um Biologie und Chemie, um Pheromone und Hormone. Ich bin so durch und durch hetero, dass mir jeder x-beliebige Junge gerade dieses Gefühl geben könnte, nicht nur Carter.

Doch dann hebt er den Kopf und schaut mich an.

Mir bleibt die Spucke weg. Ich beiße mir auf die Lippe und halte mein ganzes Ich im Zaum. Denn mein ganzes Ich – alles, was ich bin und was mich ausmacht – will zu ihm rennen und sich in seine Arme werfen.

Er lächelt nicht. Während er fortfährt, sich mit Auden zu unterhalten, hört er nicht auf, mich zu betrachten – als ob sein Blick gar nicht auf mir ruhen würde.

Olivia greift nach ihrem Glas, schreit: »Auf ex!« und kippt es runter. Sie dreht sich zu mir um und ich sehe ihr an, wie betrunken sie ist. Wahrscheinlich sehe ich selbst genauso aus wie sie.

Plötzlich verlöschen die Lichter und die Musik geht aus. Die Menge kreischt auf. Olivia wendet sich der Bühne zu und kreischt ebenfalls. Dann dröhnt ein energiegeladener Hip-Hop-Sound über die Lautsprecher in den Saal, lauter als die Musik eben. Ein hagerer Schwarzer kommt auf die Bühne, ohne Hemd, nur mit einer blauen Jeansweste, weißer Hose und Goldketten am Hals.

Das ist nicht Vontae.

Verdammt, ich habe ganz vergessen, dass es einen Eröffnungsact gibt. Keine Ahnung, wie lange dieser Typ singen wird. Er rappt und schreit in sein Mikro und die Menge wippt im Takt mit den Köpfen. Ich vermute mal, dass die meisten hier ihn ebenfalls nicht kennen, genau wie ich.

Olivia schiebt sich näher an die Bühne heran und zieht Auden mit sich. Sie stehen jetzt im hinteren Bereich der Zuschauermenge. Olivia tanzt unbekümmert und Auden schaut unbehaglich zu.

Ich lache laut auf. Dann dreht sich Carter zu mir um und sieht mich lachen. Mein Magen sackt nach unten, als er zu mir kommt. »Ich weiß wieder, was ich draußen sagen wollte.«

Fragend ziehe ich die Augenbrauen hoch.

»Wenn du sagst, dass du nicht der Typ bist, der sich in einer solchen Situation wohlfühlt, dann schreibst du dir vor, wie du dich das nächste Mal fühlen sollst.«

»Ich schreibe mir nicht vor, wie ich mich fühlen soll. Ich leite das nur daraus ab, wie ich mich normalerweise fühle.«

»Aber es ist nicht fair, diesen Rückschluss nach einer ersten kurzen Erfahrung in Downtown Austin zu ziehen. Es ist alles neu für dich.« Ich mustere ihn mit schräg gelegtem Kopf und geschürzten Lippen. Er lehnt sich ein Stück nach hinten und deutet in die Runde. »Probier es noch zwei-, dreimal aus, komm wieder her in diesen Club und dann merkst du, wie du dich fühlst.«

Ich schaue mich um, schaue in die dunklen Ecken, in die Mitte des Saals, wo sich die Menschen drängen, zur Bühne, zu den flackernden Lichtern. Und dann schaue ich wieder zu ihm. Blaue und grüne Blitze zucken in seinen Augen und tanzen über seine Wangen. Ein Lächeln stiehlt sich auf meine Lippen. Ich versuche, es zu unterdrücken, aber durch den Alkohol fällt es mir schwer, meine Muskeln zu kontrollieren. Ich muss mein Lächeln hinter meiner Hand verstecken.

Die Eröffnungsnummer ist zu Ende und die Menge jubelt. Ich schaue auf mein Handy: halb zehn. Wenn er pünktlich ist, fängt Vontae ungefähr um zehn an. Aber wann hört er auf? Um elf? Zwölf?

Auden und Olivia kommen zurück, Olivia außer Atem, Auden mit geröteten Wangen. Carter nimmt Auden beiseite. Sie unterhalten sich leise, aber ich schnappe ein paar Worte hier und da auf. »… näher zu dir«, sagt Carter und Auden protestiert: »Hier sind so viele Leute.«

Hinter der Bar hängt ein Spiegel, der mir vorher noch gar nicht aufgefallen ist. Ich schaue mich an. Meine Lippen teilen sich. Sie fühlen sich immer noch taub an. Ich schließe meinen Mund wieder und betrachte Carter, der Auden Mut zuspricht – seine Augen, seine Lippen.

Doch dann höre ich Auden sagen: »Also, ich brauch erst noch einen Shot.«

Der Barkeeper ist am anderen Ende des Tresens.

»Vergiss die Shots. Du kannst nicht die ganze Nacht lang warten, Mann.«

Auden verdreht die Augen. Aber er hätte auf Carter hören sollen. Wie *sehr* er auf Carter hätte hören sollen, wird uns klar, als der »Sexiest Man Alive« zu Olivia tritt. »Livvy?«

Sie dreht sich um. Die Bewegung lässt ihr Lederkleid glänzen.

Der geheimnisvolle Typ hat hellbraune Haut mit bernsteinfarbenen Augen und langen, sandfarbenen Locken. Er verströmt diese unerschütterliche Gewissheit, dass er jedes Mädchen haben kann, das er will. »Lange nicht gesehen«, sagt er und greift nach Olivias Hand.

»Ja, und dafür gab's einen Grund«, brummt Carter neben mir.

»Was machst du denn hier hinten? Ich weiß, dass du Vontae liebst. Du solltest ganz vorne stehen«, sagt der Typ.

Sie runzelt die Stirn. »Wie denn? Guck dir doch die ganzen Leute an.«

»Na und?« Er lacht. Sein Lachen klingt wie das Lachen eines

Engels. »Ich bringe uns nach vorn. Komm mit.« Ich kann es nicht fassen, aber Olivia folgt ihm wortlos zum Rand der Zuschauermenge. Ich meine, ich wäre ihm ebenfalls hinterhergegangen, aber von ihr hätte ich mehr Widerstand erwartet.

»Damn it!«, schreit Carter frustriert. »Dieser Kerl ist Livvys Kryptonit. Der schleppt sie zweifellos heute Nacht ab.«

»Wer ist das?«, frage ich ihn.

»Ihr Ex, Kendrick.«

Auden sieht Olivia nach, wie sie mit Kendrick in der Menge verschwindet. Ich fühle seine Niedergeschlagenheit, die bis zu mir dringt.

Endlich kommt der Barkeeper zu uns. Carter beugt sich vor. »Zwei Tequila-Shots«, bestellt er.

»Mach vier!«, schreit Auden und zieht seine Brieftasche heraus. Er wirft das Geld auf den Tresen und der Barkeeper schenkt uns vier Gläser ein.

»Hast du sie noch alle?«, schreie ich.

Auden ignoriert mich, kippt einen Shot runter und dann gleich darauf den nächsten. Ich schließe die Augen und gieße mir einen in den Mund. Die Antwort lautet: Nein. Nein, im Moment hat er sie wirklich nicht mehr alle.

Tequila-Shots zu trinken, ist leicht, wenn man schon betrunken ist. Das muss ich auf meine Liste mit Lebensweisheiten schreiben. Aber ganz ehrlich: Alles ist leicht, wenn man betrunken ist, außer zu stehen, zu gehen, sich auf die Toilette zu setzen und zusammenhängend zu reden. Ich habe drei Bier und vier Shots intus. Ich war schon zweimal auf Toilette. Ich schwanke, während ich versuche, gerade zu stehen. Auden redet viel, zu viel. Carter versucht, uns im Zaum zu halten, aber er kriegt uns nicht in den Griff.

Und dann kommt ein Song von Toni Braxton. Carter sieht mir

an, wie sehr ich dieses Lied liebe. Ich singe mit und nicke mit dem Kopf im Takt. Er lächelt und beobachtet mich wachsam. Ich kann mich nicht beherrschen: Ich fange an, mich in den Hüften zu wiegen. Carter erkennt meinen Fehler, noch vor mir. Ich verliere auf den hohen Absätzen das Gleichgewicht, knicke um und gehe zu Boden.

Wie der Blitz ist Carter bei mir, schiebt eine Hand unter meinen Rücken und zieht mich mit der anderen am Arm hoch. »Oh mein Gott, Quinn.«

»Mensch, bist du schnell«, lalle ich.

»Alles in Ordnung mit dir?«, fragt er und hilft mir auf.

Ich verliere mich in seinen Wimpern, seinen Augenbrauen und in seinem sorgfältig gestutzten Bart. Meine Hand hebt sich und streicht über seine Jawline. Ich blicke ihm in die Augen. Er ist überrascht, unvorbereitet. Ich muss kichern. »Dein Haarschnitt gefällt mir.«

»Wow, du bist echt betrunken.«

Er lässt mich los und tritt einen Schritt zurück.

»Ich bin nicht so betrunken. Nicht so betrunken wie Auden jedenfalls.« Wir beide schauen zu Auden hin, der an der Bar lehnt und mit geschlossenen Augen den Kopf im Rhythmus der Musik bewegt.

Carter lacht schnaubend. »Das stimmt, aber viel fehlt nicht mehr.« Er nimmt meine Hand von seinem Gesicht und meine andere von seiner Brust. »Die nüchterne Quinn würde mich nicht so gnadenlos anbaggern.«

Ich runzle die Stirn. »Die nüchterne Quinn hat Angst vor ihren Gefühlen.«

Er zieht die Augenbrauen hoch. »Was soll das denn bedeuten?«

»Darum geht's doch in meinem Journal: meine Gefühle rauszulassen, damit ich nicht über sie reden muss.« Tadelnd schüttele ich den Kopf. »Ziemlich miese Angewohnheit.«

Er betrachtet mich nachdenklich. »Na, dann solltest du vielleicht damit aufhören.«

»Mein Journal ist sowieso weg.« Ich torkele an ihm vorbei zur Bar. »Auden, kennst du den Song überhaupt?«

»Ja klar! Ich liebe diesen Song!«

Nun, ich kenne ihn nicht – irgendein modernes Hip-Hop-Stück. Gar nicht mein Geschmack.

Dann ist es endlich so weit. Vontae startet seine Show mit einem Instrumentalstück, das wie gemacht zu sein scheint für einen Opernsänger. Die Menge rast. Auden stellt sich auf die Zehenspitzen und hält nach Olivia und Kendrick Ausschau. Carter lehnt hinter mir an der Bar, den Blick auf die Bühne gerichtet.

Erst als die Zuschauer die Lieder mitgrölen, merke ich, dass Carter und ich hier zu einer Minderheit gehören. Die meisten Leute im Publikum sind weiß und sie haben kein Problem damit, jedes Wort mitzurappen, sogar das N-Wort.

Ich weiß, dass es nur ein Liedtext ist. Ich weiß, dass sie nicht mich mit diesem Wort ansprechen, aber jedes Mal, wenn ich es im Refrain höre, zucke ich zusammen. Und ich kann nichts dagegen tun. Ich sollte mich nicht getroffen fühlen, ich habe kein Recht dazu, mich getroffen zu fühlen.

Aber mein Blut gerät in Wallung, weil es doch so ist. Und mir bricht der Schweiß aus, weil ich außerdem Angst habe.

Hinter dem Pulk der Zuschauer tanzen zwei Mädchen, als ob sie mutterseelenallein wären. Eine von ihnen hat blonde Haare und trägt eine limettengrüne Baseballkappe. Die andere hat braune Locken mit blonden Strähnchen. Sie sehen aus wie Destany und Gia. Aber sie sind es ganz bestimmt nicht. Sie würden nie so tanzen.

Doch allein ihr Anblick kränkt mich erneut: Ich weiß, dass ihnen das N-Wort leicht über die Lippen kommt, genau wie allen anderen hier im Saal.

Carter beugt sich zu mir: »Geht's dir gut?«

Ich habe fast vergessen, dass er hinter mir steht. Ich betaste meine eigenen Hände, fahre mit dem linken Daumen über den rechten, drehe mich zu ihm um. Als er mein Gesicht sieht, wird er ernst. »Es ist alles in Ordnung«, versichert er mir.

»Ich habe Angst«, flüstere ich. Er kann mich unmöglich hören. Ich glaube, er hat meine Lippen gelesen.

»Du musst keine Angst haben. Dir passiert nichts.«

»Was ist los?«, fragt Auden hinter uns.

»Setzen wir uns irgendwohin!«, schreit Carter ihm zu. Er greift nach meiner Hand, ohne hinzusehen, als ob seine Hand wüsste, wo meine zu finden ist, und geht mit mir zu den Sitzgruppen am Rand des Saals. Er drückt mich auf eine niedrige, feste Couch mit einem violetten Bezug. Dieser Bereich ist fast menschenleer. Niemand außer uns ist so verrückt und kauft Tickets, um sich dann nicht die Show anzusehen.

Carter setzt sich neben mich, Auden auf meine andere Seite. »Was ist denn passiert?«, schreit er.

Über meinen Kopf hinweg sagt Carter: »Ist dir aufgefallen, dass die meisten Leute hier aussehen wie du und nicht wie wir?«

Ich schließe die Augen, weil es sich so gut anfühlt, ihn »wir« sagen zu hören. Es ist schön zu wissen, dass ich nicht allein bin, so schön, dass ich am liebsten geweint hätte. Wenn ich nur bei der Party am letzten Wochenende nicht allein gewesen wäre, wäre heute vielleicht alles anders.

»Hast du die Texte gehört? Die alle mitsingen?«

Endlich versteht Auden. »Oh.«

Carter nickt. Sein Kiefer ist angespannt, als sein Blick wieder zur Bühne wandert. »Deswegen wollte ich nicht herkommen. Die beschissene Musik ist nicht der einzige Grund.«

Seine Augen suchen meine, sein Gesicht wird weich. »Es ist alles in Ordnung«, versichert er mir erneut. »Ich hole dir etwas Wasser.«

»Kein Wasser. Bier. Dos Equis.«

Er kämpft mit einem Lächeln und das Lächeln gewinnt.

»Ich auch«, lallt Auden hinter mir.

»Ihr habt sie ja nicht mehr alle, wenn ihr denkt, dass ich euch noch mehr Alkohol gebe. Ihr kriegt Wasser.«

»Spaßbremse!«, ruft Auden ihm nach. Dann dreht er sich zu mir. »Weißt du, Quinn, ich kapier einfach nicht, warum Weiße darauf bestehen, dieses Wort sagen zu dürfen. Was soll daran so reizvoll sein?« Er starrt an die Wand uns gegenüber, auf die leeren Sitzecken und die funzeligen Leuchten.

»Mir geht es genauso.«

»Ich weiß aus Erfahrung, dass es Orte gibt, wo dieses Wort immer noch mit Hass in Verbindung steht.«

Ich runzle die Stirn. »Was meinst du, du weißt das aus Erfahrung?«

»Meine Eltern stammen aus einem Kaff im Osten von Texas. Hinterste Provinz.« Er mustert die Hände in seinem Schoß. »Wenn wir dort zu Besuch sind, muss ich den Rassismus meiner Familie ertragen.« Er schaut wieder hoch. »Besonders schlimm war es mit Obama als Präsident.«

Ich ziehe die Augenbrauen hoch. »Das kann ich mir vorstellen.«

»Ich finde es absurd, dass Weiße immer noch denken, sie könnten dieses Wort ›freundlich‹ meinen, obwohl sie ganz genau wissen, dass viele da draußen es immer noch als Hate Speech benutzen. Es ist nicht in Ordnung, dass Schwarze Menschen jedes Mal, wenn sie das Wort hören, erst herausfinden müssen, ob es beleidigend gemeint ist oder nicht.«

Ich schaue Auden an und hätte beinahe angefangen zu weinen. »Wow, Auden.«

»Was denn?« Verwirrt schaut er mich an.

»Danke.« Ich habe mich noch nie von einem weißen Freund so wahrgenommen gefühlt. Ich würde ihm gerne etwas schenken. Ich würde ihn gerne umarmen. Verdammt noch mal, ich würde am liebsten zur Bühne rennen, Olivia von diesem Kendrick wegzerren und ihr ins Gesicht schreien, was für ein toller Typ Auden ist und dass sie sich glücklich schätzen könnte, ihn zum Freund zu haben.

Carter kommt mit zwei Dos Equis zurück. Sein Anblick muntert mich noch mehr auf. »Danke, danke, danke!«, jubeln Auden und ich im Chor und nehmen unsere Biere entgegen.

»Ihr werdet euch morgen so dermaßen mies fühlen«, sagt er und schaut uns beim Trinken zu. »Denkt dran, wir müssen morgen unseren zweiten JFK-Film gucken.«

Ich drehe mich zu ihm. »Ach ja.«

»Aber nicht wieder bei mir«, sagt Auden und deutet mit der Bierflasche auf uns. »Carter, diesmal bist du dran.«

Plötzlich wirkt er verlegen. »Ähm … ich habe nichts, womit man eine DVD abspielen könnte.«

»Ach richtig, das hast du ja erzählt«, sagt Auden. »Na, dann müssen wir halt wieder zu Quinn.«

»Das geht schon in Ordnung«, nuschel ich und trinke noch einen Schluck Bier. Die Worte des Refrains schieben sich plötzlich ineinander. Irgendwie … vermischt sich alles.

Ich starre auf das leere Sofa vor uns und in meinem Kopf entsteht eine merkwürdige Schwere, bis Carter sagt: »Können wir nicht doch zu dir gehen, Auden? Ich fand deine Mom richtig süß.«

»Stimmt was nicht bei mir zu Hause?«, fahre ich auf.

Seine Lippen werden schmal. »Abgesehen davon, dass dein Dad mich für einen Kriminellen hält?«

Ich klappe den Mund zu. Ich kann nicht mit ihm streiten, nicht, nachdem er mich eben noch getröstet hat. Und ich kann ihm seine Gefühle nicht absprechen. »Du bist bei mir zu Hause willkommen«, sage ich und wende den Blick ab. »Nachdem du weg warst, haben sich meine Eltern deswegen gestritten. Ich weiß, dass mein Dad sich für seine Reaktion schämt.«

»*Ich* weiß das nicht. Angst ist gefährlich. Angst kann Schwarze Menschen töten.«

»Glaubst du, mein Dad würde dich umbringen?«, frage ich und schaue ihm ins Gesicht.

»Wenn dein Dad an jenem Tag eine Waffe bei sich gehabt hätte, wäre ich wahrscheinlich jetzt tot.«

Es tut weh, dass er in meinem Haus um sein Leben fürchtet. Dass ein Junge, dessen Haut so dunkel ist wie meine, sich in Gegenwart meines Vaters nicht sicher fühlt. »Ehrlich, ich glaube nicht, dass mein Dad morgen zu Hause ist. Er ist samstags meistens nicht da.«

Carter mustert mich skeptisch.

»Und ich passe auf dich auf. Versprochen.«

Er lächelt. Seine Augen fangen an zu funkeln. Dann lacht er. »Du passt auf mich auf?«

Ich nicke. »Ich bin dein Bodyguard. Wenn du auf Toilette musst, stelle ich mich vor die Tür und warte auf dich. Ich werde dich überallhin eskortieren.«

Er wirft den Kopf in den Nacken und lacht aus vollem Hals. Dann fängt er meinen Blick ein. Ich versinke in den Grübchen auf seinen Wangen. »Alles klar. Abgemacht.«

Er streckt die Hand aus und ich muss an unsere erste Abmachung denken, gestern in Mr Greens Klasse. Ich dachte, er wäre der Böse, aber allmählich fange ich an, ihm zu glauben. Er kann unmöglich mein Erpresser sein. Er ist viel zu weich …

Zum Beispiel sein Handballen.

Ich lege meine Hand in seine und er schüttelt sie einmal. Er lächelt und plötzlich fallen mir Olivias Worte ein, dass ich eine Möglichkeit finden muss, wie ich ihn dazu bringe, mich zu küssen. Ich beuge mich vor. Und ich glaube, er hätte sich auch vorgebeugt. Sicher bin ich mir nicht – denn in dem Moment klatscht Audens Kopf in meinen Schoß, seine leere Bierflasche klappert zu Boden und rollt unter das Sofa.

Carter macht erschrocken einen Satz rückwärts.

»Wir müssen gehen«, sagt Carter und starrt Audens Kopf in meinem Schoß an.

»Was ist mit Olivia?«

»Sie hat mir vor einer Weile eine Nachricht geschickt. Sie übernachtet bei Kendrick.« Carter steht auf und sieht zu mir hinunter. »Meinst du, du kannst hierbleiben, ohne dass jemand dich klaut?«

Ich schaue ihn mit weit aufgerissenen Augen an.

»Ich muss Olivias Wagen holen. Pass auf Auden auf. Und pass auf, dass er dich nicht vollkotzt.«

Meine Augen werden noch größer.

»Wird schon gut gehen. Ich bin gleich wieder da, ich schwör's.« Dann verschwindet er.

Ich betrachte Audens gerötete Wangen und seinen offenen Mund. Er stöhnt und kneift die Augen zusammen. Ich nehme seine schweißnasse Hand. »Alles wird gut. Wir sind gleich hier raus.«

»Quinn, warum hat Olivia mich für diesen anderen Kerl stehen lassen?«, fragt er schleppend, macht die Augen auf und dreht langsam den Kopf zu mir hin.

»Sie hatte mal was mit diesem Kerl. Manchmal gibt es keinen anderen Grund für so etwas.«

»Meinst du, es ist, weil ich weiß bin? Vielleicht mag sie keine weißen Jungs.«

»Sie ist selbst zur Hälfte weiß.«

»Das heißt nicht, dass sie weiße Jungs mag.«

»Sie *mag* dich, Auden.«

»Woher willst du das wissen?«

»Bevor Kendrick kam, hatte sie nur Augen für dich.«

Er wackelt mit dem Kopf. »Das stimmt.« Er legt den Kopf wieder ab und schließt die Augen. Ich halte seine Hand, bis Carter zurückkommt.

»Der Wagen steht draußen«, sagt er leicht atemlos. Er nimmt meine Hand und zieht mich vom Sofa hoch.

»Was ist mit Auden?«

»Ich hole ihn gleich. Der geht sowieso nirgends hin.«

Als wir nach draußen kommen, schlägt mir die Nachtluft ins Gesicht. Mit einem Mal bekomme ich überall Gänsehaut. »Carter, mir geht's nicht gut.« Ich schließe die Augen.

Er schlingt seinen Arm um meine Hüfte und zieht mich mit sich. »Ich weiß. Du brauchst etwas Wasser.«

»Will kein Wasser. Will mich hinlegen.«

»Du kannst dich gleich hinlegen. Erst müssen wir zum Wagen.«

»Ich weiß nicht, ob ich das schaffe.«

»Er steht gleich da vorn.«

»Mir tun die Füße weh.«

Er seufzt.

»Ich hasse diese Boots. Wie kriegen das die anderen Mädchen mit ihren High Heels hin?« Ich lehne meinen Kopf gegen seinen Arm.

»Das weiß ich nicht«, murmelt er und versucht, meinen Körper aufrecht zu halten.

»Sehe ich in dem Kleid nuttig aus?«

Er betrachtet mich leicht belustigt. »Nein.«

»Findest du, ich sehe sexy aus?«

Am Wagen angekommen öffnet er die Beifahrertür, ohne meine Frage zu beantworten.

»Carter«, sage ich mit einem Kleinmädchenjammern und ziehe die letzte Silbe seines Namens in die Länge. Dann bleibe ich mitten auf dem Gehweg stehen, ziehe einen Schmollmund und schaue ihm in die Augen.

»Was ist, Quinn?«

Ich schlinge meine Arme um seinen Hals und stelle mich auf die Zehenspitzen, um seinem Mund ganz nah zu kommen. »Findest du mich sexy?«

Carter schaut zu mir hinunter. Er hält mich mit den Fingerspitzen an den Hüften, als ob er sich in seiner gegenwärtigen Lage nicht wohlfühlen würde, mich aber nicht von sich stoßen will. »Quinn, du warst schon immer wunderschön. Das weißt du.«

Ich beiße mir auf die Lippe und lege den Kopf schräg. Denkt er schon immer so über mich? Hat Olivia recht? Ist Carter in mich verknallt? Gerade, als ich ihn fragen will, fängt plötzlich die Welt an, sich zu drehen. Mein Kopf fühlt sich an, als wäre er aus Luft gemacht. Ich mache die Augen fest zu und fühle, wie mir die Galle hochkommt.

Carter merkt glücklicherweise, was los ist, und kann noch rechtzeitig zur Seite springen. Kotze spritzt auf den Asphalt – und auf die Boots, die mir Olivia geliehen hat.

»Tut mir leid, Olivias Mom«, wimmere ich.

Carter streicht mir die Haare aus dem Gesicht. Ich bin völlig leer.

Ich glaube, er bugsiert mich in den Wagen, aber ich erinnere mich nicht daran, mich hingesetzt oder den Sicherheitsgurt angelegt zu haben. Auch an die Fahrt erinnere ich mich nicht. Die Dunkelheit fühlt sich gut an und ich lasse mich einfach fallen.

GRÜNDE, WARUM ICH GENAU DA BIN, WO ICH HINGEHÖRE

1. Ich glaube, ich wäre nicht hier, wenn ein Teil von mir nicht hier sein **wollte**. Wo auch immer »hier« ist.
2. Wenn es ein Fehler ist, »hier« zu sein, dann lerne ich vermutlich daraus. Irgendwas, das ich lernen muss.
3. Meine Komfortzone sollte sich nicht auf geschlossene Türen und gläserne Dächer beschränken. Davon gibt es genug in der Welt.

16

Warum es so schlimm ist, ein Mensch zu sein

Ehe mir mein Körper erlaubt, die Augen zu öffnen, zwingt er mich zu fühlen – und zwar alles. In meinem Kopf hämmert es, meine Kehle ist ausgedörrt, mein Magen verkrampft. Plötzlich weiß ich nicht genau, ob ich meine Augen überhaupt aufkriege.

Die Ereignisse der letzten Nacht strömen wieder auf mich ein. Jede Sekunde, an die ich mich erinnere, ist schlimmer als die zuvor: wie ich mitten im Club hingefallen bin, wie ich mich Carter an den Hals geworfen habe und er mich weggeschoben hat. Wie ich ihn beinahe vollgekotzt habe. Ist das alles wirklich passiert?

Als ich endlich die Augen aufschlage, erschrecke ich fast zu Tode. Ein kleines Mädchen mit geflochtenen Zöpfen, die seitlich vom Kopf abstehen, kniet neben meinem Bett und starrt in meinen Mund. »Du bist hübsch«, sagt sie.

Das ist wirklich das Letzte, womit ich gerechnet habe, und ein kurzes, abgehacktes Aufkreischen entfährt mir. Ich schlage die Hand vor den Mund und sie stolpert rückwärts.

Die Tür geht auf. Aus dem Flur fällt Licht ins Zimmer. »Imani!«, ruft Carter. Das kleine Mädchen steht stramm, die Hände hinter dem Rücken verschränkt. »Ich habe dir doch gesagt, du sollst nicht reingehen.«

»Ich wollte doch nur …«

Er öffnet die Tür ein Stück weiter. »Geh essen.«

Sie runzelt die Stirn und rennt aus dem Zimmer.

Sprachlos liege ich unter *seiner* Bettdecke, in *seinem* Bett (Größe: französisches Doppelbett) und ich habe keine Ahnung, wie ich hierhergekommen bin. Carter betrachtet mich, während er sich die Hände an einem Geschirrtuch abtrocknet. Sein Oberkörper ist nackt; er trägt nur schwarze Baseballshorts. Da ist er wieder – der alte Carter. »Das gilt auch für dich. Komm, iss was.«

Die Tür schwingt hinter ihm zu.

Als ich mich aufsetze, sehe ich an mir herunter. Ich trage noch das Kleid von gestern Abend. Meine Hände fahren zu meiner zerdrückten Frisur. Verdammt noch mal, ich habe mir den Kopf gestern Abend nicht eingewickelt. Und ich will mir nicht einmal vorstellen, wie mein Gesicht aussieht.

Ich schwinge die Beine über die Bettkante und stehe zu schnell auf. Mein Kopf fährt Karussell und mein Magen schlägt einen Purzelbaum. Ich halte mich an der Matratze fest, bis sich alles wieder beruhigt. Alles bis auf meinen Magen.

Als ich die Tür öffne, muss ich die Augen zukneifen, weil das Licht im Flur so hell ist. Ich höre Besteck auf Porzellan klappern und den leise gestellten Ton des Kinderfernsehens. Dann schlurfe ich in die Küche, wo Carter in einem Topf mit Porridge rührt, der auf einem altmodischen Gasherd steht.

»Hol dir eine Schale«, sagt er und weist mit einer Kopfbewegung zu einem offenen Hängeschrank mit blauem Plastikgeschirr.

»Ich kann nicht mal ans Essen denken«, krächze ich.

»Danach wirst du dich besser fühlen.«

Vorsichtig blicke ich mich um. »Sind deine … ähm, sind deine Eltern zu Hause?«

Ohne von dem Topf aufzublicken, sagt er: »Nein.«

»Wie spät ist es?«

»Ungefähr acht, glaube ich.« Carter holt sein Handy aus der Hosentasche. »Halb neun.«

»Ich muss meine Sachen bei Olivia abholen. Wo ist sie?«

Carter legt den Löffel ab und dreht sich zu mir um. »Hab ich schon erledigt.« Er deutet in Richtung Wohnzimmer.

Ich schlurfe durch die Tür. Auf dem Boden vor einem verschlissenen braunen Sofa steht mein Rucksack, mein Handy liegt obenauf. Als ich Auden entdecke, bleibe ich stehen. Er liegt auf dem Sofa, den Mülleimer neben seinem Kopf. Carters kleine Schwester sitzt vor einem winzigen Fernsehapparat in der Ecke und schaut sich einen nicht identifizierbaren Zeichentrickfilm an, während sie eine Schüssel Porridge verputzt, als ob das alles das Normalste der Welt wäre.

Ich nehme meinen Rucksack und schlurfe wieder in die Küche. Meinem Magen geht es schlechter. Ich lehne mich gegen den Türrahmen und schließe die Augen.

»Alles klar?«

»Ich muss los. Meine Eltern …« Ich schlucke schwer.

»Bleibt's dabei, dass wir uns nachher bei dir treffen und die DVD ansehen?«

Ich reiße die Augen auf und stöhne. »Das habe ich ganz vergessen.«

»Ich hab's dir und Auden ja gesagt. Ihr habt es etwas übertrieben.«

»*Ziemlich* übertrieben, würde ich sagen.«

Carter zuckt mit den Schultern.

»Wenn du willst, kann ich dich fahren?«

»Fahren? Du meinen Wagen fahren? Machst du Witze? Nie im Leben.« Ich lache leicht und schüttele den Kopf, leider ein bisschen zu schnell.

Er sieht es mir an. »Der Mülleimer steht da drüben!«

Ich muss würgen und halte mich an den Seiten des Mülleimers fest, die Augen geschlossen. *Kotzen* steht auf meiner Liste der Dinge, die ich am Menschsein richtig schlimm finde. Jetzt setze ich noch *einen Kater haben* dazu. Alles brennt, meine Nasenlöcher, meine Kehle, meine Augen, während ich unentwegt in den Abfalleimer spucke.

»Wie ich schon sagte«, lacht Carter, »ich kann dich fahren.«

Ich werfe einen Blick über meine zitternde Schulter. »Ja bitte.«

Carter zeigt mir das Badezimmer, wo ich mich umziehe und versuche, mir einigermaßen die Haare zu richten. Während ich mir die Zähne putze, betrachte ich mein Gesicht. Mascara bröckelt in den Falten um meine Augen. Ich sehe schrecklich aus. Ich fühle mich noch schrecklicher.

Als ich herauskomme, kramt Carter durch seinen Kleiderschrank. »Nur noch 'ne Sekunde. Ich brauche ein Hemd.«

Ich betrachte seine Rückenmuskeln, die Linie seines Rückgrats, ein Graben, in den ich mich hineinfallen lassen will, und ich haue mir innerlich auf die Finger. *Lass das bleiben.*

»Kannst du Auden wecken?«, fragt er und sieht mich an.

Ich reiße erschrocken die Augen auf, weil er mich erwischt hat, wie ich ihn anstarre. Dann drehe ich mich um. »Klar.«

Imani sitzt immer noch vor dem Fernseher, als ich mich vorsichtig neben Audens Füßen auf dem Sofa niederlasse. Ich tippe ihm auf den Knöchel und nenne seinen Namen. Er rührt sich nicht. Ich drücke seinen Knöchel und schüttele sein Bein. Immer noch nichts.

Dann fällt mein Blick auf die Fotos von Carter, die auf den Beistelltischen stehen. Ich vergesse Auden. Mein Gott, diese Augen. Ich starre auf ein Bild von ihm, auf dem er ungefähr zwölf ist. Er hält ein Baby im Arm, seine kleine Schwester. Sie starrt fragend zu ihm hoch, aber er lacht in die Kamera.

In der Werbepause kommt Imani mit neugierigen Blicken zu mir und legt mir die Hand auf die Knie. Ihre Wimpern sind so lang wie die ihres Bruders. »Wie heißt du?«

»Quinn«, sage ich.

»Bist du Carters Freundin?«

Lächelnd schüttele ich den Kopf.

»Aber Carter lässt nur seine Freundinnen in seinem Zimmer schlafen.«

»Imani, was erzählst du ihr da?« Carter kommt mit einem T-Shirt in der Hand ins Wohnzimmer. Ich versuche, nicht hinzusehen, als er es überstreift.

»Oh.« Sie ist überrascht, dass er gelauscht hat. »Ich habe ihr gesagt, dass nur deine Freundinnen in deinem Zimmer schlafen. Livvy macht das nie.«

»Wie viele Freundinnen?«, frage ich.

Imani grinst. »Viele. Ungefähr siebenhundert. Aber du bist die hübscheste.«

Ich frage mich, ob sie das allen Mädchen sagt.

»Imani«, sagt Carter. »Das sollte doch unter uns bleiben.«

Sie dreht sich zu ihm um und schenkt ihm einen Dackelblick. »Nein. Du hast bloß gesagt, ich soll Mommy nichts sagen, wenn Mädchen hier übernachten, und Mommy sage ich es ja nicht. Ich sage es …« Sie macht ein nachdenkliches Gesicht und fragt mich dann: »Wie heißt du noch mal?«

»Quinn.«

Sie dreht sich zu Carter um. »Queen.«

Ich mache den Mund auf, um sie zu verbessern, besinne mich dann aber eines Besseren. Queen Jackson. Definitiv ein Upgrade.

Carter bemerkt meine Selbstzufriedenheit und schnaubt. Dann nickt er Imani zu. »Du hast recht. Das habe ich gesagt. Aber wie wäre es, wenn wir mit *niemandem* darüber reden? Okay?«

Sie zuckt mit den Schultern und verliert jedes Interesse an dem Gespräch, als die Werbung vorbei ist und ihre Zeichentrickserie weitergeht.

»Gut gemacht, Carter. Verpflichte deine kleine Schwester zum Stillschweigen über deine siebenhundert Freundinnen«, sage ich und stehe mit dem Rucksack in der Hand auf. »Gut zu wissen, dass ich in einer Pfütze von Gott weiß was geschlafen habe.«

»Wie wär's mit ein bisschen mehr Dankbarkeit? Ich hätte dich auch auf der Couch schlafen lassen können.« Er schnappt sich seinen Schlüssel von dem Tisch neben der Tür und stopft ihn in seine Hosentasche. »Apropos: Ich dachte, du wolltest Auden aufwecken.« Er geht zum Sofa und reißt Auden die Decke vom Körper, rüttelt ihn an der Schulter und versetzt ihm einen Klaps auf die Wange. Ein bisschen fester als nötig. Auden öffnet die Augen und setzt sich auf.

Carter ist offensichtlich sehr gut darin, die Anzeichen für hervorsprudelnde Übelkeit zu erkennen, denn er drückt Auden den Mülleimer in die Hand. Auden kotzt sich umgehend die Seele aus dem Leib.

»Eklig«, sage ich und wende mich ab.

Carter schnaubt. »Du musst gerade was sagen.« Als Auden fertig ist, nimmt Carter ihm den Eimer ab. Aus irgendeinem Grund ist er überhaupt nicht zimperlich. Ich dagegen habe Angst, dass ich mich gleich noch einmal übergeben muss.

Während Carter in der Küche die Müllsäcke zusammenbindet, sitzt Auden auf der Sofakante und hält sich den Kopf. »Kann ich nicht einfach hierbleiben?«

»Wir müssen wegen dieses Films zu Quinn«, ruft Carter aus der Küche.

»Das wird schon gehen«, sage ich. »Wir gucken ihn einfach bei uns im Familienzimmer. Da steht eine echt weiche Couch und wir haben auch ein Popcorngerät.« Ich stehe an der Tür – so weit weg von der Kotze wie möglich.

Carter kommt mit einem großen schwarzen Müllsack aus der Küche. Ich verziehe das Gesicht und versuche, den Atem anzuhalten. Es ist mir egal, dass die Hälfte von dem Zeug da drin von mir stammt. Ich kann den Geruch einfach nicht ertragen.

»Imani, los jetzt. Du gehst zu Momma Sandy.«

Sie keucht auf und springt mit in die Hüften gestemmten Fäusten auf. »Nein! Ich will mitkommen! Bitte!«

»Wir machen bloß Hausaufgaben.« Sie runzelt die Stirn, als er seine Schuhe anzieht. »Bleib lieber hier.«

Imani brummelt vor sich hin, schaltet den Fernseher aus und folgt ihrem Bruder zur Tür. Er hilft ihr, ein Paar Leuchtsneaker anzuziehen. Dann kniet er sich hin und nimmt seine kleine Schwester huckepack – und ich versuche mit aller Macht, die Anziehungskraft, die er auf mich ausübt, auszublenden. Warum ist er nur so verdammt hinreißend?

Ich folge ihnen zur Wohnungstür hinaus und blinzle in die Morgensonne. Auden schlurft hinter mir her. Unten an der Betontreppe bittet uns Carter zu warten. Dann rennt er los, während Imani auf seinem Rücken quietscht, lacht und auf- und abhopst. Ich muss auch lachen. Ich kann nicht anders.

Er wirft den Müllsack in den Container auf der anderen Seite des Parkplatzes und kommt dann wieder zurück zu uns. Er atmet schwer, genau wie Imani, die ihren Kopf an seine Schulter legt.

»Noch mal«, sagt sie.

Er lächelt. »Gleich.«

Wir gehen zu dem Gebäudekomplex, in dem Olivia wohnt. Der Verkehr rauscht an uns vorbei. Mein Blick bleibt an einem von Carters Ellbogen hängen, die nach hinten ragen, weil er Imanis Beine festhält. Ich muss daran denken, wie ich ihn letzte Nacht beinahe geküsst hätte und dass ich es immer noch will. Ernsthaft. Ich muss wohl noch Alkohol im Blut haben.

Vor Olivias Haustür steuern wir auf die Treppe zu, aber Auden lässt sich zurückfallen. »Hey, kann ich im Wagen warten?«

»Livvy ist nicht hier, Mann«, sagt Carter.

»Trotzdem.« Er lässt den Kopf hängen. »Ich will mich hinlegen.«

Ich hole die Autoschlüssel aus meiner Jackentasche und öffne den Mercedes, der sicher und behütet hinten auf dem Parkplatz steht. »Kotz mir bitte nicht auf den Rücksitz.« Auden steigt ein und ich folge Carter die Treppe hoch. »Er geht Olivia aus dem Weg?«, frage ich.

»Würde ich auch, wenn ich an seiner Stelle wäre. Kendrick hat sie ihm ja buchstäblich aus den Armen gerissen.« Er klopft an die Wohnungstür, während Imani ihren Kopf an seine Schulter legt.

Olivias Mom öffnet. »Hey, Carter.« Sie grinst schläfrig. »Imani.« Dann schaut sie mich an. »Und deinen Namen habe ich vergessen, Liebes.«

»Quinn.«

»Quinn«, wiederholt sie leicht atemlos.

»Guten Morgen, Momma. Macht es dir etwas aus, eine Weile auf Imani aufzupassen? Wir müssen an einem Schulprojekt arbeiten.«

Olivias Mom legt den Kopf schräg und schaut erst mich an und dann Carter. »Ein Schulprojekt, aha.«

»Ja, Ma'am.«

»Junge, mich musst du nicht anlügen. Komm rein, Imani.«

»Ich schwöre, ich lüge nicht. Wir müssen ein Projekt für Geschichte fertig machen.«

»Wie du willst«, sagt sie, »aber ich bin ja nicht von gestern.«

Ich schaue Carter an, der die Augen verdreht und den Kopf schüttelt. Er hebt Imani von seinen Schultern und stellt sie auf die Füße. Sie zieht einen Schmollmund und blickt zu ihm hoch.

»Ich bin bald wieder da«, sagt er und streicht ihr über den Kopf.

Sie verzieht den Mund und stampft in die Wohnung, wobei ihre Schuhe bei jedem Schritt aufleuchten.

»Danke, Momma.«

Olivias Mom nickt und entlässt uns mit einer Handbewegung.

»Ich mag sie«, sage ich und gehe mit Carter wieder die Treppe zum Parkplatz hinunter.

»Momma Sandy? Ja, sie ist toll.«

»Nein, ich meine Imani.«

Er dreht sich mit einem strahlenden Lächeln zu mir um. »Oh, ja? Das freut mich.«

Als wir zum Mercedes kommen, hat sich Auden mit geschlossenen Augen auf dem Rücksitz zusammengerollt. Carter startet den Wagen und fährt breit grinsend mit beiden Händen über das Lenkrad.

»Sei supervorsichtig, klar?«

»Ich weiß, wie *du* dieses Baby fährst. Ich kann das viel besser, versprochen.«

Ich verdrehe die Augen, klappe dann die Lider zu und lehne meinen Kopf nach hinten.

Während Carter fährt und ich mit geschlossenen Augen und hämmerndem Schädel neben ihm sitze, lasse ich die vergangene

Nacht noch einmal Revue passieren, besonders den Blick, mit dem Carter mich angesehen hat. Er konnte seine Augen nicht von mir abwenden, genau wie Olivia gesagt hat. Vor meinem inneren Auge sehe ich wieder, wie er mich gegen die Hauswand drückte, als die Gruppen fröhlicher Menschen an uns vorbeigingen. Wie er vergaß, was er sagen wollte. Wie wir beide es vergaßen.

»Erinnerst du dich an letzte Nacht?«, fragt Carter, der offenbar Gedanken lesen kann.

»Nur noch, bis ich mich übergeben habe. Danach an nichts mehr.«

»Du warst völlig weggetreten. Ich habe zwanzig Minuten gebraucht, um dich die Treppe zu meiner Wohnung hochzubekommen.«

Schlagartig öffne ich die Augen. »Wie bitte? Wieso denn? Was habe ich gemacht?«

Er wirft mir einen grinsenden Seitenblick zu. »Na ja, du warst echt wild. Du hast mich angefleht, mit dir zu schlafen.«

Mein Mund klappt auf. *»Neiiiin.«* Oh, was für ein Horror!

Er wirft den Kopf in den Nacken und lacht. »Das war nur ein Witz, Jackson.«

»Mach so was nicht.« Ich runzle die Stirn und deute drohend mit dem Finger auf ihn. »Das ist nicht lustig.« Denn im Grunde genommen klingt das total nach mir.

»Aber wild warst du schon. Du hast mich angebaggert und mich gefragt, ob ich dich sexy finde. Dann hast du versucht, mich zu küssen, und …«

»Ja, okay, reden wir nicht mehr davon.«

Er schweigt, aber ich kann das Grinsen, das er sich verkneifen muss, förmlich spüren. »Ich hatte keine Ahnung, dass du so auf mich stehst.«

»Klappe.« Ich funkele ihn böse an. »Ich war betrunken.«

Er neigt den Kopf ganz leicht, jetzt bricht das Grinsen aus ihm heraus.

»Alles, was zählt, ist, dass ich den Erpresser bei der Stange halte.« Ich hole mein Handy heraus und sehe nach, ob ich irgendwelche Nachrichten habe. Nein, nichts.

»Nein, was zählt, ist, dass es Spaß gemacht hat.« Er schaut mich fragend an.

Ich nicke und schaue wieder geradeaus auf die Straße. »Es hat Spaß gemacht.« Dann mache ich wieder die Augen zu und lehne meinen Kopf nach hinten. »Aber weißt du, was das Schlimmste an einem Kater ist?«

»Was denn?«

Ich schaue ihn an. »Ich habe Heißhunger auf gegrilltes Hähnchen.«

»Ja! Können wir bei Popeyes anhalten?«, ruft Auden von hinten und setzt sich kerzengerade auf. Überrascht werfe ich einen Blick zu ihm hin. Ich hätte schwören können, dass er schläft.

Carter lacht. »Ich glaube nicht, dass es in der Nähe von Quinns Haus ein Popeyes gibt.«

»Nein, das stimmt. Aber was ist mit Jason's Deli? Ich könnte etwas Suppe holen.«

Auden stöhnt und legt sich wieder hin. »Na schön.«

WARUM ES SO SCHLIMM IST, EIN MENSCH ZU SEIN

1. Weil wir einander beim Sterben zusehen müssen
2. Durchfall
3. Verstopfung
4. Erbrechen
5. Weil unsere Psyche auf Vorurteile ausgerichtet ist

6. Weil wir leider keinen An- und Ausschalter für unsere Gefühle haben
7. Weil wir unserer DNA ausgeliefert sind
8. Der Morgen nach einer Nacht voller Alkoholexzesse
9. Weil wir uns nicht aussuchen können, in wen wir uns verlieben

Als wir zu mir nach Hause kommen, steht der Wagen meines Dads in der Einfahrt. Ich versichere Carter, dass ich ihn beschützen werde, aber er lacht nicht. Er wirkt nervös.

Wir steigen aus und gehen zur Haustür – ich, Auden und Carter. Ich ziehe meine Sneaker aus. Die Jungs tun es mir nach. Dann schleichen wir uns durch die Eingangshalle. Ich schaue ins Wohnzimmer und dann in die Küche. »Die Luft ist rein«, sage ich.

Ich gehe ihnen voraus die Treppe hoch in unser Familienzimmer, wo sie sich aufs Sofa setzen. »Wasser?«, frage ich.

»Ja bitte«, antwortet Auden. Carter nickt.

Als ich wieder nach unten komme, sehe ich Dad in der Küche stehen und sein Poloshirt in den Hosenbund schieben. Mein Magen sackt noch ein Stück weiter nach unten.

Er hört mich und dreht sich um. »Oh, gut, du bist da. Wir beide fahren heute zu Hattie.«

Sprachlos starre ich ihn an. Er sagt es so, als hätte ich keine Wahl. Und in seiner Stimme liegt keinerlei Nachsicht oder Geduld.

»Nein, ich muss heute an meinem Projekt arbeiten.«

»Quinn.« Mit wütender Miene bleibt er vor mir stehen. »Wie kannst du seelenruhig hier rumsitzen, wenn es deiner Großmutter schlecht geht?«

»Ich kann nicht zu ihr, wenn sie … so ist.« Tränen steigen mir in die Augen. Ich kann gerade nicht darüber reden. Ich brauche mehr Schlaf. Etwas zu essen. Zeit.

»Du wirst jede Sekunde bereuen, die du nicht mit ihr verbringst.« Er packt mich am Handgelenk. »Ich werde nicht zulassen, dass du dir das antust. Und ihr auch nicht. Komm schon.«

Er zieht mich mit sich.

»Dad.«

Er zerrt mich in Richtung Eingangshalle.

»Dad.«

Ich weigere mich, Hattie in diesem schrecklichen Altenheim zu besuchen. Diese Hattie, die nicht allein laufen kann, die sich vermutlich nicht einmal an meinen Namen erinnert, geschweige denn an mein Gesicht. Diese falsche Hattie.

»Dad, stopp! Ich kann nicht!« Ich spucke Tränen aus und stemme mich gegen seinen Griff. Wenn er mich ins Auto stößt, springe ich bei der ersten sich bietenden Gelegenheit hinaus.

»Desmond, du kannst sie nicht zwingen, wenn sie noch nicht bereit ist!«, schreit meine Mom, die oben an der Treppe steht.

Er hört auf, an mir zu ziehen, aber meinen Arm lässt er nicht los. »Genau das ist dein Problem, Quinn.« Er wendet sich mir zu. Tränen stehen in seinen Augen, die das Feuer darin aber nicht auslöschen können. »Du sitzt hier und wartest darauf, dass du ›bereit‹ bist. Du wirst nie für irgendetwas bereit sein! Du kannst dich nicht für eine Wohnung entscheiden. Du kannst dich nicht für ein Hauptfach entscheiden. Du kriegst nicht einmal deinen Hintern hoch, um deine sterbende Großmutter zu besuchen. Sie stirbt, Quinn! Und du sitzt hier, als würde sie ewig leben.«

Er schleudert mein Handgelenk von sich. »Komm nicht heulend zu mir gerannt, wenn sie nicht mehr da ist und du sie vorher nicht mehr gesehen hast.«

Er hastet in die Eingangshalle und meine Mutter läuft ihm nach.

Ich zittere wie Espenlaub und starre in das leere Wohnzimmer, bis es sich vor meinen Augen zu einem vielfarbigen Schemen verschleiert.

Carter fängt mich in der Küche auf, bevor ich umkippe. Ich habe keine Ahnung, wann er nach unten kam oder wie viel er gehört hat, aber ich bin so dankbar, dass er da ist, und lehne mich einfach gegen ihn.

Mein Atem kommt hektisch zwischen meinen Lippen hervor. Ich keuche in sein schwarzes T-Shirt. Ich weine nicht nur, ich *heule jetzt richtig*. Unkontrollierbar. Ich habe noch nie in Gegenwart eines Fremden so hemmungslos geheult. Ich glaube nicht, dass er mich danach noch als wunderschön bezeichnen wird.

Mom erwischt Dad an der Haustür. »Ich schwöre dir, Desmond, es ist mir völlig egal, worum es hier geht. So kannst du mit ihr nicht reden!«

»Sie wird es für den Rest ihres Lebens bereuen! Und wofür? Weil sie Angst hat mitzuerleben, dass sich Hattie verändert hat?«

»Hattie war immer so stark«, erwidert Mom. »Quinn weiß nicht, wie sie es verkraften soll, dass sie plötzlich anders ist.«

»Das ist keine Entschuldigung. Ich kann nicht danebenstehen und zusehen, wie sie kostbare Zeit verschwendet!« Seine Stimme bricht, als er das Wort »Zeit« ausspricht. Dann schlägt die Haustür mit einem Knall zu.

Alles ist still, bis auf mein Keuchen und mein Schluckauf. Carter zieht meinen Kopf von seinem T-Shirt weg. Er wischt mir die Wangen ab. Ich kann durch meine Tränen kaum etwas sehen, aber ich sehe sein Stirnrunzeln und den erschreckten Ausdruck in seinen Augen.

Meine Mom tritt hinter mich. Carter begegnet ihrem Blick und weicht ein Stück zurück, sodass sie seinen Platz einnehmen kann.

»Carter«, sagt sie, ohne den Blick von mir zu wenden, »geh doch schon vor. Quinn kommt gleich nach.«

Ich sehe Carter über ihre Schulter hinweg nach, während ich mir die Tränen aus den Augen wische. Er geht rückwärts und blickt mich unverwandt an, als ob er mich nicht allein lassen will. Ich will auch nicht, dass er mich verlässt. Ich schaue zu meiner Mom. Sie will über das reden, was gerade passiert ist, aber ich will einfach nur nach oben gehen, meine Brokkoli-Käse-Suppe essen und mit meinen Freunden einen langweiligen Film ansehen.

»Mom, mir geht's gut«, sage ich und blicke ihr in die Augen. Dann wische ich mir mit den Händen über das Gesicht.

»Quinn.« Sie runzelt die Stirn. »Dein Vater hat sich ganz und gar danebenbenommen …«

»Können wir später darüber reden? Im Augenblick will ich nur …« Ich deute auf die Treppe hinter ihr. »Wir müssen an dem Geschichtsprojekt weiterarbeiten.«

Sie überlegt kurz und blickt mir suchend in die Augen. Dann nickt sie. »Okay, Sweetie. Wir reden später.«

Ich gehe an ihr vorbei und hinter Carter die Treppe hoch.

Anspannung liegt in der Luft, aber je weiter wir kommen, desto mehr lockern sich meine verkrampften Schultern und desto weniger habe ich das Bedürfnis, mich für das, was er gerade erlebt hat, zu entschuldigen.

Wir werden wohl keinen perfekten Ort finden, um diesen Film anzusehen. Bei Carter zu Hause gibt es nicht viel – keine Eltern (jedenfalls habe ich noch keine gesehen), nicht einmal einen DVD-Player. Bei Auden erwartet uns eine Mutter, die uns nicht lange genug in Frieden lassen kann, damit wir den Film zu Ende sehen können. Und bei mir streiten sich die Eltern und die Tochter bricht zusammen, sodass wir nicht einmal mit dem Film *anfangen* können.

Aber wir alle wissen, dass kein Zuhause perfekt ist. Und das muss nicht ausgesprochen werden. Ich erkenne es daran, wie Auden auf dem Eckteil des Sofas liegt, die Füße auf den Kissen, als ob er schon tausendmal hier war. Ich erkenne es daran, wie Carter das Essen auf den Tisch stellt und unsere Mahlzeiten austeilt, als wäre das, was gerade geschehen ist, weder neu noch überraschend oder irgendwie nennenswert. Was irgendwie schockierend ist, denn immerhin hat er mich gerade in meinem hässlichsten Zustand gesehen, nachdem ich richtig geheult habe. Ich kann nicht fassen, dass er nicht schreiend aus dem Haus gerannt ist.

»Alles klar, Jackson?«, fragt er und schaut mich an.

Lieber Gott, sein T-Shirt ist vermutlich ganz nass.

»Ich mach mich schnell mal frisch«, sage ich statt einer Antwort, laufe über den Gang in mein Badezimmer, ziehe mir meinen bequemsten Pyjama an, wasche mir das Gesicht, kämme Moisturizer in meine Haare und binde sie dann zusammen.

Jetzt sehe ich besser aus. Nicht toll, aber besser.

Als ich zurückkomme, sind Auden und Carter fast fertig mit Essen. Ich setze mich auf das Sofa, den Rücken gegen eine Armlehne, lege meine Füße hoch und starte den Film.

Wie erwartet ist er langweilig und nach letzter Nacht und der Menge an Essen aus Jason's Deli, die wir verputzt haben, schlafen wir alle innerhalb einer halben Stunde ein.

Der Film ist zu Ende, als ich wieder aufwache. Ich glaube nicht, dass einer von uns eine ganze Seite mit Notizen gemacht hat. Auf dem Bildschirm ist das Disc-Menü zu sehen und die aufdringliche, patriotische Musik ist laut genug, um Audens Schnarchen zu übertönen.

Ich hebe den Kopf. Auden liegt ausgestreckt auf der anderen Hälfte des Sofas, den Kopf nach hinten geneigt, den Mund weit offen. Carter sitzt neben mir. Er hat seinen Kopf auf der Rückenlehne abgelegt, das Gesicht mir zugewandt, die Augen geschlossen.

Meine Beine liegen im rechten Winkel auf seinem Schoß. Ich lege mich wieder hin und starre auf den Bildschirm, während ich seine Wärme und Nähe genieße.

Dann werde ich gierig. Ich drehe mich um, weil ich ihn richtig anschauen will, und meine Knie bohren sich in seinen Bauch. Eine seiner Hände landet auf meinem Oberschenkel, die andere auf meinem Schienbein, aber seine Augen bleiben geschlossen. Ich starre seine üppigen Lippen an, seine Nase mit den breiten Nasenflügeln, die Stellen, wo seine Grübchen sein müssten.

Da schlägt er die Augen auf. Hält meinen Blick fest. Ganz ruhig, ganz still. In unserem Blickwechsel liegt eine unausgesprochene Übereinstimmung. Plötzlich liegen seine Hände schwer auf meiner Haut. Und mir wird heiß. Ich fange an zu schwitzen. Der Stoff meiner Pyjamahose ist viel zu dick und sein Körper strahlt eine enorme Hitze aus.

Ich denke daran, wie oft ich mir vorgestellt habe, ihn zu küssen, und auf welche Arten und Weisen, aber bevor ich den Gedanken zu Ende bringen kann, sagt er in einer tiefen, schläfrigen (sexy) Stimme: »Du schnarchst.«

Unwillkürlich verziehe ich das Gesicht. »Ich glaube, du verwechselst mich mit Auden.«

»Ich weiß, was ich gehört habe.« Er lächelt und kneift mir leicht in die Wade.

Hitze steigt in meine Wangen auf. Ich schwinge meine Beine von seinem Schoß und setze mich auf. »Ich schnarche nicht.«

»Woher willst du das wissen?«

Ich strecke meine Arme über den Kopf und gähne. Als ich mich zu ihm hindrehe, mustert er mich unbekümmert von oben bis unten.

»Ich weiß es einfach.« Ich stehe auf und ziehe mein Oberteil nach unten. Dann werfe ich einen Blick über die Schulter, während ich um das Sofa herumgehe. Er schaut mich immer noch an.

Und als ich die Treppe nach unten gehe, höre ich, wie er mir folgt.

17

Dinge, die ich nie getan hätte, wenn mein Journal nicht verschwunden wäre

Die Verandatür klappt hinter ihm zu. »Willst du über vorhin reden?«

Ich vermute, er spielt auf Hattie an, auf den Streit mit meinen Eltern und die Tatsache, dass ich richtig geheult habe. »Nein.«

Er betrachtet die Gartenmöbel hinter mir, dann wandert sein Blick wieder zu mir hin. Er kneift die Augen leicht zusammen, obwohl die Sonne gar nicht mehr so hell ist. Wolken saugen das Licht auf und werfen einen grauen Schleier über alles. Es sieht nach Regen aus.

»Aber danke, dass du mich getröstet hast. Das hättest du nicht tun müssen.«

Ich komme mir klein vor, wie ich so zu ihm hochschaue. Wie er da mit den Händen in den Taschen seiner Shorts steht. Sein Blick ist auf den Betonboden der Veranda gerichtet.

Ich gehe zu Hatties Hollywoodschaukel. Er folgt mir. Dann setzt er sich dicht neben mich. »Weißt du, nur weil sie jetzt anders ist, ist sie immer noch deine Grandma. Bestrafe sie nicht dafür, dass sie krank ist.«

»Ich bestrafe sie nicht.« Ich drehe mich leicht zur Seite und stoße dabei seinen Ellbogen mit meinem an.

»Aber du kannst nicht akzeptieren, dass sie jetzt anders ist«, sagt er ruhig.

Ich sehe suchend in seine Augen und stehle mir ein bisschen von seiner Ruhe. Dann schaue ich hinaus in den Garten, in den bewölkten Himmel, auf das grüne Gras und den Weg, der zu unserem Swimmingpool führt. Nach einer Weile sage ich: »Es ist einfach so schwer, dabei zuzusehen, wie jemand, den man liebt, vor deinen Augen dahinwelkt.« Mit ernster Miene blickt er mich unverwandt an. Ich klopfe neben mich auf den Sitz der Schaukel. »Die hier gehört ihr, weißt du.«

»Oh.« Erschrocken steht er auf. »Soll ich …«

»Nein, du kannst dich setzen.« Ohne nachzudenken, nehme ich seine Hand, lasse sie aber gleich wieder los und lege meine Hände in den Schoß. »So haben wir immer zusammengesessen, wenn sie mir ihre Geschichten erzählt hat.«

Vorsichtig lässt er sich wieder auf die Schaukel sinken. »Erzähl mir eine.«

»Okay.« Mit einem freudigen Lächeln drehe ich mich zu ihm. »Als Hattie noch ein kleines Mädchen war, musste sie zur Schule laufen. Und der Weg war weit, wirklich meilenweit. Ich weiß nicht genau, wie weit, aber … na ja, ewig weit. Einer der Nachbarjungen wollte sich immer mit Hattie und ihrem Bruder anlegen, wenn sie zur Schule gingen.«

»Warum?«, fragte Carter verblüfft.

»Keine Ahnung! Damals haben sich die Leute wohl einfach geprügelt, weil ihnen langweilig war.«

Carter lachte. »Warum war der Junge nicht in der Schule?«

Er blickt mich fragend an und mein Lächeln verblasst. Ich merke, dass ich mich an vieles von der Geschichte nicht mehr erinnere. Warum war er nicht in der Schule? Vielleicht gab es einen wichtigen Grund für seine Aggression. Ich weiß nicht einmal mehr, ob er weiß oder Schwarz war. Vielleicht war er ein Rassist, der nicht wollte, dass Schwarze Kinder zur Schule gingen …

»Ich kann mich nicht erinnern. Ich habe die Geschichte nicht aufgeschrieben.«

»Schon gut«, sagt er. Aber es ist nicht gut, denn Hattie weiß es wahrscheinlich auch nicht mehr, was bedeutet, dass diese Erinnerung für immer verloren ist.

»Hey, schau mich an«, sagt Carter und durchbricht meine herumwandernden Gedanken. Ich richte meine Aufmerksamkeit wieder auf ihn. »Woran erinnerst du dich?«, fragt er.

»Ähm …« Ich wende den Blick ab und schlucke. »Ich erinnere mich, dass er sie jeden Tag verfolgt hat. Hattie hat er nie erwischt, aber Sonny, ihren kleinen Bruder, holte er immer ein.« Ich blicke Carter ins Gesicht. »Und da hat Hattie den gemeinen Kerl ausgetrickst. Sie ist immer im Kreis um ihn herumgerannt, damit er ihr hinterherjagt und Sonny davonlaufen konnte.«

Carter lächelt. »Das klingt wie in einem Cartoon.«

»Ich weiß.« Ich lache, lehne mich nach hinten und stelle beide Füße auf den Boden. Ich denke an all die Geschichten über Hatties Schnelligkeit. Ich wünschte, ich hätte sie damals rennen gesehen. Aber ich kann sie mir vorstellen, wie sie mit kerzengeradem Rücken und wirbelnden Beinen durch den Staub sauste. Sie war so stark. Sie war immer so stark.

Schweigend schaukeln wir und betrachten den Garten. Es ist ein schönes Gefühl, einfach hier draußen zu sitzen. Still zu sein wie ein Baum, durch dessen Krone der Wind fährt.

Dann öffnet der Himmel seine Schleusen und der Regen ergießt sich auf unser Haus. Ich höre auf zu schaukeln, atme tief durch und sauge den Geruch ein. »Gott, ich liebe es, wenn es regnet.«

Ich stehe auf und gehe zum Rand der Veranda, wo ich mir den Regen über die Hand laufen lasse. Es fühlt sich kühl und beruhigend an. Ich werfe einen Blick über die Schulter. Carter beobachtet mich von der Schaukel aus, mit einem Ausdruck von Zufriedenheit auf dem Gesicht. Als er merkt, dass ich ihn anschaue, lächelt er. Ich erwidere sein Lächeln. Und dann renne ich zu ihm und spritze ihm Regenwasser ins Gesicht.

Sein Lächeln verwandelt sich in Unglauben. »Ist das eine Herausforderung?«

Ich lache und weiche zurück. »Nein, nicht! Mein Schlafanzug ist aus Seide, den darfst du nicht nass machen.«

Er zuckt mit den Achseln und steuert auf die Stelle zu, wo die Überdachung endet. »Daran hättest du früher denken sollen.« Er hält seine Hand in den Regen und ich renne zur anderen Seite der Veranda. Aber er ist schneller als ich. Er packt mich am Handgelenk, hält mich fest und sagt: »Und jetzt raus mit dir in den Regen!«

Kreischend lache ich auf. »Nein, bitte nicht!« Ich entwinde mich seinem Griff und drehe mich mit wildem Blick zu ihm um. Mit aller Kraft stoße ich ihn gegen die Brust, will ihn hinaus in den Regen stoßen. Aber er rührt sich nicht. Er lacht nur über meine erbärmliche Anstrengung.

Doch dann drücke ich mit flachen Händen gegen seine Bauchmuskeln und stemme die nackten Zehen in den Boden, lege all meine Kraft in meine Arme. Er weicht ein paar Schritte zurück, ein hinterhältiges Grinsen auf dem Gesicht. Dann packt er meine Unterarme. »Wenn ich im Regen lande, kommst du mit.«

»Wollen wir wetten?« Ich schiebe weiter, bis er mit dem Rücken gegen einen Pfosten am Rand der Veranda prallt. Regen platscht nur wenige Zentimeter von unseren Füßen entfernt ins Gras und besprüht den Beton und unsere Zehen.

Als ich ihm in die Augen schaue, immer noch mit einem spielerischen Lächeln auf den Lippen, sehe ich, dass er ernst geworden ist. Er sieht aus, als ob er nachdenken würde. Sein Rücken lehnt flach an dem Pfosten, aber meine Beine sind noch immer schräg in den Boden gestemmt, meine Hände flach an seinem Bauch. Ohne ein einziges Wort zieht er mich an den Armen zu sich, sodass meine Zehen auf seinen schwarzen Socken landen, unsere Oberkörper – und unser Atem – nur einen Hauch voneinander entfernt.

Mein Lächeln verblasst ebenfalls und meine Augen gleiten über die Kette an seinem Hals, dann über die Haare auf seinem Kinn, hinauf zu seinen Lippen. »Bitte wirf mich nicht hinaus in den Regen«, sage ich leise, nervös, atemlos.

Seine Finger krabbeln über meinen Rücken, kurz oberhalb des Steißbeins. »Tue ich nicht.« Seine Stimme klingt genau wie meine.

Das Prasseln des Regens verblasst zu einem Hintergrundrauschen, als er sich zu mir hinunterneigt. Ich komme ihm entgegen und spüre seinen Atem und die Wärme, die von seinen Lippen ausgeht.

Dann fliegt die Verandatür auf.

Ich keuche auf und springe aus Carters Armen.

»Carter!« Imani kommt herausgerannt. Sie hat keine Ahnung, wo sie gerade hineingeplatzt ist, und stürmt auf ihn zu.

Hinter ihr tritt Olivia aus dem Haus und grinst mich an.

»Livvy hat mir gezeigt, wie man Halsketten macht!«, quietscht Imani und schlingt ihre Arme um Carters Nacken.

Ich gehe zu Olivia, die es offensichtlich gar nicht erwarten kann, mir ein *Ich hab's dir doch gesagt!* unter die Nase zu reiben.

»Wenn ich gewusst hätte, dass wir eine wilde Knutscherei unterbrechen, hätte ich noch ein bisschen gewartet.«

»Sei still. Es ist nichts passiert.« Schnell gehe ich ihr voraus ins Haus, Carter und Imani folgen uns langsam.

»Es ist *noch* nichts passiert«, flüstert sie mir ins Ohr. Am Fuß der Treppe bleibt sie stehen und wirft mir einen ängstlichen Blick zu. »Ist Auden hier?«

»Oh.« Ich schaue zu Carter, der hinter uns in die Diele kommt. »Ähm, ja, er ist oben.«

»Wirklich?« Ihre Augen werden groß. In ihrem Blick liegt Nervosität.

»Du solltest ihn eine Weile in Ruhe lassen, Livvy.«

Sie mustert Carter mit einem scharfen Blick. »Ich muss ihm die Sache mit Kendrick erklären. Es war ein Riesenfehler, dass ich gestern mit ihm mitgegangen bin.«

»Klar war es das«, sagt Carter ungerührt.

Dann mischt sich Imani in unsere Unterhaltung. »Hey, Queen, ist das dein Haus?« Ich lächele. Der Name, den sie mir gegeben hat, gefällt mir wirklich gut. Sie windet sich aus Carters Armen und kommt zu mir gerannt. »Zeigst du mir dein Zimmer?« Sie nimmt meine Hand mit ihren kleinen, weichen Fingern. Dann gehe ich mit ihr, Olivia und Carter die Treppe hoch.

Auden blickt über den Rand der Sofalehne, als wir am Familienzimmer vorbeikommen. »Vielen Dank, dass ihr mich hier allein zurückgelassen habt«, sagt er. »Ihr hättet mich doch wecken …« Er verstummt, als er Olivia sieht.

»Hey, Audee«, sagt sie verlegen. »Können wir reden?«

Die Luft wird zum Schneiden dick.

»Zu meinem Zimmer geht's da lang«, sage ich und führe Imani und Carter durch den dunklen Flur. Olivia und Auden bleiben allein zurück mit ihrer Anspannung.

Als ich das Licht einschalte, lässt Imani meine Hand los. Ich bleibe im Türrahmen stehen und schaue mich in meinem Zimmer um, als würde auch ich es zum ersten Mal sehen.

Leere, rosafarbene Wände, ein Schminktisch voll mit Kosmetikprodukten, ein Schreibtisch voll mit losen Blättern, Kokosnussöl und Schallplatten für meinen Plattenspieler.

Imani quietscht begeistert auf und springt auf mein Bett. Dann betrachtet sie das rosa-gelbe Blumenmuster auf der Tagesdecke. »Das ist ein voll großes Bett«, sagt sie. »So groß wie das von Mommy. Stimmt's, Carter?«

»Stimmt absolut.« Seine Stimme klingt, als sei sie ganz nah an meinem Ohr. Ein Schauer jagt über meinen Rücken. Carter geht an mir vorbei, setzt sich auf die Bettkante und schaut sich um.

»Ich durfte mir meine Wandfarbe nicht aussuchen. Das Zimmer ist rosa, seit ich geboren wurde.«

Carter beugt sich vor und legt die Arme auf seinen Oberschenkeln ab. Ich starre ihn an, wie er auf meinem Bett sitzt, um mir das Bild für meinen nächsten Tagtraum einzuprägen. »Wie würdest du es streichen? Babyblau?«

Überrascht stockt mir der Atem. »Ja, genau. Woher weißt du das?«

»Das ist doch offensichtlich.« Grinsend zuckt er mit den Achseln. »Und außerdem bin ich ein aufmerksamer Beobachter.«

Ich grinse ebenfalls. Die Antwort kenne ich.

»Dein Nagellack passt immer zu deiner Handyhülle«, erklärt er.

»Ich mag Blau auch!«, schreit Imani, springt von meinem Bett und läuft zu meinem Schreibtisch.

Er geht zu ihr und gemeinsam schauen sie meine Schallplatten durch. Ich setze mich auf das Bett und beobachte ihre Reaktionen auf die Alben von Mary J. Blige und Lauryn Hill. »Weißt du, es ist irgendwie verrückt. Ich dachte, deine Wände wären mit irgendwelchen Listen tapeziert.« Er dreht sich um und lehnt sich gegen den Schreibtisch, während Imani mein Kästchen mit den Nagellacken entdeckt.

»Listen gehören in mein Journal.«

Er nickt. »Warum solltest du auch deine Gefühle an die Wände schreiben? Du hast ja nicht die Absicht, sie irgendjemandem mitzuteilen, stimmt's?«

»Aus deinem Mund klingt das irgendwie ungesund.« Ich zupfe an einem losen Faden an meiner Pyjamahose.

»Du hast doch selbst gesagt, es sei eine schlechte Angewohnheit.«

Ich verziehe das Gesicht und schaue ihn an.

Mit den Händen in den Hosentaschen kommt er auf mich zu. »Was hast du denn in den letzten Tagen ohne dein Journal gemacht?«

Ich muss kichern, reiße den Faden ab und rolle ihn zwischen Daumen und Zeigefinger zu einem winzigen Knäuel. »Ich stehe kurz davor zu platzen.«

»Zu platzen?«, wiederholt er fragend und bleibt vor mir stehen.

»Weil ich *viel* zu viel sage und tue.«

Sein Blick verrät mir, dass er an den Beinahe-Kuss von vorhin denkt. Ich schaue auf meine Zehenspitzen, weil ich nicht mehr den Mut habe, der eben noch auf der Veranda im Regen in meinem ganzen Körper zu spüren war – als es sich angefühlt hat, als wären wir in unserem eigenen Kosmos.

Imani kommt mit meinem babyblauen Nagellack zu mir gelaufen. »Lackierst du mir damit die Nägel?«

»Vielleicht nächstes Mal, Imani«, sagt Carter.

Schmollend dreht sie sich zu ihm um.

»Ganz bestimmt nächstes Mal«, versichere ich ihr.

Sie lächelt und stellt den Nagellack wieder in das Kästchen.

»Geh und sag Livvy Bescheid, dass wir jetzt gehen.«

Sie springt zur Tür und schreit: »Livvy!«

Dann sind wir allein. Er sagt: »Nur, damit du es weißt: Ich finde, alles, was du gesagt und getan hast, war einfach perfekt.« Dann geht er an mir vorbei zur Tür. »Es könnte nicht schaden, wenn du noch ein bisschen mehr sagen und tun würdest.«

»In Bezug auf was?«, frage ich mit leicht schräg gelegtem Kopf.

»In Bezug auf deine Gefühle.« Er tritt hinaus in den Flur und wirft mir noch einen letzten Blick zu – der mir wieder den Atem stocken lässt – und verschwindet dann die Treppe hinunter.

DINGE, DIE ICH NIE GETAN HÄTTE, WENN MEIN JOURNAL NICHT VERSCHWUNDEN WÄRE

1. Mit Olivia Thomas reden und mich mit ihr anfreunden
2. Nach Houston fahren und mich meinen eigenen Vorurteilen über meine Hautfarbe stellen
3. Mit Carter Bennett über meinen Dad reden, über Stereotype und »Oreos«
4. Mit Carter Bennett über meine Listen und meine Gefühle reden
5. Mich nach Downtown wagen und eine völlig neue Seite des normalerweise überkorrekten Auden Reynolds entdecken
6. Mich in einem Club betrinken und in Carter Bennetts Bett aufwachen
7. Beinahe Carter Bennett küssen. Mehrmals

18

Warum ich in dieser Nacht nicht schlafe

Am späten Abend kommt eine Nachricht von meinem Erpresser:

Du hast bis morgen um Mitternacht Zeit,
um einen weiteren Punkt zu erledigen.

Ich schicke Carter einen Screenshot.

Carter fragt:

Also … was soll es sein? Hattie?
Columbia? Destany?

Dann in einer separaten Nachricht:

Matt?

Als ob er sich zwingen müsste, diesen Punkt als Möglichkeit in Betracht zu ziehen.

Aber um die Wahrheit zu sagen, habe ich gar nicht mehr an diesen Punkt gedacht – *Matthew Radd meine Liebe gestehen*. Plötzlich kommt mir das Wort Liebe völlig übertrieben vor.

Am liebsten nichts davon.

Wann erzählst du mir endlich, was mit dir und Destany los ist?

Er tut so, als ob ich ihm versprochen hätte, dass ich ihn einweihen würde, als ob er ein Recht auf diese Information hätte. Aber nachdem er mich letzte Nacht in dem Club so fürsorglich behandelt hat, wäre es vielleicht gar nicht so verkehrt, ihm die Wahrheit zu sagen.

Morgen? Auden und du kommt doch zu mir, oder? Wir haben noch einen Film vor uns.

Okay. Ich könnte dich aber auch anrufen und du könntest es mir jetzt gleich erzählen.

Mein Puls beschleunigt sich. Anrufen? Also reden – von Mund zu Ohr? Mit Pausen und unbehaglichem Schweigen und Atmen und … Stimmen? Vor lauter Vorfreude bekomme ich eine Gänsehaut.

Okay.

Er ruft an und ich starre seinen Namen an, der auf meinem Display erscheint. Carter Bennett.

Ich gehe ran. »Hey.«

»Hey.« Er hängt noch ein paar Ypsilons an sein »Hey«. »Bist du schon im Bett?«

»Ja. Und du?

»Ich auch«, sagt er.

Ich sehe es vor mir: sein Kopf auf dem Kissen, wo meiner gestern lag, sein Körper unter der Bettdecke mit dem blauen Bezug, nur in kurzen Boxershorts. Na ja, nehme ich wenigstens an … Ich weiß ja nicht, was er im Bett trägt.

Als ob er meine Gedanken lesen könnte, fragt er: »Was hast du an?«

Ein überraschtes Lächeln erscheint auf meinen Lippen. »Carter, das ist vollkommen unangebracht.«

»Was denn«, lacht er, »hast du dich nicht gerade dasselbe gefragt?«

Und ob.

»Mir kannst du nichts vormachen«, setzt er hinzu.

»Warum willst du das wissen? Was hast *du* denn an?«

»Gar nichts«, sagt er.

Mein Mund klappt auf, aber es kommt kein Ton heraus.

Er lacht. »Das war nur ein Witz, Jackson.«

Ich presse ein nervöses Lachen hervor.

»Nee, ich habe eine Unterhose und Socken an. Ehrlich, ich habe keine Ahnung, wieso manche Leute Schlafanzüge und so was im Bett anziehen. Das ist mir viel zu viel Stoff.«

»Bin ganz deiner Meinung.«

Totenstille. Ich frage mich, was für ein Gesicht er gerade macht.

»Du bist ganz meiner Meinung? Was soll das heißen? Was hast du an, Jackson?«

»Das Gleiche wie du, nur keine Socken.«

»Whoaaa«, heult er auf. »Scheiße!«

Ich beiße mir auf die Lippe. »Aber darum geht's doch gar nicht.«

»Am Anfang nicht, jetzt schon! Wenn du sagst, das Gleiche wie ich, heißt das … auch nur eine Unterhose? Oder noch irgendwas obenrum?«

»Carter!«

»Was denn? Das sind überaus wichtige Informationen.«

»Willst du jetzt die Wahrheit über Destany wissen oder nicht?«

»Ganz ehrlich? Ich weiß nicht, ob ich mich jetzt noch darauf konzentrieren kann.«

Ich verberge mein Lächeln, als ob er mich sehen könnte. »Dann lege ich jetzt auf.«

»Warte mal, nein!« Er atmet tief durch, einmal, zweimal. »Okay, okay. Ich verspreche, ich werde brav sein.«

Ich muss lachen. »Ganz sicher?«

»Ja. Erzähl schon.« Als ich nichts sage, setzt er hinzu: »Bitte!«, und seine sanfte Stimme kitzelt meinen Rücken.

»Okay.« Ich hole ebenfalls tief Luft. »Du weißt doch noch, die Party bei Chase letztes Wochenende?«

»Ich habe davon gehört, ja.«

»Ich war da, mit Destany und Gia. Wir waren draußen und Gia hat eine ganze Gruppe mit einer Geschichte unterhalten über eine Schwarze, die Gia beschuldigt hat, bei GAP etwas gestohlen zu haben – was auch gestimmt hat. Das ist allerdings nicht der Punkt.« Ich verdrehe die Augen. »Aber während sie das erzählte, hat sie über die Frau ständig das N-Wort gesagt.« Ich muss flüstern, weil ich mich wieder fürchterlich schäme. »Und ich habe einfach nur dagesessen und nichts gesagt.«

Er bleibt stumm. Ich dachte, er würde vielleicht über mich herfallen und mir vorhalten, was für ein Feigling ich bin, aber nein.

»Als Gia merkte, dass ich ebenfalls dabeistand …« Meine Stimme klingt gepresst, »… da tat sie ganz erschrocken. ›Oh mein Gott, Quinn, du bist ja auch hier.‹ Und dann haben mich alle angesehen.«

»Das ist echt schlimm.«

»Aber noch nicht das Schlimmste. Nachdem Destany mich bemerkt hat, meine beste Freundin, hat sie gesagt: ›Ach, das ist schon in Ordnung. Quinn ist ja sowieso fast weiß.‹«

Ich schließe die Augen und lausche seinem Atem. Diesen Moment noch einmal zu durchleben, tut immer noch weh, denn gerade, als ich dachte, dass Destany für mich einstehen würde, hat sie mich und meine Gefühle einfach beiseitegewischt. Ich durfte nicht gekränkt sein. Sie hat einfach angenommen, ich wäre es nicht.

»Ich glaube, ich bin deshalb einfach wortlos weggegangen, weil ich mich für mich selbst geschämt habe. Es war nämlich nicht das erste Mal, dass sie irgendwelchen rassistischen Scheiß von sich gegeben haben, aber es war das erste Mal, das mir klar wurde, dass sie auch über *mich* hätten reden können. Weißt du, was ich meine?«

»Ich weiß genau, was du meinst.« Er lässt sich Zeit, um die richtigen Worte zu finden. »Ich glaube, dass es immer einen Augenblick gibt, in dem man lernt, was es bedeutet, in unserer Haut zu stecken. Es ist wie ein Erwachen.«

»Wann hattest du dein Erwachen?«, frage ich.

»Ich habe dir doch erzählt, dass ich früher auf einer staatlichen Schule war.«

Ich nicke, obwohl er mich nicht sehen kann.

»Und dass meine weißen Freunde mich als Ausnahme von der Regel der Stereotype betrachtet haben.«

»Ja.«

»Ich war ungefähr neun oder zehn, als Derrick, mein bester Freund, eine Poolparty geschmissen hat.«

»Oh-oh.«

»Ja.« Er lacht. »Ich sehe schon, du weißt, wie das endet. Er meinte, dass alle eingeladen wären, aber mir fiel auf, dass ich der einzige

Schwarze auf der Gästeliste war. Ich habe ihn nach dem Grund gefragt und rate mal, was er gesagt hat.«

»Erzähl's mir.«

»Er meinte: ›Ich habe angenommen, dass die anderen nicht kommen würden. Schwarze können doch nicht schwimmen. Und Wasser macht doch eure Haare irgendwie kaputt, oder?‹«

»Wow. Ich dachte eigentlich, es wäre eins davon, aber nicht *beides*. Was hast du gemacht, als er das sagte?«

»Nichts. Ich habe mich bloß nicht mehr mit ihm getroffen, genau wie du jetzt Destany ghostest.«

»Echt?« Ich denke darüber nach, was er gerade gesagt hat. »Wenn du eine Liste mit sieben Dingen hättest, vor denen du dich fürchtest und die du nicht in Angriff nehmen willst – welche wären das?«

Er gibt mir nicht gleich eine Antwort. Ich höre, wie er sich auf seinem Bett bewegt, und lasse ihm Zeit. Nach einer Weile sagt er: »Da fällt mir eine Menge ein.«

»Zum Beispiel?«

Er zögert. »Also, wenn ich dir davon erzähle, hätte ich das Gefühl, ich müsste sie auch wirklich tun. Zum Beispiel dir enorm viel Anerkennung zollen, Quinn. Du bist unglaublich mutig. Weißt du das?«

Meine Augen werden groß, mein Mund bleibt offen stehen. Ich habe mich nie für besonders mutig gehalten. Es ist schön, das zu hören, besonders von Carter. »Ich habe doch gar nicht viel gemacht.«

»Aber doch *etwas*.«

»Und du, Auden und Olivia, ihr habt mir geholfen.«

Er schweigt kurz und macht dann: »Hm.«

»Vielleicht wäre es für dich auch einfacher, wenn wir *dir* helfen würden«, sage ich.

»Vielleicht«, kommt seine Antwort in einem leichten Singsang.

Ich verstumme, das Handy zwischen meinem Ohr und dem Kissen. Auch er ist still. Ich vermute, dass er in der gleichen Position liegt wie ich. Ein paar Sekunden lang sagt keiner von uns etwas … und dann noch ein paar Sekunden. Schließlich haucht er: »Quinn«, wie ein plötzlicher Gedanke, als ob mein Name ganz ohne Vorwarnung auf seiner Zunge aufgetaucht wäre und er ihn herunterrollen ließ.

»Carter«, antworte ich ihm auf die gleiche Weise.

Es ist nach Mitternacht. Ich bin müde, schließlich war die letzte Nacht ziemlich aufreibend, aber noch bin ich nicht bereit, ihn gehen zu lassen. Seine Stimme, seine Worte, seine Gegenwart, all das tut mir gut. Ich kann es zugeben: Ich fühle mich wohl.

»Also«, sagt er, »Slip und BH oder nur Slip?«

Ich nehme alles zurück. Ich fühle mich nicht mehr wohl.

»Carter, ich finde nicht, dass du mich das fragen solltest.«

»Warum nicht?«

»Weil es etwas Versautes ist und so sind wir nicht.«

»Wir sind nicht versaut?«

»Wir sind nicht zusammen.«

»Na und? Darum geht's doch gar nicht.«

»Worum geht es dann? Was bringt dir das?«

Er atmet theatralisch auf. »Gewissheit.«

»Das geht dich nichts an, Carter.« Ich ziehe mir die Bettdecke bis zum Kinn.

»Also schön, du hast ja recht, Jackson«, sagt er.

Ich drehe mich auf die andere Seite, zur Wand. Warum bin ich plötzlich enttäuscht, dass er aufgibt?

»Ich sollte jetzt Schluss machen«, sagt er. »Es ist schon spät.«

»Ja, klar.«

»Gute Nacht, Quinn.«

Diese drei Worte scheuchen die Schmetterlinge in meinem Bauch auf. Ich fühle mich, als ob ich über meinem Körper schwebe, als wäre es ganz und gar undenkbar, dass Carter Bennett *mir* eine gute Nacht wünscht.

»Gute Nacht, Carter.«

Als die Leitung tot ist, lege ich mein Handy mit dem Display nach unten auf die Matratze und schließe die Augen. Aber ich bin jetzt wacher, als ich den ganzen Tag über war. Ich sollte nicht so aufgedreht sein. Und ich sollte ihn nicht jetzt schon vermissen. Und ich sollte auch nicht mein Handy nehmen und ihm eine Nachricht schreiben:

Nur Slip.

Aber ich tue es trotzdem.

WARUM ICH IN DIESER NACHT NICHT SCHLAFE

1. Weil Carter mir antwortet: **Heilige Scheiße. Was machst du nur mit mir?**
2. Weil ich wach liege und überlege, was er damit meint. Was genau mache ich mit ihm?
3. Weil ich an ihn denke, wie er im Bett liegt und mich in Gedanken in Unterwäsche vor sich sieht.
4. Und weil ich mir **ihn** natürlich auch in seiner Unterwäsche vorstellen muss.
5. Weil ich mir ziemlich sicher bin, dass wir beide wissen, woran der jeweils andere gerade denkt; worin ich mir nicht sicher bin, ist, ob ich mich mit dieser Gewissheit wohlfühle.
6. Weil ich nicht weiß, wie ich mich ihm morgen gegenüber verhalten soll, und mir alle möglichen Szenarien ausdenke.

7. Und weil ich daran denken muss, was geschehen wäre, wenn Olivia und Imani fünf Minuten später auf die Veranda gekommen wären.
8. Weil mir einfällt, dass ich Matt gestern auf seine Nachricht gar nicht geantwortet habe – und ich merke, dass es mir egal ist.
9. Und weil ich jetzt nicht weiß, was das für meine To-do-Liste bedeutet, denn wenn ich jemandem gestehen soll, dass ich Gefühle für ihn habe, dann ist es Carter.
10. Weil ich glaube, dass ich genau das tun werde. Gleich morgen.

19

Wie es sich anfühlt, Carter zu küssen

Früh am Morgen bekomme ich eine Nachricht von Carter:

> Die Sache zwischen Olivia und Auden ist nicht gut gelaufen. Er kommt heute Nachmittag nicht, nur ich.

Ich gerate in Panik. Ich weiß nicht, was ich anziehen soll. Nichts, was ich besitze, ist so sexy wie das rote Kleid.

Plötzlich steht mein Dad im Türrahmen und schaut mich überrascht an, weil ich nur mit einem Handtuch bekleidet mitten im Zimmer stehe. »Was ist denn hier los?« Er steigt über die Kleiderstapel, die überall verteilt liegen.

»Dad, ich habe nichts anzuziehen! Nichts, was nicht aussieht wie ein Sack, und …« Ich krame ein weißes T-Shirt mit Spitzen und Fransen heraus. »Und so was – was immer das auch sein soll!«

Dad setzt sich auf mein Bett. »Es geht hier um diesen Jungen, richtig? Carter?«

Ich hätte nicht erwartet, dass er sich an den Namen erinnert. Doch dann fällt mir auf, dass er in mein Zimmer gekommen ist, und das macht er nur, wenn er reden will.

Er merkt, dass ich ihn ansehe, und klopft neben sich auf die Matratze. »Komm mal her.«

Zögernd setze ich mich neben ihn. *Hoffentlich geht es nicht um die Columbia.*

Er betrachtet seine Hände im Schoß. »Ich will mich bei dir entschuldigen, wegen gestern, wegen dem, was ich über Hattie zu dir gesagt habe.«

Oh. Das ist nicht das, was ich erwartet habe. Besonders, weil mein Dad sich eigentlich nie entschuldigt. Ich erwidere nichts darauf – denn was soll man sagen, wenn sich jemand entschuldigt? Danke schön? Ich vergebe dir? Schon gut? Nichts davon kommt mir passend vor. Nichts fühlt sich richtig an.

Er schaut mich an. »Als ich meinen Dad verlor, war ich so wütend auf ihn, weil er gestorben war. Ich hatte das Gefühl, er wäre nur gestorben, damit ich die Entscheidung für die Columbia bereue. Er wollte nicht, dass ich so weit weggehe.«

Ich nicke. Ich weiß über Granddad Bescheid.

»Ich habe New York verlassen, um ihn zu begraben und um jede Minute, die ich erübrigen konnte, mit Hattie zu verbringen. Und du kannst das auch.«

»Dad, die Hattie, die sie jetzt ist, ist nicht die Hattie, die ich kenne. Ich habe Angst vor dem, was sie jetzt ist. Ich habe Angst, dass sie sich nicht an mich erinnert.«

Wie ein angeschossenes Reh schaut er mich an. »Natürlich erinnert sie sich an dich, Quinn. Sie fragt jedes Mal nach dir, wenn ich sie besuche.«

Meine Augen treten fast aus den Höhlen und meine Lippen zittern. »Wirklich?«

»Ja, Kleines.« Sanft hält er mich am Kinn. »Jedes Mal.«

Ich habe Hattie mehr als ein Jahr nicht mehr gesehen. Und die ganze Zeit, trotz ihrer fortschreitenden Alzheimerkrankheit, fragt sie immer noch nach mir.

Dad steht auf. »Zieh dich an«, sagt er.

Ich sehe ihm nach. Seine Worte hallen in meinem Kopf wider. *Sie fragt jedes Mal nach dir, wenn ich sie besuche*. Meine Hattie fragt nach mir. Vielleicht ist das ihr wahres Ich, nicht nur die Hülle dessen, was sie einmal war. Vielleicht ist sie immer noch da drin.

»Warte mal, Dad«, rufe ich ihm nach.

Im Türrahmen stehend dreht er sich um.

»Ich muss mit dir noch über etwas anderes reden.«

»Was ist denn?« Er kommt wieder ins Zimmer, setzt sich aber nicht hin. Es schüchtert mich ein, wenn er so dasteht, aber ich kann keinen Rückzieher mehr machen. Seit dem Tag, an dem Carter und Auden das erste Mal hier waren, habe ich ihn nicht mehr mit den gleichen Augen gesehen wie früher. Er muss mir sagen, dass er noch der ist, für den ich ihn halte, dass Carter die Sache missverstanden hat.

»Dad, was ist an dem Tag passiert, als du Carter zum ersten Mal hier im Haus gesehen hast?«

Er mustert mich mit schmalen Augen, als ob er mit dem Finger auf mich deuten und mich anbrüllen wollte, warum ich schon wieder damit anfange. Doch dann lässt er die Schultern sinken und seufzt. »Quinn, Liebes, warum reden wir immer noch darüber?«

»Wir haben *überhaupt nicht* darüber geredet«, sage ich. »Und ich muss ständig daran denken, Dad, denn meine Haut hat genau die gleiche Farbe wie die von Carter. Und ich weiß nicht, was das bedeutet.« Ich beiße mir auf die Lippe, um mich zu beherrschen, aber ich merke, dass alles, was sich die ganze Zeit in mir aufgestaut hat, herausmuss. Es muss gehört und gesehen und wahrgenommen werden. »Ich weiß nicht, was das für mich bedeutet, wie du *mich* siehst.«

Er senkt den Blick, als er sich wieder zu mir aufs Bett setzt. »Ich sehe ein großartiges, kluges, talentiertes und wunderschönes Schwarzes Mädchen.«

»Und wenn du andere Mädchen ansiehst, die so sind wie ich, siehst du dann das Gleiche?«

Er runzelt die Stirn. »Natürlich, Quinn.«

»Okay, dann erkläre mir bitte, was an dem Tag passiert ist.« Mit flehenden Augen beuge ich mich vor.

»Ich habe einen Fehler gemacht.« Er zuckt mit den Schultern, aber seine Augen huschen unruhig hin und her. »Ich hatte eine Weile nicht geschlafen und zugegebenermaßen hatte ich noch nie einen Jungen wie Carter in meinem Haus gesehen. Noch nie.«

»Du dachtest also, er würde uns ausrauben?«

Er mustert wieder seine Hände. »Ich weiß nicht genau, was ich dachte, aber ... ja, wahrscheinlich.« Er blickt auf, direkt in meine Augen. »Aber du darfst deswegen meine Liebe für dich nicht infrage stellen oder die Tatsache, wie sehr ich dich wertschätze. Ich habe einen Fehler gemacht und – ganz ehrlich – die Sache war ein Weckruf für mich: Ich brauche mehr Schwarze Freunde.«

»Hattest du jemals Schwarze als Freunde?« Ich kann ihn mir mit Schwarzen nicht vorstellen, nicht in der Highschool und schon gar nicht im College.

»Auf der Columbia war ich nur mit Schwarzen befreundet. Ich war Mitglied in der BSO, der Black Students' Organization. Das habe ich dir doch schon erzählt.« Er schüttelt den Kopf. »Du stellst immer deine Ohren auf Durchzug, wenn ich von der Columbia spreche.«

»Wenn du meinst«, sage ich und verdrehe genervt die Augen. *Ich* sitze hier nicht auf der Anklagebank.

»Aber es ist wahr, ich brauche mehr Schwarze in meinem Leben. Erst jetzt ist mir klar geworden, wie wichtig das ist. Schwarze als Freunde zu haben, gibt einem das Gefühl ... *vollständig* zu sein. Eine Einheit.«

Ich klappe den Mund zu. Vollständig. Einheit. Die Worte hallen in mir wider. Ich weiß genau, was er meint. Obwohl ich sie erst seit Kurzem kenne, haben Olivia und Carter mein Leben entscheidend verändert. Ich habe mit ihnen Gespräche geführt und Dinge erlebt, wie es mit Matt und ganz besonders mit Destany nie möglich gewesen wäre.

»Also …«, sage ich, »da du ja in Entschuldigungslaune zu sein scheinst – wie wär's? Carter kommt heute vorbei.«

Er steht auf. Ängstlich schaue ich ihm nach, wie er in Richtung Tür geht. Dann bleibt er stehen und dreht sich um. »Okay. Ja. Vielleicht mache ich das.«

Carter taucht um die Mittagszeit auf. Mein Vater öffnet die Haustür, während ich noch nach unten renne.

Als ich in die Eingangshalle komme, zieht Carter gerade die Schuhe aus. Er trägt schwarze Sportshorts, die ihm tief auf den Hüften sitzen, ein weißes T-Shirt und seine funkelnden Ohrstecker. Er fängt meinen Blick ein – der allerdings gleich darauf erst zu meinen nackten Beinen wandert, die unter den extrakurzen Shorts herausragen, um dann mein Dekolleté in dem tief ausgeschnittenen Tanktop zu begutachten.

Dad dreht sich um und runzelt angesichts meiner Aufmachung die Stirn. »Carter, setz dich doch schon mal an die Bar. Quinn, ich möchte kurz oben mit dir reden.« Mit blitzenden Augen geht er an mir vorbei.

Einen Augenblick lang bin ich mit Carter allein. »Hey«, sagt er und kommt langsam auf mich zu.

»Hey.« Ein verlegenes Lächeln umspielt meine Lippen, als ich an unseren Chat von gestern Nacht denke.

»Quinn!«, ruft mein Dad aus der Küche.

Ich zucke erschrocken zusammen und haste hinter meinem Vater her. Kurz schaue ich nach hinten und sehe, dass Carter hinter mir in die Küche geht. Er beobachtet mich lächelnd.

Mein Inneres löst sich auf, faltet sich zu kleinen Papierkranichen, die an meinem Körper entlangflattern. Ich kann kaum noch atmen, als ich nach oben komme, wo mein Vater mit in die Hüften gestemmten Fäusten auf mich wartet. »Umziehen. Sofort.«

Mit einem Augenrollen gehe ich an ihm vorbei. »Und was genau, bitte sehr?«

»Alles!«

Ich ziehe die Shorts und das Tanktop aus und entscheide mich für ein Paar nicht ganz so knappe Shorts und ein weißes T-Shirt. Als ich wieder nach unten komme, lehnt sich mein Dad über den Tresen an der Bar, direkt gegenüber von Carter. »Abgesehen von meiner Familie war seit Jahren kein einziger Schwarzer mehr in diesem Haus.« Carter nickt und starrt auf den Tresen. Ich setze mich neben ihn, in der Hoffnung, dass er sich dann wohler fühlt.

»In dieser Gegend ist es schwer, Schwarze Familien zu finden. Und Quinn«, Dad schaut mich an, »hat auch nur weiße Freunde. Das ist natürlich keine Entschuldigung. Ich bin vermutlich selbst dafür verantwortlich, wenn man es recht bedenkt. Gegen Vorurteile anzukämpfen, ist eine bewusste Entscheidung, selbst für Schwarze Menschen, und mir ist klar geworden, dass ich seit ziemlich langer Zeit nicht mehr in diesen Kampf eingegriffen habe.« Dad zeigt mit dem Finger auf Carter. »Tu mir einen Gefallen und lass dich öfter bei uns blicken. Ich freue mich, dass Quinn dich als Freund hat.«

Carter blickt auf und lächelt. »Wenn sie mich haben will.«

Ich sinke auf meinem Stuhl in mich zusammen; ich habe ihm und seinem Charme rein gar nichts entgegenzusetzen. Ich wende mich ab, verkneife mir ein Lächeln und muss doch unwillkürlich an all die Szenarien denken, die ich mir vergangene Nacht vorgestellt habe.

»Was für ein Ingenieurstudium stellst du dir denn genau vor?«, fragt mein Vater und reißt mich damit aus meiner Träumerei.

»Bauingenieurwesen«, antwortet Carter.

»Moment mal. Du willst Bauingenieur werden?« Warum weiß ich davon nichts?

»Er studiert an der University of Texas, mit einem Vollstipendium«, sagt mein Vater und verschränkt die Arme vor der Brust.

Und warum weiß ich *davon* nichts?

»Du gehst auf die UT? Mit einem Stipendium?« Dieser schweigsame, scheinbar unbeteiligte Klassenschläfer bekommt ein Stipendium, während sie mich auf die Warteliste setzen? Meine Überraschung ist vermutlich mehr als nur beleidigend, aber Carter zuckt lediglich mit den Schultern.

»Quinn hat keine Ahnung, welches Hauptfach sie auf der Columbia nehmen will.« Dad mustert mich schmallippig und mit einem anklagenden Blick.

Und das war mein Stichwort. Bevor er über mich herfallen kann, sage ich: »Wir sind dann mal oben, Dad«, stehe auf und bitte Carter mit einer Kopfbewegung, mir zu folgen.

»Die Tür bleibt offen«, ruft Dad uns noch hinterher.

Carter setzt sich auf das Sofa im Wohnzimmer, während ich den Film einlege und den Großbildfernseher einschalte. »Die UT, hm?«, sage ich mit einem Blick über die Schulter.

Er hat die Arme rechts und links auf die Rückenlehne gelegt. Mit stolzgeschwellter Brust sitzt er jetzt da. »Yep.«

»Wann wolltest du mir davon erzählen?«, frage ich, als ob er mir all seine Pläne für die Zukunft offenlegen müsste.

Wieder blicke ich über die Schulter und er zuckt einmal mehr mit den Achseln. »Es hat sich nie ergeben.«

»Wie du meinst.« Ich öffne das DVD-Fach und lege die DVD ein. »Aber hey, Glückwunsch. Das ist wirklich toll.« Lächelnd gehe ich zu ihm hin.

»Danke.« Er erwidert mein Lächeln und flirtet mit seinen Augen. So nennt man das doch, wenn der Blick des anderen einen von oben bis unten förmlich verschlingt.

Ich setze mich neben ihn, die Füße flach auf den Boden gestellt, und fühle die Wärme, die von seinem Arm hinter meinem Nacken ausgeht. Als ich die Fernbedienung vom Sofatisch nehme, sehe ich drei Blatt Papier dort liegen. Er sagt: »Wir müssen auch für Auden Notizen machen.«

»Was war denn zwischen ihm und Olivia?«, frage ich.

»Livvy kann manchmal richtig bescheuert sein. Lass uns einfach nicht darüber reden.«

Ich lehne mich nach hinten und drücke die PLAY-Taste. Aber ich bin neugierig. »Hat sie nicht gesagt, dass die Sache mit Kendrick ein Fehler war?«

Carter blickt mich mit einem müden Lächeln an. »Das soll sie dir besser selbst erzählen.«

»Okay.« Ich ziehe eine Grimasse. »Wie du willst.«

»Wenn ich es dir erzählen müsste, würde ich ihr wahrscheinlich unrecht tun.«

Was auch immer das heißen soll.

Als Erstes schreiben wir unsere Seiten voll, danach arbeiten wir gemeinsam an Audens Seite. Unsere Hände stoßen ständig gegeneinander, während wir versuchen, gleichzeitig Notizen zu formulieren. Nach einer Weile beschließen wir, abwechselnd zu schreiben.

Als wir mit Audens Notizen fertig sind, entspannen wir uns.

Carters Arme breiten sich wieder auf der Sofalehne aus und ich rutsche ein Stück näher zu ihm, nur ein winziges bisschen. Der Rest des Films dudelt auf dem Fernseher, aber ich sehe nicht hin. Ich kann mich nur auf ihn konzentrieren und darauf, dass er alle fünf Minuten ebenfalls ein paar Millimeter näher rückt.

Dann kommt mein Dad nach oben gestapft. Plötzlich scheint Carters Arm hinter meinem Kopf zu glühen. Ich verkrampfe mich, als Dad um das Sofa herumgeht, uns beide wortlos mustert und dann sein iPad von dem Schemel auf der anderen Seite des Raums holt. Auf dem Weg hinaus kommt er wieder dicht an uns vorbei und mustert den inexistenten Abstand zwischen unseren Oberschenkeln. Immer noch kein Wort. Aber ich habe das Gefühl, dass ich unter der Hitze seiner anklagenden Augen jeden Moment in Flammen aufgehe.

Und dann – keine drei Minuten später, ich schwöre es – kommt meine Mom herein. »Quinn, hast du meine Sonnenbrille gesehen? Du weißt schon, die mit dem blauen Gestell.« Sie schaut mich und Carter an, wie wir da nah beieinander auf dem Sofa sitzen, legt den Finger an ihre Lippen und unterdrückt ein Lächeln.

Ich presse die Lippen aufeinander und schüttele den Kopf. »Nö.«

»Verflixt.« Sie stemmt die Hände in die Hüften und schaut sich um, als ob ihre Sonnenbrille tatsächlich hier oben sein könnte. Dabei weiß ich mit ziemlicher Sicherheit, dass sie sie immer unten in der Küche ablegt.

Ich ziehe die Augenbrauen hoch und wende mich Carter zu. Er lächelt, als ob er wüsste, was ich denke. »Wir haben unsere Notizen. Willst du einfach …?«

»Ja. Klar.« Er zieht seine Arme von der Rückenlehne, als ich den DVD-Player ausschalte.

»Oh, ist der Film schon zu Ende?«, fragt Mom.

Genervt stehe ich auf. »Wir sind dann in meinem Zimmer.«

Carter folgt mir durch den Gang.

»Okay«, ruft sie uns nach. »Lass aber die Tür offen.«

Ich verdrehe die Augen und schalte in meinem Zimmer das Licht ein. »Tut mir echt leid.«

»Nein, schon gut, das ist cool.« Er setzt sich auf mein Bett, während ich an meinem Schreibtisch Platz nehme. Sein Anblick nimmt mich völlig gefangen. Ich beobachte ihn, wie er in seinem Rucksack kramt und dann seinen alten Notizblock herauszieht.

»Sollen wir eine Strategie ausarbeiten?« Er schaut auf und sieht, dass ich ihn anstarre, woraufhin er anfängt zu grinsen. Seit jenem Tag bei uns im Garten ist es ungefähr das zehnte Mal, dass er mich dabei erwischt.

»Was für eine Strategie?«, stottere ich.

»Darüber, was du heute von deiner To-do-Liste erledigst.«

Ich starre auf meine Hände. »Ach das.«

Er schlägt eine leere Seite in seinem Notizblock auf. »Was ist noch übrig?«

Ich seufze und ziehe mein Handy vom Ladekabel ab, das auf dem Schreibtisch liegt. Dann öffne ich den Chat mit dem Erpresser und scrolle zu meiner To-do-Liste. »Mal sehen. Heute ist Sonntag, also kann ich mir frühestens morgen die zweite Uni ansehen.«

»Okay«, sagt Carter und schreibt es auf.

»Ich könnte mit Matt über meine Gefühle reden«, sage ich und verziehe das Gesicht. »Meinen Eltern die Sache mit der Columbia beichten, Hattie besuchen, mit Destany reden.«

»Matt, deine Eltern, Hattie, Destany und der geheimnisvolle letzte Punkt«, sagt er langsam und schreibt alles auf.

»Meine Eltern und Hattie sind keine Option, genauso wenig wie der letzte Punkt.«

»Was verbirgt sich hinter dem letzten Punkt?«, fragt er und schaut mich an. Ich reiße die Augen auf, als ob er nicht mehr alle Tassen im Schrank hätte. Er lächelt und senkt den Blick wieder auf seinen Block. »Versuchen kann man's ja mal. Okay, bleiben also Matt und Destany. Die Sache mit Destany sollte nicht allzu schwer sein, oder? Du hast mir letzte Nacht erzählt, was passiert ist. Also sag es ihr einfach, ohne groß darüber nachzudenken.«

Ich presse die Lippen zusammen. »So einfach ist das nicht.«

»Warum nicht?«

»Weil ich sie und Gia in der Vergangenheit mit viel Schlimmerem habe davonkommen lassen und jetzt, ganz plötzlich, habe ich ein Problem mit Gias Rassismus?«

»Das spielt keine Rolle.«

»Tut es doch. Das weißt du sehr wohl.«

»Es ist egal, wie lange es dauerte, bis du begriffen hast, dass es falsch ist. Das ändert nichts daran, *dass* es falsch ist und *dass* es dich verletzt.«

»Ja, schon klar.« Ich schaue auf meine Füße. »Trotzdem ist es nicht einfach.«

»Aha, es würde dir also nicht so schwerfallen, Matt deine Gefühle zu gestehen?« Als ich ihm in die Augen sehe, erkenne ich seine Unsicherheit. Mir geht es genauso. Ich weiß nicht einmal, ob ich diese Gefühle überhaupt noch habe. Seit Freitag war ich kaum in der Lage, an jemand anderen als an Carter zu denken.

»Wenn du gar nichts machst, Quinn, was passiert dann? Welche Liste wird wohl morgen online gestellt?«

»Ich weiß es nicht«, sage ich jammernd, stehe auf und setze mich zu ihm aufs Bett, wobei ich meterweit Platz zwischen uns lasse.

Carter liest, was er aufgeschrieben hat, zögert und schaut mich dann wieder an. Nach ein paar Sekunden fragt er: »Was genau empfindest du für Matt?« Die Frage trifft mich unvorbereitet. Ich setze mich im Schneidersitz auf das Bett, das Gesicht ihm zugewandt, jedoch ohne ihn anzuschauen. Er tut es mir gleich und fragt: »Bist du in ihn verliebt?«

Ich schüttele den Kopf und streiche mir die Haare hinter die Ohren.

»Aber du magst ihn?«

»Ich weiß es nicht, Carter.« Ich spiele mit dem sternförmigen Stecker in meinem Ohr. »Ich habe diesen Punkt vor Monaten auf die Liste geschrieben.«

»Also haben sich deine Gefühle verändert?«

Ich zucke mit den Schultern.

»Was fühlst du jetzt für ihn?«

Wieder betrachte ich die Hände in meinem Schoß und stelle mir vor, ich würde mit Matt auf dem Trampolin sitzen. Ich versuche, den Frieden und die Zuneigung heraufzubeschwören, die ich in seiner Gegenwart fühlte, aber als ich aufsehe, löst sich das alles in Wohlgefallen auf. Denn da ist Carter, direkt vor mir, und er ist alles, woran ich denken kann.

Sein Blick liegt unverwandt auf mir. Er wartet. Alle Worte, die mir in den Sinn kommen, betreffen ihn. Und dann sprudeln diese Worte plötzlich aus mir heraus. »Ich kann nicht an Matt denken. Nicht, wenn *du* bei mir bist.«

Carters Augen weiten sich.

Ich zerspringe fast vor Verlangen nach ihm. Ich sollte den Mund halten. Denn vielleicht bedeuten all die sexy Blicke und all seine warmen Worte nicht mehr als Freundschaft. Vielleicht fühlt er nicht dasselbe wie ich. Aber hier und jetzt kann ich mich nicht mehr beherrschen. Es gibt so viele Gründe, warum ich jetzt lieber hier bin als bei Matt. Und plötzlich fließt alles buchstäblich aus mir heraus.

»Ich kann mich nicht konzentrieren, wenn du in meiner Nähe bist. Denn bei dir zu sein, ist so … Wenn wir miteinander reden, habe ich das Gefühl, dass du Dinge in mir siehst, von denen ich gar nicht wusste, dass sie existieren. Und an Matt habe ich nicht mehr gedacht, seit wir zusammen nach Houston gefahren sind. Du hattest recht: Er war eifersüchtig, nachdem er mich mit dir zusammen gesehen hat. Aber das ist mir irgendwie völlig egal, wegen … wegen … wegen dir.«

Als ich ihn wieder ansehe, bleibt seine Miene lange Zeit völlig ausdruckslos. Dann macht sich ein Lächeln auf seinen Lippen breit. »Hast du mir gerade deine Gefühle gestanden, Quinn Jackson?«

Ich blinzle, von mir selbst überrascht. »Ich glaube schon.«

»Wow.« Das ist alles, was er sagt. Trotzdem kann ich ihm einfach nicht in die Augen sehen. Ich kann den Blick nicht von dem blauen Lack auf meinen Nägeln abwenden. *Bitte sag was. Irgendwas. Herrgott noch mal, diese Spannung ist ja kaum auszuhalten.*

Er rutscht näher zu mir. Ich sehe, wie sich der Abstand zwischen unseren Knien verringert. Meine Körpertemperatur schießt in die Höhe. »Ich glaube, ich empfinde genauso.«

Mein Magen schlägt einen Purzelbaum. Ich hebe den Blick und suche in seinen Augen nach der Wahrheit. »Wirklich?«

Er rutscht so nah an mich heran, dass sich unsere Knie berühren. Er nickt.

»Und was bedeutet das jetzt?«

»Ich weiß nicht. Das ist *dein* Geständnis. Was willst du denn, dass es bedeutet?«

»Ähm.« Ich lächele verlegen und reibe mir die feuchten Hände. Ich krame durch die Erinnerung an all die Vorstellungen und Fantasien, die mich letzte Nacht wach gehalten haben. Und immer endete es damit, dass wir uns küssen. Er beugte sich vor, ich tat es ihm gleich und dann küssten wir uns – ein Kinderspiel. In meinem Kopf war es viel einfacher als in der Realität. Aber in Wahrheit habe ich keine Ahnung, wie ich dahin komme.

Carter mustert mich. »Du siehst aus, als hättest du Angst.«

»Ich *habe* Angst.«

Er lacht. »Ganz ruhig. Ich bin's nur.«

Er sagt das so, dabei ist er doch das Problem. Ich betrachte ihn in seinem einfachen weißen T-Shirt und den schwarzen Shorts, mit den Steckern im Ohr. Er sieht so verdammt gut aus.

»Was willst du, Quinn?«

»Ich will dich küssen.«

Meine Augen treten aus den Höhlen. Habe ich das gerade laut ausgesprochen? Mein Gott, die ganze Sache gerät wirklich außer Kontrolle.

Aber er stellt keine Fragen. Er zögert nicht. Er sagt einfach: »Okay«, beugt sich vor und nimmt mein Kinn. Mir bleibt das Herz stehen. »Dann tu es.«

Ich mache den Fehler und schaue Carters Lippen an. Seine Lippen sind alles, woran ich in den letzten vierundzwanzig Stunden denken konnte. Machen wir achtundvierzig Stunden daraus. Ach was soll's – zweiundsiebzig. Ich merke, wie ich mich vorbeuge. Sein Atem kommt zitternd aus seinem Mund und brandet in kleinen Wellen gegen meinen an. Ich beuge mich noch weiter vor, schließe die Augen und streiche mit meiner Nasenspitze über seine.

Ich warte eine Sekunde – auf die unvermeidliche Störung, auf meine Mom, die immer noch nach ihrer Sonnenbrille sucht, auf irgendetwas, das mich davon abhält, Carter wirklich und wahrhaftig zu küssen. Aber alles bleibt still. Nichts ist zu hören, außer unserem Atem und dem leisen Klappern des Geschirrs unten in der Küche.

»Ich fürchte mich«, flüstere ich. Ich habe nicht darüber nachgedacht. Es kam einfach aus mir heraus.

»Tu es einfach.«

Und ohne weiter darüber nachzudenken, presse ich meine Lippen auf seine.

WIE ES SICH ANFÜHLT, CARTER ZU KÜSSEN

1. Als ob jede Faser meines Körpers jetzt in meine Lippen strömt, um ihn schmecken zu dürfen
2. Als ob man in einem Ozean schwimmt und das Wasser versucht, in einen einzudringen – und man Angst hat, dass man ertrinkt
3. Als ob man ertrinken **will**
4. Viel besser, als Fingerspitzen zu berühren, Hände zu drücken, Ellbogen anzustoßen und sich gegen seinen Bauch zu stemmen. Besser als all das zusammen.
5. Als wäre es egal, ob das alles bloß ein Spiel ist, weil ich sowieso gewonnen habe; immerhin darf ich ihn küssen
6. Als ob mir jetzt erst klar würde, wie inständig ich mir wünsche, dass es **kein** Spiel für ihn ist, denn ihn zu küssen, fühlt sich für mich ganz und gar nicht wie ein Spiel an
7. Es fühlt sich an wie: **endlich.**

Seine Lippen liebkosen meine, zarter, als ich es je für möglich gehalten hätte. Dann presse ich meine Lippen fester auf seinen Mund und er erwidert den Druck. Ich fühle mich atemlos und schwerelos und mein ganzer Körper prickelt und bitzelt. Ich dränge mich an ihn, bis er sich nach hinten auf mein Bett sinken lässt und ich auf ihn drauffalle.

Seine Finger streichen über meinen Rücken und schieben mein

T-Shirt hoch, damit er seine Hände auf meine nackte Haut legen kann. Ein Schauer überläuft mich und ich öffne meinen Mund an seinen Lippen. Seine Zunge schlüpft hinein.

So bin ich noch nie geküsst worden. Die Liste mit den Jungen, die ich schon geküsst habe, ist extrem kurz und diese Ereignisse fanden alle in der Grundschule statt, aber das weiß Carter nicht. Und ich hoffe, mein Kuss gibt ihm keinen Anlass, Verdacht zu schöpfen. Ich lasse mich in den Kuss hineinfallen, überlasse ihm die Führung und verwandele mich in ein Bündel aus Sinneszellen und instinktivem Verlangen.

Bis mein Dad im Türrahmen auftaucht und in die Hände klatscht. »Hey!«

Wir fahren auseinander – und wären beinahe vom Bett gefallen.

»Olivia ist da«, sagt Dad stirnrunzelnd. Olivia steht hinter ihm im Türrahmen und winkt uns mit einem dümmlichen Lächeln zu. Mein Dad dreht sich zu ihr um. »Bitte pass auf, dass das da« – und damit deutet er auf uns – »nicht noch mal passiert.« Dann wendet er sich zum Gehen.

»Kein Problem.« Sie kommt in mein Zimmer und betrachtet uns kopfschüttelnd und mit diesem diabolischen Grinsen im Gesicht. Dann klatscht sie langsam in die Hände. »Das war verdammt hot.«

»Halt die Klappe, Livvy«, sagt Carter und zieht sein T-Shirt herunter.

Sie schaut mich an. »Du hättest deinen Dad sehen sollen, als er hier reinkam. Er ist fast aus seinen Latschen gekippt.« Sie lacht und zwängt sich zwischen mich und Carter auf das Bett. Dann schlingt sie ihre Arme um unsere Schultern. »Ich bin so *froh*, dass ihr es endlich tut.«

Ich winde mich aus ihrem Arm und stehe auf. »Das war nur ein Kuss.«

Sie wirft mir einen vielsagenden Blick zu. »Ich habe schon ein paar Küsse gesehen. Und das war definitiv mehr als ›nur ein Kuss‹.«

»Ich dachte, du wolltest anrufen, bevor du kommst«, wechselt Carter das Thema.

Sie legt sich rücklings auf das Bett und schaut zur Zimmerdecke hoch. »Ich habe gehofft, dass Auden hier ist.«

»Hast du ihm nicht schon genug wehgetan?«

»Sag das nicht«, jammert sie und dreht den Kopf zu Carter. »Ich mag ihn wirklich.«

»Was ist denn passiert?«, frage ich, weil ich fast vor Neugier platze.

Sie setzt sich auf und schaut mich an. »Ich habe mich entschuldigt, weil ich mit Kendrick abgezogen bin. Aber dann habe ich ihm gesagt, dass ich für eine neue Beziehung noch nicht bereit bin.« Ich zucke zusammen. Autsch. »Das wäre ihm gegenüber nicht fair. Er wäre bloß der Ersatzspieler und er verdient was Besseres.«

Ich lehne mich an meine Frisierkommode. »Das verstehe ich.«

»Und warum willst du ihn dann sehen?«, fragt Carter.

»Ich konnte ihm die Sache nicht erklären. Er ist abgehauen, als ich ihm sagte, dass ich nichts mit ihm anfangen will.«

Armer Auden. Ich kann mir kaum vorstellen, wie er sich danach gefühlt haben muss.

Carter steht abrupt auf. »Moment mal, wo ist Imani?«

»Bei meiner Mom«, sagt Olivia.

Carter atmet erleichtert aus, aber er setzt sich nicht wieder hin. »Wir sollten gehen.«

Olivia steht auf, klatscht mich ab und sagt dann: »Fangt erst an zu knutschen, wenn ich draußen bin.« Dann stiefelt sie aus dem Zimmer.

Carter folgt ihr und ich schaue ihm mit klopfendem Herzen

nach. Im Türrahmen bleibt er stehen und wendet sich zu mir um. »Also, bist du jetzt bereit, mit Matt zu reden?«, fragt er.

Ich lache. »Machst du Witze?«

»Eigentlich schon.« Er lächelt und kommt wieder ein paar Schritte auf mich zu. »Aber ernsthaft: Was willst du machen? Du hast nur noch bis Mitternacht Zeit.«

»Auf der Liste steht, dass ich Matt sagen will, dass ich ihn liebe, aber so empfinde ich nicht mehr.« Ich senke den Blick und schaue Carter dann wieder an. Er grinst. »Ich glaube, ich werde versuchen, dem Erpresser das zu erklären.«

Er zieht die Stirn kraus und kommt noch näher. »Glaubst du, das funktioniert?«

»Es ist *meine* To-do-Liste und dieser Punkt hat keine Gültigkeit mehr. Soweit es mich betrifft, habe ich ihn erledigt, als ich *dir* meine Gefühle gestanden habe.«

Er kommt nun ganz nah zu mir und schaut mir in die Augen, dann auf meine Lippen, dann wieder in meine Augen. Mein Herz klatscht gegen meinen Brustkorb. Ich kann nicht sprechen. Ich kann kaum noch atmen. Aber ich kann nicken.

Er küsst mich und ich bin Wachs in seinen Händen.

> Ich habe Nummer zwei erledigt, aber nicht mit Matt. Ich empfinde nicht mehr so für Matt wie früher und daher ist dieser Punkt null und nichtig geworden. Stattdessen habe ich Carter meine Gefühle gestanden.

Ich hänge ein Foto an, das Carter gemacht hat, als wir uns küssten. Und dann schicke ich die Nachricht ab.

20

Wie man eine Schmutzkampagne durchführt

WIE MAN EINE SCHMUTZKAMPAGNE DURCHFÜHRT

1. Man gibt sich der Illusion hin, das Opfer hätte absichtlich eine funktionierende Beziehung kaputt gemacht.
2. Man verbreitet das Gerücht über dieses angebliche Verhalten.
3. Man zerstört den guten Ruf der betroffenen Person und sorgt dafür, dass sich alle Freundinnen von ihr abwenden.
4. Man behauptet, sie würde nur deshalb ausschließlich mit Jungs abhängen, weil sie keine weibliche Konkurrenz duldet.
5. Man nimmt etwas, das diese Person auszeichnet, wie etwa die Tatsache, dass sie die Fotografin der Jahrbuch-AG ist, und zerstört ihre Leistung, indem man zum Beispiel …
   a) in den Weihnachtsferien in die Schule einbricht.
   b) dafür sorgt, dass hinter dem Gebäude ein Fluchtwagen mit Fahrer auf einen wartet.
   c) jemanden verpflichtet, an der Tür Schmiere zu stehen.
   d) das Lebenswerk des Opfers mit rotem Edding beschmiert.
   e) vor dem Verlassen des Gebäudes alle Aufnahmen der Sicherheitskameras löscht.

Ich schrieb diese Liste am Tag des Einbruchs, am Tag, als wir Olivias Bilder zerstörten. Die Schuldgefühle waren so überwältigend, dass ich gestehen musste, was ich getan hatte, wenn auch nur meinem Journal gegenüber. Niemand sollte diese Liste je zu Gesicht bekommen.

Aber an diesem Morgen wache ich auf und die ganze Schule wurde mit dieser Liste getaggt, einschließlich Olivia.

Alle werden glauben, dass ich diese Schmutzkampagne angezettelt habe. So war es nicht – aber ich war dabei. Das kann ich nicht leugnen. Ich war da, habe im Fluchtauto hinter dem Gebäude gewartet, während drinnen ihre Fotos beschmiert wurden.

Und ich dachte, wir könnten Freundinnen werden. Nicht nur das. Wenn Carter diese Liste sieht, wird er nie wieder mit mir reden. Genau wie Auden.

Dann bekomme ich eine Nachricht von meinem Erpresser:

> Auf der Liste steht, dass du Matt deine Gefühle gestehen sollst. Nicht »irgendeinem Typ, der mich bestimmt auch toll findet«. Du hast Zeit bis Mitternacht.

Ich werfe meine Bettdecke auf den Boden. Das geht zu weit. Das ist im Grunde genommen nichts weiter als eine Schmutzkampagne gegen mich. Alle meine neuen Freunde werden mir mit einem Schlag wieder entrissen.

Ich denke an die vier Verdächtigen: Matt, Destany, Kaide oder Carter. Carter war es ganz bestimmt nicht; ihn streiche ich von der Liste. Matt, Destany oder Kaide. Wer immer es war, ich bringe die Person um.

Aber als ich auf dem Schülerparkplatz stehe, lässt mich mein

Adrenalin im Stich und ich bleibe fröstelnd und furchtsam zurück. Ich bin nicht bereit, Olivia in die Augen zu sehen. Ich bin nicht bereit, sie zu verlieren – sie, Carter und Auden. Also sitze ich einfach in meinem Wagen, bei laufendem Motor, und lese die Kommentare unter dem Post.

Eifersucht kann einen dazu bringen, die verrücktesten Dinge zu tun.

Ich hab mir schon immer gedacht, dass sie es war, die Olivia das angetan hat. Sie hat so eine Art verzweifelte Energie.

Es klopft an mein Fenster. Ich zucke zusammen und blicke in Carters sorgenvolle Augen. Erstaunt fahre ich die Fensterscheibe nach unten.

»Alles okay?«, fragt er.

Mein Herz fliegt ihm zu. Jetzt ja. Ich hätte nicht gedacht, dass er je wieder mit mir reden würde. Ich weiß nicht, was ich sagen soll. Ich bin so erleichtert, so dankbar, dass er da ist. Mit Tränen in den Augen zeige ich ihm die Nachricht des Erpressers. Ich beobachte ihn, während er sie liest, und merke, wie sich meine Atmung beruhigt.

Er gibt mir mein Handy zurück und sagt: »Es wird alles gut. Wir kommen damit klar.«

Ich nicke und versuche, mir eine Scheibe von seiner Selbstsicherheit abzuschneiden.

»Steht der Plan noch, dass wir heute das zweite College besuchen?«

Ich nicke.

»Ich muss schnell noch zu Mr Green, aber ich bin gleich wieder da. Okay?« Er duckt sich und legt seine Arme auf die Unterkante meines Fensterausschnitts. Die Sonne scheint ihm ins Gesicht, erhellt seine braunen Wangen, seine braunen Augen und seine tiefrosa Lippen. Er beugt sich vor und wie ein Magnet zieht mich sein Mund zu sich hin. Er küsst mich kurz, einmal, zweimal, dreimal. Dann weicht er zurück. »Warte hier. Bin gleich zurück.« Er dreht sich um und joggt über den Parkplatz.

Ich sehe ihm nach und mein Herz fliegt mit ihm. Ich bin sprachlos. Wie kann er mich noch küssen, nachdem er die Liste gesehen hat, die heute veröffentlicht wurde? Ich will es eigentlich gar nicht wissen. Ich will nur mehr Küsse. Ich will ihn umarmen und ihm dafür danken, dass er immer noch für mich da ist.

Ich schalte den Motor aus und mache mir nicht einmal die Mühe, das Fenster zu schließen, ehe ich aussteige und hinter Carter herrenne. Aber er hat einen großen Vorsprung und Joggen halte ich ungefähr nur zwanzig Sekunden durch. Als ich vor Mr Greens Klassenzimmer ankomme, sitzt Carter an einem Tisch in der ersten Reihe und Mr Green steht vor ihm. »Sie haben am Freitag schon gefehlt. Sie können nicht heute auch noch fehlen.«

Oh verdammt, er hält Carter eine Standpauke, weil wir geschwänzt haben. Ich drücke mich an die Wand, ehe Mr Green mich auch noch in die Finger bekommt.

»Wir nehmen uns College-Besuchszeit, Mr Green. Das steht uns zu.«

»Sie wissen bereits, dass Sie auf die UT gehen, Auden hat eine Zusage von der Texas State und Quinn von der Columbia.«

Carter sagt nichts. Ich fange an zu schwitzen und rühre mich nicht.

»Hören Sie, ich weiß, dass Sie diese Schule hassen.«

»Ich hasse sie nicht«, widerspricht Carter.

»Meinetwegen, dann die Tatsache, dass Ihr Vater das Schulgeld bezahlt.«

Ich runzle die Stirn. Sein Dad kann sich das Schulgeld leisten?

»Ich habe ein Stipendium auf der UT, also wird das im nächsten Jahr kein Thema mehr sein.« Er klingt wütend.

»Das stimmt, aber noch haben Sie Ihren Abschluss nicht gemacht. Und das werden Sie auch nicht, wenn Sie weiterhin schwänzen.«

»Ich schwänze nicht«, beharrt Carter. »Wir dürfen College-Besuchszeit nehmen.«

»Aber nicht, wenn man bereits weiß, auf welches College man gehen wird.«

»Mr Green ...«

»Es ist wegen mir. Okay?« Ich betrete das Klassenzimmer, die Hände an den Hüften zu Fäusten geballt.

Beide drehen sich überrascht zu mir um.

»Ich hab's nicht auf die Columbia geschafft und deshalb besuchen wir die Unis, die mich angenommen haben.«

»Was soll das heißen, Sie haben es nicht auf die Columbia geschafft? Ihre Eltern haben doch allen erzählt, dass Sie die Aufnahme bestanden haben.«

»Ja.« Ich nicke und betrachte meine weißen Tennisschuhe auf dem roten Fliesenboden. »Weil ich gelogen habe.«

»Wissen sie es schon?«, fragt Mr Green verdattert.

»Ich habe es ihnen noch nicht gesagt.«

Mr Green fährt sich mit den Händen an den Kopf, die Augen erschrocken aufgerissen. Seine Reaktion ist nicht hilfreich. Kein bisschen. »Quinn ...«

»Sie sehen also, wir müssen gehen. Okay?« Ich winke Carter zu mir. »Die Tour fängt um elf Uhr an und wir haben noch eine lange Autofahrt vor uns.«

»Wann werden Sie es ihnen sagen?«, fragt Mr Green mit erstickter Stimme.

»Schon bald«, antworte ich. Carter folgt mir zur Tür. »Bitte lassen Sie die Bombe nicht vorher platzen, Mr Green. Ich muss es ihnen selbst sagen.«

Wir hasten durch den Korridor in Richtung Ausgang, bevor er uns aufhalten kann.

»Das wäre nicht nötig gewesen. Ich hatte alles unter Kontrolle«, sagt Carter.

»Tja, jetzt kennt er die Wahrheit.« Ich presse die Lippen zusammen und hoffe inständig, dass Mr Green mich nicht verrät. Seine Loyalität zu meinen Eltern ist stärker als die zu mir.

Carter bleibt stehen und hält mich fest. »Vielleicht ist es besser, wenn wir heute nicht diese Tour mitmachen. Der Erpresser ist doch völlig außer Kontrolle.«

»Ein Grund mehr, diesen Punkt von der Liste zu streichen«, sage ich.

»Nein, ein Grund mehr, hierzubleiben und herauszufinden, wer zum Teufel dir das antut.«

»Oder nicht hierzubleiben und … nicht Olivia gegenübertreten zu müssen.« Vorsichtig schaue ich ihm in die Augen. »Das kann ich nicht. Ich glaube nicht, dass ich ihr ins Gesicht sehen kann.«

»Das muss aufhören.« Er spuckt die Worte heraus und verstummt dann.

Was muss aufhören? Dass ich sie verletze? Glaubt er, dass ich diejenige bin, die diese Gerüchte in die Welt gesetzt hat?

»Was denn?«, frage ich leise.

Er entspannt leicht die Schultern. In seinen Augen liegt Ernsthaftigkeit. »Dass du ständig vor deinen Problemen davonläufst.« Er wendet sich ab. »Auden kommt heute übrigens mit. Er geht Olivia auch aus dem Weg.«

☆

Huntsville liegt weiter im Norden als Houston. Carter hat hinter dem Steuer Platz genommen. Die Fahrt dorthin erinnert mich wieder schmerzhaft daran, dass wir in Texas leben. Wenn man in Austin lebt, ist man von diesem Texas – dem konservativen, ländlichen Texas – relativ gut abgeschirmt.

Wir fahren an einem Werbeschild für Donald Trump vorbei. »Wow«, krächzt Carter, als danach ein Wohnwagen mit Holzzaun darum herum in Sicht kommt, der die berüchtigte »Come and Take It«-Fahne mit einem schwarzen Gewehr und einem einzelnen schwarzen Stern darüber gehisst hat.

»In *dieser* Nachbarschaft lebt es sich bestimmt gemütlich«, lässt sich Auden sarkastisch vom Rücksitz vernehmen.

»Kein guter erster Eindruck«, sage ich und werfe Carter einen Blick zu.

»Wir sind noch nicht da, Quinn. Gib der Uni eine Chance.«

Carter und ich wiegen uns während der Fahrt im Takt von R&B aus den 1990ern. Auden sitzt still hinter uns. Wir vermeiden es, in seiner Gegenwart über Olivia zu sprechen. Ich meine, wir sind beide hier, weil wir Olivia nicht über den Weg laufen wollen, und ich bin sicher, dass er mich mittlerweile durchschaut hat. Eigentlich bin ich neugierig, was er darüber denkt.

An der Uni angekommen sucht Carter einen Parkplatz. Es dauert zwanzig Minuten, um das einzige Parkhaus auf dem Campus ausfindig zu machen, was dazu führt, dass wir zum Besucherzentrum rennen müssen.

»Kein guter erster Eindruck«, sage ich erneut, während ich hinter Carter und Auden herkeuche.

»Nein«, ruft Carter hinter sich und läuft dann langsamer, um meine Hand zu nehmen.

Die Tour beginnt mit einem Überblick über das studentische Leben und die finanziellen Unterstützungsmöglichkeiten an der Sam Houston. Eine Frau mit einem streng zurückgebundenen blonden Haarknoten und Stilettos läuft vor uns auf und ab, eine Hand entschlossen auf die andere gepresst, als ob sie etwas festhalten würde. Ich weiß nicht genau, was das sein könnte, aber ganz bestimmt nicht unsere Aufmerksamkeit.

Zu dritt sitzen wir ganz hinten, zwischen lauter leeren Stühlen. Zu dritt starren wir auf unsere Handys. Die Liste mit der Schmutzkampagne wurde mittlerweile unzählige Male kommentiert, aber keine Nachricht von Olivia.

Erst die Columbia und jetzt das? Dein Leben wird ja immer schlimmer.

Schon bemerkenswert, dass sie heute nicht in der Schule aufgetaucht ist.

»Hey.«

Ich blicke auf. Die Zuschauer verlassen den Saal. Auden hat sich ihnen bereits angeschlossen. Carter steht vor mir und hält mir seine Hand hin. Ich stecke mein Smartphone ein und lege meine Hand in seine.

Als wir uns zu der Gruppe gesellen, flüstert er mir ins Ohr: »Es ist nicht hilfreich, diese ganzen Kommentare zu lesen. Das lenkt dich bloß ab.« Leicht gereizt schaue ich ihn an. Er verschränkt seine Finger in meinen. »Sei hier bei mir«, sagt er. Dann lächelt er und küsst meine Schläfe.

Wie kann ich da widerstehen?

Außerdem hat er recht. Es ergibt keinen Sinn, wenn ich dieser Uni genauso ablehnend gegenüberstehe wie der in Houston. Immerhin könnte es passieren, dass ich die nächsten vier Jahre hier verbringe.

Der Campus ist nichts Besonderes. Auf den Gehsteigen kommen und gehen Studenten mit Ohrstöpseln in den Ohren, die Blicke auf ihre Handys gerichtet. Und das ist gar nichts Schlechtes. Eine große Einrichtung wie die Columbia mit ihrer altehrwürdigen Architektur würde mich vermutlich überwältigen. Die Sam Houston ist, was sie ist: ein Trittbrett. Eine Gelegenheit.

Zum Schluss der Tour bekommen wir Tüten mit Info-Flyern und Werbegeschenken. Carter zieht eine orange-weiße Baseballmütze aus seiner Tüte und ersetzt damit die Mütze, die er aufhat, mit dem Schirm nach hinten. Auden trägt seine mit dem Schirm tief in die Stirn gezogen. Ich setze meine Mütze nicht auf.

Auf dem Weg zum Auto überlege ich, wie wir am besten zum Parkhaus kommen, während Carter und Auden eine Broschüre über die Freizeitmöglichkeiten in Huntsville durchblättern.

»Ohhhh, hier gibt es ein Museum über Sam Houston. Mit einem Ententeich«, sagt Carter, als ob er eine Immobilie anpreisen würde.

»Und die Statue müssen wir uns auch unbedingt anschauen«, fällt Auden mit ein.

»Wartet mal, Jungs, ich glaube, wir haben uns verlaufen.«

Carter blickt von der Broschüre auf. Wir stehen mitten auf einem verlassenen Parkplatz. »Quinn, wo zum Henker sind wir?«

»Ihr beide wart mir ja keine große Hilfe!«

Er steckt die Broschüre ein und holt sein Smartphone heraus. Dann nimmt er meine Hand und führt mich und Auden in die entgegengesetzte Richtung.

Als wir zum Parkhaus kommen, steuert Carter mit mir auf die Beifahrertür zu. »Lass mich noch mal fahren. Es gibt hier ein paar Ecken, die du sehen musst.«

»Wir haben nicht allzu lange Zeit, sonst fragen sich meine Eltern, wo ich bin.«

»Ja, das gilt auch für mich.«

»Sagt, ihr lernt bei einem Freund.« Dann lässt er meine Hand los und geht zur Fahrertür. »Ernsthaft, wie kannst du entscheiden, ob du hier wohnen willst, ohne dir die Stadt anzuschauen?«

Da hat er recht. Und so lasse ich mich wieder einmal auf dem Beifahrersitz des Mercedes nieder, während Auden seinen üblichen Platz auf der Rückbank einnimmt und Carter sich hinter das Steuer setzt.

ZEHN DINGE, DIE MAN ÜBER HUNTSVILLE, TEXAS, WISSEN MUSS

1. Man kann an der Sam Houston State University studieren – wenn man einen Parkplatz findet.
2. Die Einheimischen nennen die Stadt »Prison City« – auf dem Campus gibt es tatsächlich einen Alarm, der ausgelöst wird, wenn ein Insasse des hiesigen Gefängnisses ausbricht.
3. Man kann sehr günstig ins Kino gehen.
4. Es gibt ein Einkaufszentrum ein Stück die Straße hinunter – das sich als sehr enttäuschend herausstellt. Ich habe noch nie im Leben ein dermaßen leeres Einkaufszentrum gesehen. Es ist schon fast eine Frechheit, so etwas »Zentrum« zu nennen.

5. Man wird überall von Kiefernnadeln gepikst oder ein Kiefernzapfen fällt einem auf den Kopf – weil überall Kiefern stehen.
6. Zwischen der Avenue N und der Avenue S kann man sich ganz wunderbar verlaufen. (Warum haben die Straßen hier keine anständigen Namen?)
7. Man kann Carter dabei beobachten, wie er so tut, als wüsste er den Weg.
8. Gleich neben dem Freeway steht die weltgrößte Statue eines amerikanischen Helden. Ein idealer Ort, um Fotos zu schießen.
9. Nicht weit entfernt von der Statue gibt es ein Feld mit blauen Wiesenlupinen, von dem man ebenfalls Fotos machen kann, um dann im Internet nachzusehen, ob es verboten ist, sie zu pflücken (ist es nicht).
10. Man kann so tun, als würde man sich mit Carter ärgern, weil er die Abfahrt verpasst, obwohl es einfach nur süß ist.

Wir sind gerade rechtzeitig wieder zurück, als die Schule aus ist. Ich rutsche auf meinem Sitz nach unten und hoffe, dass keinem mein Wagen auffällt, aus Angst, dass irgendjemand auf die Idee kommen könnte, mit faulen Eiern nach mir zu werfen. Als Auden aussteigt, ruft ihm Carter nach: »Livvy möchte mit dir reden. Du solltest dir anhören, was sie zu sagen hat.«

Ich sehe nicht, wie Auden reagiert, aber ich kann seine Anspannung förmlich spüren. Er schließt wortlos die Autotür.

Als Carter aus der Parklücke ausschert, frage ich ihn: »Glaubst du, dass Auden mich hasst?«

»Was?« Er stößt ein kleines ratloses Lachen aus. »Warum sollte er dich hassen?«

Ich starre geradeaus. »Ich war dabei, als man Olivias Fotos zerstört hat. Ich war … darin verwickelt.« Ich wende mich ihm zu. »Hasst du mich nicht?«

Er starrt ebenfalls geradeaus. »Nein.«

»Warum nicht?« Es klingt so, als würde ich darum bitten, gehasst zu werden. Auf jeden Fall verdiene ich es.

»Weil.« Er seufzt. »Die Dinge haben sich geändert. Du hast dich geändert. Und Livvy ist echt froh, dich als Freundin zu haben. Sie spielt das Spiel des Erpressers nicht mit; sie wird dich nicht zurückweisen. Sie weiß nur zu gut, wie sich das anfühlt.«

Aber wäre es nicht eine gerechte Strafe für mich, zurückgewiesen zu werden? Ich war heute Morgen stinksauer auf den Erpresser, weil er die Liste über die Schmutzkampagne veröffentlicht hat, aber wenn er es nicht getan hätte, wäre ich dann freiwillig zu Olivia gegangen und hätte ihr alles gebeichtet? Mich bei ihr zu entschuldigen, stand *nicht* auf meiner To-do-Liste. Und mir wird jetzt erst klar, dass dieser Punkt eigentlich darauf gehört.

Ich gehe diesem Gespräch seit Monaten aus dem Weg. Aber ich habe kein Recht, mich ihre Freundin zu nennen, wenn ich mich nicht für meinen Anteil an dieser Schmutzkampagne bei ihr entschuldige.

Mein Dad hat früher beim Autofahren immer Moms Hand auf der Mittelkonsole gehalten. Ich habe vom Rücksitz aus zugesehen und mir nichts dabei gedacht. Bis er es irgendwann nicht mehr tat.

Als das passierte, habe ich mir etwas vorgelogen.

Und als Carter jetzt seine Finger mit meinen auf der Mittelkonsole verschränkt, während wir durch die Stadt fahren, schlägt mein Magen einen Purzelbaum, weil sich die Sache irgendwie endgültig anfühlt.

Wir sitzen auf dem Parkplatz vor Olivias Wohnkomplex im Auto und schauen uns an. Die Sonne geht unter und unsere Zweisamkeit findet bald ein Ende.

»Wie hat dir die Sam Houston im Vergleich zur University of Houston gefallen?«

»Es war wie eine andere Welt. Ich bin so an die Stadt gewöhnt; sich in Houston zurechtzufinden, würde mir wahrscheinlich leichterfallen.« Dann gleitet mein Blick auf unsere ineinander verschränkten Hände auf der Konsole. »Es ist gut, dass du ein Stipendium hast, dann muss dein Dad kein Schuldgeld mehr bezahlen.«

Anspannung macht sich in ihm breit. »Das hast du gehört?«

Ich nicke.

Er zieht seine Hand weg. Plötzlich ist es, als wäre er in einer anderen Welt. Ich weiß so wenig über ihn. Er war immer in einer anderen Welt.

»Carter …«

»Ich will nicht darüber reden.«

»Okay.« Ich weiche zurück, weiche körperlich vor ihm zurück. Aber es ist nicht okay, denn er weiß so viel über mich, während so viele Dinge über ihn noch in Dunkelheit gehüllt sind.

Dann schaut er mich an, betrachtet die Entfernung zwischen uns. »Hey, komm her.« Er winkt mich zu sich. »Bitte.« Ich beuge mich zu ihm. Er sagt: »Mach dir um mich keine Sorgen. Es ist alles in Ordnung.«

»Ich mache mir keine Sorgen. Ich will dich nur kennenlernen.«

»Du kennst mich doch.«

»Nein, nicht wirklich«, sage ich. »Um genau zu sein: überhaupt nicht.«

Er seufzt und legt den Ellbogen auf die Konsole. »Okay. Also, mein Sternzeichen ist Jungfrau, meine Lieblingsfarbe ist Rot.

Manchmal auch Gelb. Am liebsten esse ich scharf gewürzte Hähnchenschenkel mit Blauschimmelkäse. Ähm …«

»Tja, das wusste ich alles nicht, aber das habe ich auch nicht gemeint, als ich sagte, ich will dich kennenlernen.«

Er schaut mich an und lächelt. »Okay.« Jetzt gräbt er tiefer. »Ich hatte vor dir noch nie eine Freundin.«

Überrascht richte ich mich auf und schaue ihn an. So wie er küsst, musste er eine gewisse Übung haben. »Hm, und was ist mit den siebenhundert Freundinnen, von denen deine Schwester erzählt hat?«

Er lacht. »Also, erst mal ist das eine bodenlose Übertreibung von Imani. Und außerdem waren das bloß Mädchen.«

»Und was heißt das?«

»Es war nie was Ernstes.«

»Du hast sie nur benutzt, um Sex zu haben?«

Seine Augen werden schmal. »Es war immer im beidseitigen Einverständnis.«

»Also haben sie dich auch für Sex benutzt?«

»Bei dir klingt das so steril.« Er wendet sich ab und schaut nach vorne zur Windschutzscheibe hinaus. »Ich glaube, ich wollte gar nichts Ernstes. Ich wollte nicht, dass ein Mädchen um meine Zeit feilschen muss.«

»Wieso das?«

»Wegen Imani«, sagt er. Aufrichtigkeit liegt in seinem Blick. »Wir haben keinen Dad, aber wenn es nach mir geht, wird sie nie einen Vater vermissen.«

»Was ist mit deiner Mom?«, frage ich.

»Sie arbeitet mehr oder weniger rund um die Uhr, um für uns sorgen zu können, was auch der Grund ist, warum ich ständig für Imani da sein muss. Olivia hilft mir, aber ich versuche, sie nicht allzu oft einzuspannen. Ich habe einfach keine Zeit, jedes Wochenende mit einem Mädchen auszugehen. Und auch nicht das Geld.« Er weicht meinem Blick aus. »Tut mir leid. Wahrscheinlich hätte ich dir das früher sagen sollen …«

Ich lächele. »Ich habe bloß eine Frage.«

»Und die wäre?« Carter scheint sich für das Schlimmste zu wappnen.

»Wenn das so ist, warum riskierst du es dann mit mir?«

Er betrachtet die Treppe vor uns, die hinauf zu Olivias Wohnung führt. »Imani mag dich«, sagt er. »Und an dem Morgen nach dem Konzert hast du gesagt, dass du sie auch magst. Ich habe gehofft, dass du vielleicht hin und wieder Zeit mit uns beiden verbringen magst.«

Ich betrachte den zögernden Ausdruck in seinem Gesicht. Mein Herz läuft über – genau wie meine Augen. »Siehst du? Genau das meinte ich damit, als ich sagte, dass ich dich kennenlernen will.«

Er verdreht die Augen. »Fang bloß nicht an zu weinen.«

»Tue ich nicht!«

»Ich seh es dir doch an. Komm her.«

Ich beuge mich wieder zu ihm hin. »Ich würde sehr gern Zeit mit euch beiden verbringen.«

Er küsst mich langsam und genüsslich, fährt mit den Händen seitlich an meinem Hals nach oben, dann nach hinten in meinen Haaransatz, wo sich seine Finger in meinen Locken verheddern, was ihm aber überhaupt nichts auszumachen scheint. Er kennt sich bestimmt mit den Haaren von Schwarzen Mädchen aus. Ich lasse mir von ihm den Kopf nach hinten neigen, während Brandy im Flüsterton durch meine Lautsprecher singt, begleitet von den leisen Geräuschen, mit denen unsere Lippen aufeinandertreffen und sich wieder voneinander lösen.

»Ich glaube, du musst gehen. Oder?«, fragt Carter nach einer Weile.

Ich nicke und lege wieder meinen Mund an seinen, schließe meine Augen. Er küsst mich noch ein bisschen länger. Es ist wirklich das Schönste auf der Welt – und furchtbar schwer, damit aufzuhören. Aber irgendwann gelingt es uns doch; Olivia ist zu Hause und es wird Zeit, dass ich ihr gegenübertrete.

21

Wie man einem Mobber eine Falle stellt

Ihre Mom macht mir die Tür auf. »Tut mir leid, Sweetie. Ich habe schon wieder deinen Namen vergessen.«

Ich bin zu aufgeregt, um mich beleidigt zu fühlen. »Quinn.«

»Richtig.« Sie lächelt. »Komm rein. Olivia ist in ihrem Zimmer.«

Mein Herz hämmert wie eine Basstrommel.

Ich gehe am Sofa und der Sitcom vorbei, die gerade im Fernsehen läuft. Danach passiere ich die Küche, wo das Linoleum gegen meine Schuhsohlen klickt. Als ich vor Olivias Zimmer stehe, sehe ich Licht unter der Tür durchsickern. Vontae dröhnt aus ihren Lautsprechern.

Ich stehe im Flur und versuche, all meinen Mut zusammenzunehmen, als ihre Mom hinter mich tritt. »Du musst richtig fest klopfen.« Sie hämmert gegen Olivias Tür. »Ihre Musik ist immer so laut aufgedreht, dass sie nichts hört. Livvy, dreh den Scheiß leiser! Du hast Besuch!«

Die Musik wird leiser. »Wer ist es?«

Ihre Mom öffnet die Tür und da stehe ich nun – mit offenem Mund.

Olivia blickt feindselig von ihrem Laptop auf, bis sie mich sieht. »Ach, es ist Quinn.« Sie steht auf, zieht mich ins Zimmer und schlägt die Tür hinter mir zu. »Ich hasse es, wenn sie so was macht. Wenn ich frage, wer da ist, soll sie gefälligst antworten. Also echt!« Sie geht wieder zu ihrem Schreibtisch. »Komm her, ich will dir was zeigen.«

Mit vor Anspannung zitternden Beinen gehe ich zu ihr. Sie scrollt durch die Fotos, die sie auf unserer Fahrt nach Houston gemacht hat, die von der verlassenen Tankstelle.

»Ich muss sie jetzt selbst bearbeiten ...« Sie verstummt; Audens Name bleibt unausgesprochen.

»Das sind fantastische Aufnahmen«, sage ich.

Sie schaut lächelnd zu mir hoch. »Danke, Quinn.« Sie lächelt weiter und mein Herz schlägt schneller. Ich dachte, sie würde mich hassen. Aus irgendeinem Grund wäre ich damit irgendwie besser klargekommen.

»Olivia.« Dann atme ich tief durch. Carter und ich haben das in meinem Wagen geübt. *Spuck's einfach aus*, meinte er. Und das mache ich auch. »Ich weiß, dass du die neueste Liste gesehen hast.«

Ihr Lächeln verblasst.

»Es tut mir so leid, dass ich nichts unternommen habe, um diese Schmutzkampagne zu unterbinden. Aber ich schwöre, ich war nicht diejenige, die all diese Lügen verbreitet hat.«

Sie verdreht die Augen. »Das weiß ich doch.«

»Das weißt du?«

»Das war doch klar, Quinn.« Sie stellt ihr Bein auf die Stuhlkante und zieht ihren Oberschenkel zu sich heran. Dann legt sie das Kinn auf ihr Knie. »Es war Destany.«

Ich will den Kopf schütteln, aber sie fährt fort: »Holden hatte in den Weihnachtsferien mit ihr Schluss gemacht. Er fing an, mit mir zu flirten. Und dann gingen diese Gerüchte los, wir hätten Sex gehabt, während die beiden noch zusammen waren.« Sie lächelt. »Natürlich war es Destany. Das ist auch der Grund, warum ich glaube, dass sie dein Journal hat, wenn es doch nicht Kaide ist. Das sähe ihr ähnlich.«

»Aber es war nicht Destany«, sage ich.

Olivia wirft mir einen verwirrten Blick zu.

»Ja, sicher, Destany war dabei, aber sie war nicht diejenige, die das Ganze geplant hat. Oh mein Gott.«

»Was ist?«

»Mit einer Sache hast du recht. Die Person, die für die Schmutzkampagne gegen dich verantwortlich ist, ist auch verantwortlich für die gegen mich.«

Destany tut so etwas nicht. So tückisch ist sie nicht.

»Ich muss gehen.« Ich wende mich der Tür zu.

»Quinn!«, ruft Olivia und steht auf. »Wer ist es?«

Ich drehe mich wieder um, zögere, weil Olivia aussieht, als würde sie gleich explodieren. Ich bin mir nicht sicher, was sie tun wird, wenn ich es ihr sage.

Sie kommt langsam auf mich zu, als wäre ich ein ängstliches Rehkitz. »Wer immer das getan hat, hat meinen Ruf ruiniert. Ich verdiene die Wahrheit.«

Sie hat recht. Ich habe zugesehen, wie ihre Reputation mit Füßen getreten wurde, und ich habe nichts getan, um es zu verhindern. Das Mindeste, was ich tun kann, ist, ihr zu sagen, wer dahintersteckt. »Ich habe das Fluchtauto gefahren«, gestehe ich. »Destany hat Schmiere gestanden. Aber Gia war diejenige, die deine Bilder zerstört und die ganzen Gerüchte in die Welt gesetzt hat.«

Olivia legt nachdenklich den Kopf schräg. Dann kehrt sie zu ihrem Laptop zurück und klappt ihn zu. Das sanfte Säuseln von Vontae verstummt. »Gehen wir.«

»Moment mal. Was haben wir denn vor?«

»Wir spielen ›Girls United‹.«

Verwirrt ziehe ich die Augenbrauen zusammen. »Wir spielen … was?«, frage ich verdattert.

Olivia mustert mich, als stamme ich von einem anderen Planeten. »Wir machen es wie in ›Girls United‹. Der Film!«

»Oh.« Ich grinse. »Ich liebe diesen Film.«

»Wir sind die Clovers. Und die sind …« Sie schnippt mit den Fingern. »Wie heißen diese weißen Zicken doch gleich? Die Red Dragons? Oder irgend so ein Scheißname.«

»Ja, es war irgendwas Rotes. Aber keine Dragons, glaube ich.«

»Weißt du, was cool an diesem Film ist?« Sie rauscht an mir vorbei aus ihrem Zimmer. Ich folge ihr. »Er beleuchtet den Diebstahl von geistigem Eigentum. Und am Ende verlieren diejenigen, die geklaut haben. Dieser Film war seiner Zeit weit voraus!«

Sie schaut kurz zu ihrer Mom, die auf dem Sofa sitzt und Perlen auf eine Schnur fädelt. »Bis später, Mom. Du musst nicht auf mich warten.«

»Okay. Pass auf dich auf. Hab dich lieb.«

»Ich dich auch!« Olivia tritt zur Tür hinaus.

»Bis bald, Quinn!«

»Bis bald!« Ich winke ihr zu und freue mich, dass sie meinen Namen behalten hat. Dann folge ich Olivia.

Sie ist schon zehn Stufen die Treppe hinuntergesprungen. »Du bist Gabrielle Union! Ich bin diese Kratzbürste, die die Sache mit den Fäusten austragen will und sagt …« Am Fuß der Treppe bleibt sie stehen und dreht sich zu mir um. *»Du hast 'nen guten Schutzengel, Girlie.«* Sie grinst. »Erinnerst du dich an die Szene?«

»Na klar.«

»Das bin ich«, sagt sie und nimmt meine Hand. »Und jetzt geht's los.«

Als ich Gias Einfahrt entlangfahre, haben wir immer noch keinen Plan. Wir haben versucht, uns einen auf dem Weg hierher zurechtzulegen, aber das Denken ist gar nicht so einfach, wenn man dermaßen wütend ist. Und Olivia hat es wunderbar verstanden, mich wütend zu machen.

»Wie konnte dieses Miststück dir das antun? Ich dachte, sie ist deine Freundin?«

Aber Gia war nie meine Freundin. Gia ist manipulativ. Gia ist herablassend. Gia hat schon immer ihr Möglichstes getan, um einen Keil zwischen mich und Destany zu treiben. Und jetzt ist es ihr endlich gelungen.

»Aber wie ist sie an mein Journal gekommen? Sie ist nicht in Mrs Yates' Klasse«, sage ich und betrachte die Backsteinfassade von Gias Haus.

Olivia schaut mich an und schüttelt den Kopf. »Quinn, es war Destany.«

Mein Magen sackt nach unten. »Nein. Sie kann unmöglich … Sie hätte nie zugelassen, dass Gia …« Destany hat sich schon immer an Gia orientiert und ist ihr in allem gefolgt. Aber würde sie so weit gehen? Dass sie mich wissentlich ruiniert? Ich war zehn Jahre lang ihre beste Freundin! »Aber das würde bedeuten, dass Destany mein Journal gestohlen hat.«

Olivia nickt. »Wie sonst hätte Gia es in die Finger bekommen sollen?«

»Vielleicht macht sie gemeinsame Sachen mit Kaide«, sage ich hoffnungsvoll. »Er ist Rassist. Sie ist Rassistin. Sie passen perfekt zusammen.«

Olivia verzieht den Mund und schaut wieder durch die Windschutzscheibe. Sie ist nicht überzeugt.

Destany weiß bestimmt nicht über die Erpressung Bescheid. Gia hat vermutlich versucht, ihr allen möglichen Scheiß über mich einzureden, aber sie würde ihr nicht glauben.

Ich schaue an der Fassade nach oben und dann zur Seite, über die grünen Wiesen. Dann erst fällt mir auf, dass die Einfahrt leer ist. »Moment mal. Sie ist gar nicht da.« Ich sehe Olivia an.

Auch sie bemerkt, dass mein Wagen der einzige ist, der vor dem Haus steht. »Mist. Sollen wir warten?«

Ich zucke mit den Schultern. Dann denke ich nach. Der Grund, warum sie diese Show abgezogen hat, ist, dass sie Destany für sich allein haben will. Ich lege den Rückwärtsgang ein. »Ich weiß, wo sie ist.«

Zehn Minuten später halten wir vor dem vertrauten weißen Farmhaus an. Alles sieht so aus wie immer. Der Blumengarten seitlich des Anwesens, die Veranda, die das Haus einrahmt und auf der die rustikalen Gartenmöbel stehen. Destany und ich haben uns immer die Nägel dort lackiert. Die amerikanische Flagge am Vordach.

Ich parke direkt hinter Gias weißem Tahoe.

Olivia wirft mir einen Blick zu. »Bereit?«

Ich habe vor, die schlimmste Mobberin der Hayworth Highschool mit ihren Missetaten zu konfrontieren. Ich erwidere Olivias Blick, betrachte ihr Septum, wie eine Krone über ihren Lippen, ihre mit schwarzem Eyeliner umrahmten schokoladenbraunen Augen, die Microbraids zu einem hohen Pferdeschwanz zusammengefasst. An meiner Seite ist die härteste Draufgängerin der Hayworth Highschool, das Mädchen, das Jungs, ohne mit der Wimper zu zucken, die Stirn bietet. Ich nicke. Ich bin bereit.

»Unsere oberste Priorität ist, dein Journal zurückzubekommen.« Ihre Augen glühen.

Ich kann nicht glauben, dass sie wegen mir hier ist – mir zuliebe –, obwohl ich bisher nie für sie da war.

Als sie die Wagentür öffnet, sage ich: »Warte, Olivia.« Sie zögert, einen Fuß im Auto, den anderen schon draußen auf dem Asphalt. »Es tut mir so leid, dass ich damals nicht für dich eingestanden bin.«

Sie entspannt sich leicht. »Das weiß ich, Quinn. Wichtig ist aber doch bloß, dass du jetzt hier bist.« Sie wendet sich mir voll zu und hebt die Augenbrauen. »Und nenn mich endlich Livvy, okay?«

Ich nicke erleichtert und grinse von einem Ohr zum anderen.

»Gehen wir«, sagt sie.

Wir umrunden Gias SUV und Destanys Mustang. Sonst stehen keine Autos in der Einfahrt. Es sieht so aus, als seien Destanys Eltern nicht da.

Mein Herz schlägt mir bis zum Hals. Wir gehen die Verandastufen hoch und unsere Schritte vibrieren rings um das Haus. Meine Hand zittert, als ich sie an die Fliegengittertür lege. Ich klopfe zu zaghaft und Olivia bügelt meine Schüchternheit mit einem lauten Hämmern aus.

Ich schaue sie an. »Ich habe Angst.«

»Nein, Quinn. Du bist furchtlos und du bist hier, um dir zurückzuholen, was dir gehört. Du bist Gabrielle Union, schon vergessen?« Keine von uns erinnert sich an den Namen der Figur, die Gabrielle Union in dem Film gespielt hat.

Ich nicke und blicke wieder zur Tür. »Ich bin Gabrielle Union und ich werde mir holen, was mir gehört.« Aber ich habe wirklich Angst, dass Olivia mit ihrer Behauptung über Destany recht hat.

Dann geht die Haustür auf. Destany steht vor uns. Als sie mich sieht, weiten sich ihre Augen vor Überraschung, aber noch mehr schockiert sie Olivias Anblick. »Quinn, was machst du denn hier?«

Ich schaue in ihre grauen Augen und merke, wie sich meine Gefühle in meiner Magengrube zusammenballen, wie sich Worte in meiner Kehle bilden. Aber ich schlucke sie hinunter und beobachte sie nur, denn die Tatsache, dass sie mich nicht richtig ansehen kann, beweist mir, dass sie genau weiß, was ich hier mache. Schuld spiegelt sich in ihren Augen. Sie weiß Bescheid.

Die Gewissheit schlägt meine Welt in Stücke. Ich tue ihr bestimmt unrecht. So etwas würde sie doch nie zulassen. Sie war immer eine so treue Freundin. Ich erinnere mich an den Freitag vor der Party bei Chase. Matt wartete, bis die Schule aus war, bevor er Destany fragte: »Hey, wie kommst du eigentlich morgen zu Chases Party?«

Und sie sagte: »Keine Ahnung. Wahrscheinlich mit Gia oder Quinn.«

»Ach, na ja, ich dachte, ich könnte dich fahren. Lass uns zusammen hingehen.«

»Wie – ein Date?«, quietschte sie. Sein Vorschlag traf sie völlig unvorbereitet, besonders angesichts der Tatsache, dass ich ihr immer haarklein von unseren Gesprächen auf dem Trampolin berichtet hatte. Sie und ich dachten beide, dass Matt auf mich stehen würde.

»Ja. Ein Date.« Er lächelte.

Matt ist hot. Er ist es nicht gewohnt, abgewiesen zu werden. Trotzdem sagte sie, ohne zu zögern: »Auf gar keinen Fall«, und ließ ihn stehen.

Auf dem Parkplatz fing sie mich ab und erzählte mir alles.

Es brach mir das Herz, dass er sie mehr mochte als mich. Aber sie sagte flehend: »Ich würde nie mit ihm ausgehen, Quinn. Ich weiß doch, was du für ihn empfindest.«

»Aber wenn du ihn magst …«

»Ich mag *dich*«, sagte sie.

Und ich hätte fast geweint, so dankbar war ich ihr dafür. Ich sprang sie buchstäblich an. Wir umarmten uns geschlagene fünf Minuten lang und lachten darüber, wie idiotisch sie ausgesehen haben mochte, als sie vor ihm davonrannte. Ich hatte angenommen, sie würde immer auf meine Gefühle Rücksicht nehmen. Ich dachte, sie würde niemals – nie im Leben – irgendetwas tun, um mich zu verletzen.

Es gibt also einiges, was ich verarbeiten muss – und eine ganze Menge, von dem ich nicht weiß, *wie* ich es verarbeiten soll. Zehn Jahre lang waren wir Freundinnen und es hat nur eine Woche gedauert, bis sie mich fallen ließ.

Endlich mache ich den Mund auf. »Ist Gia bei dir?«

Destanys Blick zuckt zwischen mir und Olivia hin und her. »Warum?«

»Los, hol sie«, knurrt Livvy.

Destany zögert keine Sekunde. Sie dreht sich um und lässt die Haustür offen, die Fliegengittertür bleibt allerdings geschlossen. Ich sehe die Gemälde mit den Wildpferden und die gezeichneten Kruzifixe in der Diele.

Livvy wendet sich mir zu, während wir warten. »Was denkst du?«

Ich nicke. »Sie haben es.« Eine Welle aus Hitze fährt durch mich hindurch und sammelt sich hinter meinen Augen. Ich muss blinzeln. Sie verdienen meine Tränen nicht.

Als Gias selbstgefälliges Gesicht im Türrahmen auftaucht, fällt es mir leicht, mich an meine Wut zu klammern. Destany steht dicht hinter ihr, beide nur geschützt durch die Fliegengittertür.

»Wie kann ich euch behilflich sein?«, flötet Gia.

»Ich will mein Journal zurückhaben und zwar sofort«, sage ich und versuche, Ruhe zu bewahren.

»Wie bitte?« Gia legt in gespielter Verwirrung den Kopf schräg. »Was für ein Journal?«

»Du Bitch.« Livvy spuckt das Wort förmlich aus. Es kommt aus tiefstem Herzen und klingt wie eine Ohrfeige, wie eine Handfläche, die auf eine Wange prallt. Beide zucken unwillkürlich zurück.

»Du weißt genau, welches Journal ich meine«, sage ich. Gia sieht mich an. Das Lächeln ist verschwunden. »Hol es mir.«

Keine von beiden rührt sich.

»Wird's bald!« Livvy reißt die Fliegengittertür auf. Jetzt trennt uns nichts mehr von ihnen.

»Hol es«, sagt Destany.

Gia stößt ein wutschnaubendes Lachen aus, stapft ins Haus und lässt Destany allein mit Olivia und mir.

Ich habe nicht bedacht, wie weh es tun würde, meine Vermutungen bestätigt zu wissen. Ich krümme mich ein wenig zusammen, weil ich das Gefühl habe, einen Schlag in den Magen bekommen zu haben. Als ich Destany wieder anschauen kann, schüttele ich den Kopf. »Wow. Du hast nur zwei Sekunden gebraucht, um mich einfach von dir zu stoßen, meinen Namen durch den Schmutz zu ziehen und zehn Jahre Freundschaft in den Wind zu schießen.«

Olivia tritt einen Schritt zurück, um mir die Möglichkeit zu geben, zu Destany zu gehen.

»Quinn, du hast mich zuerst von dir gestoßen.«

»Ich bin *gegangen*! Du dagegen hast mein Eigentum gestohlen und meine intimsten Geheimnisse aller Welt zugänglich gemacht. Ich würde dir so etwas nie antun. Freundinnen machen so etwas nämlich nicht!«

»Wir waren keine Freundinnen«, beeilt sie sich zu sagen. »Du hast mich wegen eines Typen sitzen gelassen. Zehn Jahre Freundschaft und du hast zugelassen, dass ein Kerl zwischen uns steht! Und ich bin nicht mal mit ihm ausgegangen! Es war nichts zwischen mir und Matt, aber du warst eifersüchtig, weil er auf mich steht.«

»Ich habe dich nicht wegen Matt ›sitzen gelassen‹. Kennst du mich denn kein bisschen, Destany? Wie kannst du nur glauben, dass das der Grund war?«

»Was war es dann?«

Gia kommt dazu, mein Journal in der Hand. Ich schaue Destany an und sage mit gesenkter Stimme: »Weil ich doch ›sowieso fast weiß bin‹.«

Destany runzelt die Stirn, dann macht sich Verstehen in ihren Augen breit. »Echt jetzt? Deswegen? Das war bloß ein Scherz, Quinn. Ich meine, du bist ja ganz offensichtlich nicht weiß.«

»Offensichtlich«, sagt Gia und betrachtet höhnisch meine dunkle Haut.

Ich trete einen Schritt zurück. »Ein Scherz? Du findest es lustig, wenn Gia diese Verkäuferin bei GAP mit dem N-Wort beleidigt? Das ist für dich ein Scherz? Und in dem Moment, in dem ich glaube, dass du ihr sagst, was Sache ist, verbietest du mir buchstäblich, mich gekränkt zu fühlen, wischst meine Identität als Schwarze mit einer einfachen Handbewegung vom Tisch und verweigerst mir in dieser ganzen Diskussion eine eigene Meinung, eine eigene Stimme. Und das alles mit vier kleinen Worten! Das war ein Scherz? Ernsthaft?«

»Quinn, du übertreibst diese ganze Sache mit der Hautfarbe immer maßlos«, sagt Destany.

»Wie ich gesagt habe, Dessie, sie will bloß Aufmerksamkeit erregen. Sie ist überhaupt nicht beleidigt. Es soll nur irgendjemand Mitleid mit ihr haben …«

»Noch ein Wort und ich schwöre dir …« Livvy macht einen großen Schritt nach vorne und steht so nah vor Gia, dass ihre Nasenspitzen sich beinahe berühren. »Glaub mir, ich brauche keine Entschuldigung, um dir den Arsch zu versohlen. Wir hatten eh schon Stress, du und ich, aber bei rassistischem Bullshit reißt mir komplett der Geduldsfaden. Frag deine Freundin Hailey. Frag deinen Freund Paul. Frag deinen Freund Sean.«

»Livvy, Livvy.« Ich packe sie am Arm und ziehe sie nach hinten. »Sie ist es nicht wert.« Ich schaue Destany an. »Keine von beiden ist es wert. Sie sind beide Feiglinge.«

Livvy macht ein paar Schritte zur Seite und fängt an, auf der Veranda auf und ab zu gehen. Ich spreche weiter. »Feiglinge tun alles, um sich sicher zu fühlen, um die Kontrolle zu behalten. Ich war auch einmal ein Feigling, aber die erste mutige Tat, die ich vollbracht habe, war, dass ich aufgehört habe, deine Freundin zu sein.« Ich strecke die Hand aus. »Journal.«

Gia reicht mir das Notizbuch, lässt es aber nicht los, als ich danach greife. Sie sagt: »Wenn irgendjemand hiervon erfährt, schicke ich deinem Vater eine Nachricht über die Columbia ...«

Mit einem Satz ist Livvy da. »Wenn du ihrem Vater eine Nachricht schickst, kriegt die Hölle eine von mir, in der ich dich dort ankündige.« Gia lässt mein Journal los und ich schiebe Livvy von ihr weg.

»Wir werden nichts sagen. Aber ich will, dass du alle Bilder von meinem Journal aus dem Internet löschst.«

»Wird erledigt.« Gia lächelt.

Livvy funkelt sie an. Als ich zurücktrete und sie mit mir ziehe, deutet sie mit dem Finger über meine Schulter hinweg auf Gias Gesicht. »Du hast ’nen guten Schutzengel, Girlie.« Dann dreht sie sich um und wir gehen davon, während die Fliegengittertür hinter uns zufällt.

Als wir die Treppe hinuntergehen, zischt mir Livvy zu: »Ich hab’s gesagt! Genau wie in dem Film!«

Ich lächele sie an. »Es war perfekt.«

Sie versetzt mir mit dem Handrücken einen Klaps auf den Arm. »Und was jetzt? Lassen wir sie davonkommen?«

Ich lächele weiter und ziehe mein Handy aus der Gesäßtasche. »Nee«, sage ich. Ich weiß jetzt, warum Carter das so gerne sagt. Es rollt so angenehm über die Zunge. »Ich spiele nicht mehr nach ihren Regeln. Ich habe das ganze Gespräch aufgenommen.«

Livvy schnappt sich mein Handy, als wir zum Wagen kommen. »Du raffiniertes Miststück. Ich liebe dich.«

»Oh, und Quinn!«, ruft uns Gia plötzlich nach. Sie steht auf der Veranda, Destany in ihrem Schatten. »Ich bin froh, dass du nicht mehr böse auf Carter bist, weil er dein Journal verloren hat.«

Ich verdrehe die Augen. »Das war schließlich keine Absicht.«

»Na ja, ich bin sicher, es war ihm nicht mehr wichtig, was damit geschieht, nachdem er die Liste gelesen hatte, die du über ihn aufgeschrieben hast. Du weißt schon, diejenige, auf der steht, dass er ein besserwisserischer, selbstgerechter und heuchlerischer Bastard ist. Du erinnerst dich doch noch an diese Liste, oder?«, grinst Gia spöttisch.

Livvy bleibt stehen und dreht sich zu mir. »Quinn, gehen wir. Sie versuchen bloß, dich zu provozieren.«

»Er hat nur die erste Seite meines Journals gelesen.«

»Das ist aber nicht das, was ...« Gia dreht sich zu Destany um. »Da hat mir Destany etwas anderes erzählt.«

Destany nickt. »Er hat es durchgeblättert, bevor ich es genommen habe.«

Meine Atmung beschleunigt sich. Nein, das ist unmöglich. Er hat mir ausdrücklich versichert, dass er nur die erste Seite gelesen hat. Wenn er gelogen hat ... dann weiß er alles. Die ganze Zeit hat er jedes ekelhafte Detail von mir im Kopf gehabt.

Livvy fragt: »Warum sollte sie ausgerechnet *dir* glauben?«

»Glaubt doch, was ihr wollt.« Gia wendet sich ab.

Destany folgt ihr, dreht sich dann aber doch noch einmal zu mir hin. »Es stimmt, Quinn.«

Die Fliegengittertür fällt hinter ihnen zu, dann die Haustür. Ich stehe zur Salzsäule erstarrt da und versuche mir einzureden, dass sie gelogen haben. Livvy packt mich am Arm. »Sie wollen dich doch bloß manipulieren. Du darfst ihnen kein Wort glauben.«

Ich schaue ihr in die Augen und lasse ihre Worte sacken. »Ja, du hast recht.« Wir gehen zu meinem Wagen und steigen ein, das Journal liegt jetzt auf meinem Schoß. Es riecht nach Destanys Haus. Ich hasse diesen Geruch. Schnell schleudere ich es auf die Rückbank und stoße rückwärts aus Destanys Einfahrt.

»Du warst so was von tough«, sagt Livvy zu mir.

»Nicht so tough wie du.«

Sie schüttelt den Kopf. »Viel mehr als ich.«

Aber ich fühle mich nicht tough. Ich fühle mich ausgelaugt, als ob ich tagelang durchschlafen könnte. Meine Kleidung ist schweißnass. Und ich bin beunruhigt.

Als ich Carter an jenem Tag vor meinem Spind fragte, ob er mein Journal gelesen hätte, schaute er mich an, als ob er überlegen müsste, was unter den gegebenen Umständen die beste Antwort war – nicht aber die *wahre* Antwort.

Nachdem wir zehn Minuten lang geschwiegen hatten, spreche ich es zuerst an: »Aber was, wenn er es doch gelesen hat?« Mit zitternden Lippen schaue ich sie an.

»Fragen wir ihn einfach.«

Ich schrecke vor dem Gedanken zurück, ihn zu fragen und eine Antwort zu bekommen, die ich nicht hören will. Ich denke daran, wie er mich heute geküsst hat, wie er mir den Grund dafür anvertraut hat, warum er bisher keine Freundin hatte und warum er entschieden hat, eine Beziehung mit mir zu riskieren. In diesem Augenblick habe ich mich fallen gelassen. Ich habe mich rückhaltlos der Vorstellung hingegeben, mit ihm zusammen zu sein. Und jetzt das. Was, wenn er mich die ganze Zeit angelogen hat?

»Ich glaube nicht, dass ich die Kraft für eine zweite Konfrontation habe.«

»Okay«, sagt Livvy. »Dann fragen wir ihn morgen. Einverstanden?«

»Einverstanden.« Ich atme tief durch. Heute kann ich glauben, was ich will. Er hat es nicht gelesen. Alles ist gut. Alles ist perfekt. »Kommst du mit zu mir?«, frage ich. »Ich will heute Nacht irgendwie nicht allein sein.«

Denn es ist *nicht* alles perfekt. Ich konnte mich bislang immer sehr gut selbst belügen, aber anscheinend jetzt nicht mehr.

»Oh«, sagt Livvy überrascht.

»Du musst nicht«, sage ich schnell. »Es ist absolut in Ordnung, wenn du keine Lust dazu hast.« Vielleicht hat sie mir noch nicht vergeben, dass ich an der Schmutzkampagne gegen sie beteiligt war. Ich kann es ihr nicht verübeln und ich will sie nicht drängen.

»Nein!«, ruft sie aufgeregt. »Ich würde gern bei dir übernachten, Quinn.«

Meine Augen leuchten auf. »Ehrlich?«

»Na klar! Ich rufe nur schnell meine Mom an.« Sie zieht ihr Handy aus der Hosentasche. »Momma, ich bleibe heute Nacht bei Quinn.«

Mit einem Lächeln auf dem Gesicht steuere ich auf mein Haus zu. Ich bin erfüllt von etwas Unbeschreiblichem. Ganz und gar erfüllt. Ich fühle mich randvoll, zum ersten Mal seit Monaten.

22

Wenn Carter mein Journal gelesen hat …

Beide Autos stehen in der Einfahrt; meine Eltern sind also zu Hause. Als ich aussteige, schaue ich in den Himmel, die Sichel des Halbmondes ist bereits zu sehen. Es ist noch hell, aber die Sonne ist schon untergegangen. Dämmerlicht.

»Ich habe Hunger«, sagt Livvy und klappt die Beifahrertür zu.

»Ja, ich auch.«

Im Haus ist es dunkel. Wir gehen in die Küche und hören das Murmeln des Fernsehers im Wohnzimmer.

»Quinn?«, ruft Dad, noch bevor ich oben auf der Treppe bin.

Das Licht aus dem Fernseher wird von den Wänden zurückgeworfen und taucht mich in bunte Farben. Er hat sich an die Armlehne des Sofas gekuschelt, der Kopf meiner Mutter liegt auf seiner Brust, ihr Körper zwischen seinen Beinen. Dieser Anblick – sie beide, so eng umschlungen – ist so intim und irgendwie fremd.

»Hey, Sweetie«, sagt Mom. Sie ist betrunken. Ich sehe es in der Sorglosigkeit ihres Lächelns. Dann tritt Livvy neben mich und meine Mom stützt sich leicht auf. »Schön, dich wiederzusehen, Olivia.«

»Ja, Ma'am. Sie auch.«

»Kleines«, sagt mein Dad und tastet in der Dunkelheit nach meinem Arm. Yep, er ist auch betrunken. »Deine Mom und ich …«

»Wir haben einen Paartherapeuten gefunden«, kommt sie ihm zuvor.

»Oh.« Meine Augen weiten sich. »Ich wusste gar nicht, dass ihr das vorhabt.«

Sie nicken. Das ist doch gut, oder? Sie versuchen es. Sie versuchen es immer noch.

»Wir legen morgen los«, setzt Dad hinzu.

Beide lächeln nervös.

»Das ist toll. Glückwunsch.« Ich lächele freudig zurück, packe die Gurte meines Rucksacks und schaue kurz auf den Fernseher. Es läuft ein Film, den sie noch nicht kennen, denn sie weigern sich strikt, auch nur einen Film ein zweites Mal zu sehen. »Kann Livvy heute hier übernachten?«

Sie mustern sie, als ob sie vergessen hätten, wie sie aussieht. Dann werfen sie sich gegenseitig einen Blick zu und kommunizieren mithilfe ihrer Augenbrauen. »Das geht in Ordnung«, sagt mein Dad und lehnt sich nach hinten, während es sich Mom wieder zwischen seinen Beinen gemütlich macht.

»Können wir Pizza bestellen?«

»Oh!«, sagt Mom und richtet sich auf. »Ich will Chickenwings, Quinn.« Dann schaut sie Dad an. »Was für eine Pizza willst du?«

»Du weißt genau, was ich will.«

Sie grinst kokett. Ich seufze und Livvy lächelt. »Mom, da du ja ganz offensichtlich weißt, was Dad will, könntest du für uns bestellen?« Ich sehe Livvy an. »Was möchtest du für eine Pizza?«

»Ganz egal.«

Mom sagt: »Gerne, Kleines.« Dann schickt sie uns mit einer Handbewegung aus dem Zimmer.

In meinem Zimmer angekommen lehnt Livvy ihren Rucksack gegen die Wand. »Deine Eltern sind echt süß«, sagt sie.

»Nicht immer.« Ich setze mich an meinen Schreibtisch und rufe mir unwillkürlich die Streitereien und die angespannte Stimmung ins Gedächtnis. Doch dann drängt sich wieder das Bild von eben in den Vordergrund: Mom und Dad zusammengekuschelt auf dem Sofa. »Aber ja, du hast recht, sie sind süß.«

Mein Handy klingelt. Als ich auf das Display schaue, durchzuckt mich beim Anblick seines Namens ein Stromschlag. Mein Körper erinnert sich an ihn, vermisst ihn, aber mein Kopf ist in der Anschuldigung gefangen, die Destany und Gia gegen ihn erhoben haben. Ich starre das Display an, bis das Klingeln aufhört.

Livvy, die auf der Bettkante sitzt, schaut mich unsicher an. »Carter?«

Ich nicke. Dann kommt eine Nachricht von ihm:

Wie ist es mit Livvy gelaufen?

Ich stelle mein Handy auf stumm und lege es auf meinen Make-up-Tisch – wo ich es nicht sehen und nicht daran denken muss. Ich würde ihm am liebsten antworten, dass alles toll gelaufen ist. Als Livvy und ich mein Journal zurückgeholt haben, war alles noch wunderbar. Ich hatte den Beweis, dass Destany und Gia mich erpresst haben. Ich hatte mein Journal zurück. Ich hatte Livvy und Carter an meiner Seite. Meine Zukunft sah endlich so aus, als würde alles bergauf gehen.

Doch dann habe ich mich umgedreht.

»Ich muss noch Hausaufgaben machen. Ist es okay, wenn ich das jetzt erledige?«, fragt Livvy.

»Ja, klar.«

Livvy holt ihre Bücher aus dem Rucksack und macht es sich auf meinem Bett gemütlich, während ich an meinem Schreibtisch mein wiedergefundenes Journal aufschlage. Es fällt mir schwer, es anzusehen, weil ich weiß, dass Destany und Gia es die ganze Zeit hatten.

Ich schlage die erste Seite auf: die bedrohliche To-do-Liste. Wenn ich sie nur nie aufgeschrieben hätte. Ich streiche die Punkte durch, die ich erledigt habe, ersetze in dem zweiten Punkt Matts Namen durch den von Carter und schreibe den wirklichen Grund auf, warum ich Destany geghostet habe. Ein winziges Lächeln umspielt meine Lippen, als ich sehe, was ich alles schon geleistet habe.

Aber dann stechen mir die Worte »Columbia« und »Hattie« ins Auge und mein Lächeln erstirbt.

Ich blättere an den To-do-Listen und Leitfäden vorbei und halte bei der Liste mit meinen Lieblingsdingen inne. Ich stelle mir vor, ich wäre Carter und würde all diese Dinge über Quinn erfahren.

1. Ihre Lieblingsfarbe ist Babyblau.
2. Ihr Lieblingsbaum ist der Schaukelbaum an Hatties Schwimmteich.
3. Ihr Lieblingsort ist Hatties Schwimmteich.
4. Ihr Lieblingslied ist ›How You Gonna Act Like That‹ von Tyrese.

Moment mal, hat er nicht gesagt, das sei auch sein Lieblingslied? War das die Wahrheit?

Wenn Carter mein Journal gelesen hat, dann hatte er einen Einblick in mein Innerstes, meine Seele wie sonst niemand. Und dieser Einblick ist einer der Hauptgründe, warum ich mich so von ihm angezogen gefühlt habe. Er hat mir den Eindruck vermittelt, er könnte Dinge sehen, die sonst allen verborgen blieben, er würde mich auf eine Weise verstehen wie sonst niemand. Aber war ihm das nur deshalb möglich, weil er mein Notizbuch gelesen hat? Mich überläuft ein Schauer der Abscheu.

Dann klingelt Livvys Handy. Ich drehe mich um und sehe, dass sie mich anschaut. Ihr Blick ist unsicher.

»Nicht«, sage ich.

»Wenn ich nicht rangehe, dann weiß er, dass was nicht stimmt.« Sie seufzt und drückt das Handy ans Ohr. »Jo.«

Das Handy ist so laut gestellt, dass ich hören kann, was er sagt, obwohl ich immer noch am Schreibtisch sitze. »Hey, hast du Quinn gesehen?« Der Klang seiner Stimme löst in mir das Verlangen aus, mein Handy zu nehmen und ihn selbst anzurufen. Ich will ihn ganz nah an meinem Ohr haben.

»Ähm.« Sie schaut mich mit großen Augen an. »Ja, sie kam vor einer Weile vorbei.«

Ich setze mich zu ihr aufs Bett. Er fragt: »Und wohin wollte sie dann?«

»Keine Ahnung. Nach Hause, nehme ich an.«

»Oh.« Kurzes Schweigen. Dann sagt er: »Und wo bist du jetzt?«

Voller Panik schaut sie zu mir hin. Ich schüttele den Kopf.

»Unterwegs.«

»Wo unterwegs?«

»Warum willst du das wissen? Scheiße, du bist doch nicht mein Vater.«

Ich lächele, versuche es allerdings sofort wieder zu unterdrücken.

»Hör zu, Livvy. Ich weiß, dass du bei Quinn bist. Ich habe gerade mit Momma Sandy gesprochen.«

Uns beiden bleibt der Mund offen stehen.

»Ich weiß nicht, warum du mich anlügst, und ich weiß nicht, warum Quinn mir aus dem Weg geht, aber ich fände es echt nett, wenn mir irgendeine von euch mal erklären würde, was hier los ist.«

Livvy schaut mich blinzelnd an, ohne eine Antwort zu geben.

»Olivia.« Er nennt sie bei ihrem richtigen Namen.

»Lass ihr einfach eine Nacht Zeit, okay? Sie wird morgen mit dir reden.«

Er bleibt kurz stumm. »Okay. Aber weißt du, um was es hier geht?«

»Warte einfach bis morgen, ja?«

Wir warten beide auf seine Antwort. »Also schön.«

Sie beenden das Gespräch. Ich gehe wieder zu meinem Schreibtisch. Livvy wendet sich ihren Hausaufgaben zu. Wir erwähnen die Sache nicht mehr. Und darüber bin ich froh, denn je weiter ich in meinem Journal lese, desto unschöner wird es. Und ich kann mir einfach nicht vorstellen, dass er so weit gekommen ist. Wenn er es »durchgeblättert« hat, wie Destany sagte, dann bestimmt nicht so weit, nicht wahr? Bestimmt nicht bis zu »Verschiedenes«.

Als die Pizza geliefert wird, legt Livvy ihre Bücher weg. Sie isst drei Stücke Peperonipizza und ich verputze eine ganze Veggiepizza. Wir essen und schauen uns dabei ›Girls United‹ an. Ich gehe zuerst unter die Dusche und dann sie. Sie zieht eins meiner T-Shirts als Schlafshirt an. Es sieht an ihr fast wie ein Minikleid aus. Sie nimmt die Seite des Bettes, die zur Wand zeigt. Ich lege mich auf meine Seite, mit dem Gesicht zur Tür.

Mein Smartphone auf dem Tisch leuchtet hell auf. Nach ein paar Sekunden verdunkelt es sich wieder. Ich drehe mich um und schaue Livvy an.

»Schlaf ein bisschen, Quinn. Es hat keinen Sinn, sich über morgen Gedanken zu machen.«

Ich schließe die Augen. »Ich weiß.«

»Genieße deinen Sieg. Und vielleicht finden wir morgen raus, dass die beiden bloß gelogen haben. Und dann leben du und Carter glücklich bis ans Ende eurer Tage.«

Genau darauf hatte ich gehofft. Aber ein Teil von mir – ein großer Teil – ist sich ziemlich sicher, dass Destany die Wahrheit gesagt hat.

WENN CARTER MEIN JOURNAL GELESEN HAT …

1. Werde ich ihn vielleicht schlagen.
2. Werde ich vielleicht nie mehr mit ihm reden.
3. Werde ich ihn vielleicht vergessen und über ihn hinwegkommen.
4. Werde ich ihn vielleicht nie vergessen und nie über ihn hinwegkommen.
5. Werde ich vielleicht weinen und ihn küssen.
6. Werde ich vielleicht weinen und ihn küssen und mich von ihm trösten lassen, bis es nicht mehr wehtut.
7. Werde ich ihm vielleicht vergeben.

Livvy hat einen tiefen Schlaf. Ich bin schon fix und fertig angezogen, als es mir schließlich gelingt, sie wach zu rütteln. Sie zieht Sachen von meiner Mom an, aber auch die sind ihr noch zu groß. Sie krempelt die Baggy-Jeans bis zu ihren Waden hoch und stopft eine Ecke des T-Shirts in den Bund. Dieses Mädchen kann wirklich alles tragen.

Dann stehen wir mit laufendem Motor auf dem Schülerparkplatz. Mein Herz rast.

Livvy wirft einen Blick über die Schulter. »Sein Bus ist da.« Dann schaut sie mich an. Ich starre zur Windschutzscheibe hinaus. »Alles klar?«

Ich nicke, kann ihr aber nicht in die Augen sehen.

Sie legt mir die Hand auf den Arm. »Schreib mir, wenn du mich brauchst.« Sie lässt ihre Hand liegen. »Das meine ich ernst.«

»Danke«, sage ich.

Sie steigt aus und in dem Moment fährt ein Sturm durch mich hindurch.

Er öffnet die Beifahrertür und steigt ein. Sofort ist die Luft im Wagen erfüllt von seinem Geruch – und in meinem Kopf herrscht heillose Verwirrung. Denn ich will ihn küssen. Doch ich muss die Wahrheit wissen.

»Quinn?«, fragt er, als ich ihn weder ansehe noch irgendetwas sage. »Was ist los, Baby?«

Baby? Tu mir das nicht an.

»Ich habe gestern herausgefunden, dass Destany und Gia mein Journal hatten«, sage ich. »Livvy und ich haben es zurückgeholt.«

»Wow.« Dann schweigt er kurz; er ist verwirrt. »Aber das ist doch gut, oder? Jetzt weißt du mit Sicherheit, dass ich es nicht war.«

»Ja«, sage ich mit einem traurigen Lächeln.

»Und warum kannst du mich dann nicht ansehen?« Er will mich berühren.

Ich lehne mich nach hinten, weiche seiner Berührung aus. »Carter, hast du mein Journal gelesen?«, frage ich, den Blick zur Windschutzscheibe gerichtet.

Seine Hand erstarrt mitten in der Bewegung. Ich kann sie am Rand meines Blickfelds in der Luft hängen sehen. Alles ist still, bis auf den leise surrenden Motor und das Rauschen der Klimaanlage. »Was?«

Da endlich schaue ich ihn an. »Du hast mir gesagt, du hättest nur die erste Seite gelesen.«

Er lässt die Hand sinken und mustert mich mit einem fragenden Blick. »Quinn, es kommt mir vor, als sei das schon eine Ewigkeit her.«

Mir stockt der Atem. Wahrscheinlich hat ein Teil von mir trotz allem gehofft, dass es nicht wahr wäre. Und dieser Teil zerbricht gerade. »Wie viel hast du gelesen?«

Er blinzelt und senkt den Blick. »Alles.«

Ich schlucke jede Hoffnung hinunter, die mir noch geblieben war, und drücke mich mit dem Rücken gegen die Fahrertür.

Er beugt sich vor. »Aber nichts von dem, was ich gelesen habe, hat irgendetwas an meinen Gefühlen für dich geändert.«

»Darum geht es nicht.«

»Wenn überhaupt, dann habe ich dich danach umso mehr gemocht.«

»Darum geht es nicht! Du hast völlig schamlos meine Privatsphäre verletzt.«

»Und das tut mir leid! Ich wünschte, ich könnte es rückgängig machen. Wirklich. Als ich dich deswegen angelogen habe, wollte ich dir einfach die Verlegenheit ersparen. Aber dann fing das mit der Erpressung an und mir war klar, dass du mich für den Erpresser halten würdest, wenn ich dir die Wahrheit sage.«

»Das ist keine Entschuldigung für das, was du getan hast.«

»Das weiß ich doch!« Er drückt seine Fingerspitzen gegen die Mittelkonsole. »Ich will auch keine Ausreden finden. Ich versuche nur, dir die Sache zu erklären.« Er schaut mich an. Seine Brust hebt und senkt sich schwer, genau wie meine. »Bitte komm her«, fleht er.

Ich rühre mich nicht. Aber ich will es. Ich will nicht wütend auf ihn sein. Ich will ihn auf meinen Lippen spüren. Aber ich weiß, dass ich dieses Verlangen nicht haben darf.

»Würdest du bitte aussteigen?«

Er sieht mich verzweifelt an. »Ich weiß, dass ich einen Fehler gemacht habe, aber du tust so, als ob ich dich betrogen hätte.«

Meine Nasenflügel beben. »Vermutlich fühlt es sich genauso an, wenn man betrogen wird. Ich habe mich in ein Ideal verliebt. Und jetzt merke ich, dass dieses Ideal bloß eine Illusion war. Alles, was du je zu mir gesagt hast, alles, was wir je zusammen getan haben, ist befleckt. Denn du wusstest es. Die ganze Zeit hast du alles gewusst!«

Ich schüttele den Kopf. Die Wahrheit meiner Worte legt sich wie Blei auf meine Stimme, auf meine Brust und über meine Augen. »Du hast mich zwar nicht mit einer anderen betrogen, aber ich vertraue dir nicht mehr. Bitte steig aus.« Er streckt wieder die Hand nach mir aus, aber ich drücke mich mit der Schulter gegen die Tür. »Bitte geh!«

»Es tut mir so leid.« Er weicht zurück, reißt die Wagentür auf und steigt aus. Schwungvoll schlägt er die Tür wieder zu und stapft dann mit den Händen auf dem Kopf über den Parkplatz.

Ich sacke in mich zusammen. Meine Rippen knacken. Ich nehme mein Handy und texte Livvy:

Ich brauche dich.

23

Warum ich dich nicht ansehen kann

Olivia schält mich aus meinem Auto. Wir schwänzen die erste Stunde. Dann geht sie mit mir zu Mrs Hendersons Klasse und dreht mich zu sich um. Behutsam streicht sie mir über das Gesicht. Glücklicherweise habe ich heute kein Make-up aufgelegt.

»Du siehst wunderschön aus«, sagt sie und legt mir die Hände auf die Schultern. Dann lächelt sie breit. »Wir bringen Carter nachher um. Okay?«

Ich will ihn nicht umbringen. Ich will ihn mit einem Skalpell aus meinem Herzen entfernen.

Sie öffnet die Tür und schiebt mich in das Klassenzimmer. Mrs Henderson schaut von der Tafel auf. »Quinn?« Sie wundert sich über mein Zuspätkommen. Sie wundert sich, wo ich die letzten zwei Tage gewesen bin. Sie wundert sich, warum ich aussehe, als hätte ich geweint.

Mit gesenktem Blick gehe ich zu meinem Platz hinten an der Wand. Glücklicherweise fragt sie nicht nach.

»Sie ist wieder da«, sagt das Mädchen, das vor mir sitzt. »Ich hatte gehofft, sie hätte die Schule gewechselt.«

»Eigentlich sollte man sie rausschmeißen wegen dem, was sie Olivia angetan hat.«

»Ja, die arme Olivia.«

Ich schaue zu den beiden Mädchen vor mir, die über mich tratschen. Ich hatte die Liste über die Schmutzkampagne schon fast vergessen. Ohne zu blinzeln, starre ich sie an. Sie dagegen können meinem Blick nicht lange standhalten. Sie drehen sich nach vorn und sagen nichts mehr, denn die meisten dieser Menschen können einen bloß dann durch den Dreck ziehen, wenn sie keine Konsequenzen befürchten müssen. Doch mein Blick ist jetzt drohend. Heute ist kein guter Tag, um sich mit mir anzulegen.

Während des Unterrichts denke ich an alles, was geschehen ist, nachdem Carter mein Journal gelesen hat.

Er hat gelogen, als er mir sagte, er hätte es wahrscheinlich im Bus liegen gelassen. Denn in der ersten Stunde hatte er es noch gelesen. Wenn er mir die Wahrheit gesagt hätte, hätte ich den Erpresser vermutlich von Anfang an anders eingeschätzt und nicht riskiert, dass meine To-do-Liste veröffentlicht wird.

Dann hat er mich davon überzeugt, dass er irgendwie *wusste*, wie sehr ich Neunziger-R&B liebe und wie sehr ich Vontae hasse. Und dass er auch irgendwie *intuitiv* über die Bezeichnung »Oreo« Bescheid wusste. Aber das alles wusste er nur, weil er mein Journal gelesen hatte. Sein Einfühlungsvermögen, das ich so an ihm bewundert habe, war überhaupt nicht existent.

Dann, als er in meinem Zimmer war und meinte, ich würde es babyblau streichen wollen – er hat behauptet, er wüsste es, weil er so ein *aufmerksamer* Beobachter sei. Ja, von wegen!

Was war echt? War überhaupt *irgendetwas* an ihm echt?

Nach der Stunde ruft mich Mrs Henderson zu sich. Sie fragt nach meiner Abwesenheit gestern und ich zeige ihr die Bescheinigung für den Collegetag. Dann gibt sie mir die Arbeitsaufträge, die ich verpasst habe.

In Mathe ist es noch schlimmer. Dort dreht sich der Tratsch immer noch um die Columbia.

»Auf welche Uni gehst du denn jetzt, Quinn? Austin Community College?«

»Mach dich doch nicht lächerlich. Sie schafft es doch nie auf das ACC.«

Nach nur zwei Stunden überkommt mich das Verlangen, erneut zu schwänzen, aber ich hinke auch so schon weit hinterher. Und ich will mich nach Kräften bemühen, mich heute sehen zu lassen, kein Feigling zu sein, nicht wieder davonzulaufen, wie ich das normalerweise tue.

Ich quäle mich durch die dritte und vierte Stunde, ohne dass mir Carter über den Weg läuft. Ich bin froh und dankbar, weil ich das Gefühl habe, dass ich mich allmählich an diese neue Normalität gewöhne. Zum Mittagessen gehe ich allein nach draußen, weil Livvy erst mit der zweiten Gruppe zur Mittagspause eingeteilt ist.

Ich starre zu den Bäumen und gebe mich dem Einzigen hin, was mich nach wie vor tröstet: meinen Erinnerungen an Hattie, über das eine Mal, das ich mich tapfer und unbekümmert gezeigt habe. Wir fuhren zum Schwimmteich, trotz der dunklen Wolken am Himmel. Es kündigte sich nicht nur irgendein Regen an. Wir hatten eine Tornadowarnung. Aber ich wollte schwimmen und Hattie sah keinen Grund, mir diesen Wunsch abzuschlagen.

Sie sagte: »Wir sind jetzt hier. Also kannst du auch genauso gut das tun, weswegen du gekommen bist.« Hattie stieg aus dem Gator und ging zum Flussufer.

»Warte, Hattie, was machst du denn da?«

Sie drehte sich um und grinste. »Keine Angst, Kleine, ich geh da nicht rein. Das Letzte, was ich jetzt tun würde, wäre, in das Wasser zu springen.«

Ich stieg ebenfalls aus und trat zu ihr. Die Strömung floss langsam und gemächlich. »Rein mit dir, Angsthase«, sagte sie, lachte und stupste mich an der Schulter an.

»Hattie!«, kreischte ich und machte einen Satz rückwärts. Sie war so verdammt kindisch. Ich verschränkte die Arme vor der Brust. »Dreh dich um.«

»Kleines, was immer du auch vorweisen kannst, glaub mir, ich hatte zehnmal mehr, als ich in deinem Alter war.«

Zweifelnd betrachtete ich ihre zierliche Gestalt.

»Was glaubst du, wo du deinen Kurven herhast?«

»Von meiner Mom?«

Sie lachte. »Deine Momma ist niedlich, aber sie ist so dürr wie ein Ast. Den Hintern da hast du von mir, Sweetie.« Dann ging sie an mir vorbei und verpasste mir auf dem Weg zum Gator einen Klaps auf den Allerwertesten.

Ich streifte Schuhe, Socken, Shirt und Shorts ab und legte sie auf einen Stapel auf dem Boden. Ein Blitz zuckte über den Himmel, gefolgt von einem Donnerschlag. Ich schaute zu Hattie hin, die in dem überdachten Gator saß. »Na, mach schon.«

Und so rannte ich zum Schaukelbaum. Der Schaukelbaum ragte über das Wasser hinweg wie ein natürliches Sprungbrett. Hattie hatte in der Mitte des horizontal verlaufenden Baumstamms einen Reifen an einem Seil befestigen lassen. Wenn das Wasser im Fluss hoch genug stand, befand sich nur die obere Hälfte des Reifens über der Oberfläche. Das war das Beste: Ich konnte darauf sitzen und meine Beine ins Wasser hängen.

Als ich über den Baumstamm zur Schaukel kletterte, fing es an zu nieseln. Ich blickte hinunter ins Wasser. Der Wind war aufgefrischt und plötzlich floss die Strömung schneller. »Hattie, wir sollten besser zurückfahren.«

»Klar, wenn du Angst hast. Allerdings … wenn du dir wehtust –

na ja, ich kann nicht kommen und dich aus dem Wasser ziehen.«

Das stimmte. Ich war vollkommen auf mich allein gestellt. Und wir hatten niemandem gesagt, wo wir hinwollten. Ich war immer die Verantwortungsvollere von uns beiden gewesen. Hattie war in einer Zeit aufgewachsen, in der jede überstandene Herausforderung sie nur noch widerstandsfähiger machte. In das Wasser zu springen, wäre also entweder mein Untergang oder ich würde dadurch an Kraft und Mut gewinnen.

Ich schaute nach oben in den dunkler werdenden Himmel, dann zu Hattie im Gator. Hattie würde springen, wenn sie könnte. Sie würde keinen zweiten Gedanken daran verschwenden. Ich ließ mich am Seil nach unten, bis ich den Reifen an seinem Ende erreichte. Dann setzte ich mich hin und atmete tief durch, der Regen fiel nun noch dichter. Schließlich stand ich auf, hielt mich am Seil fest und schaukelte, so wild ich konnte. »Woo-hooo!«, schrie ich in den Wind, der mir Regen in den Mund und in die Augen drückte.

Ich fühlte mich, als hätte ich das Leben in meinen Händen, als ob ich nicht sterben könnte, jedenfalls nicht, solange ich es so sehr genoss, am Leben zu sein, wie in diesem Augenblick.

Ich sprang.

Als ich Mr Greens Klasse betrete, ist Carters Platz leer. Unwillkürlich schaue ich zu Destany, die meinem Blick einen Moment lang standhalten kann, ehe sie die Augen senkt. Kein selbstgefälliges Lachen. Nichts.

Als ich mich nach der Party bei Chase von ihr abwandte, dachte ich, dass wir uns eines Tages zusammensetzen und ein offenes

Gespräch über Diskriminierung führen könnten. Ich dachte, ich könnte ihr vergeben. Unwissenheit könnte ich verzeihen. Aber das nicht. Das ist unverzeihlich. Sie und ich, das ist Vergangenheit.

Auden begrüßt mich, als ich zu meinem Platz gehe. Ich schaue ihn an und zwinge mich zu einem Lächeln. Und dann setzt sich Carter wortlos neben mich. Sein Geruch greift mich fast körperlich an.

Mr Green kommt zu uns. »Ihr drei habt eine Menge verpasst.« Er wirkt irgendwie enttäuscht. »Am Freitag haben wir uns Bühnenstücke aus der Vergangenheit angeschaut, gute und schlechte. Gestern haben wir Rollen ausgesucht, Verschwörungstheorien aufgelistet und einen weiteren Test geschrieben. Ihr könnt euren Test entweder heute nach der Schule nachschreiben, morgen früh oder morgen nach der Schule. Ansonsten muss ich euch null Punkte geben.«

»Ja, Sir«, sagt Auden.

Carter und ich schweigen.

Mr Green macht heute die meiste Zeit Frontalunterricht. Ich versuche, mich auf den Stoff zu konzentrieren und nicht auf den Widerwillen, den ich Carter gegenüber empfinde. Er wusste, dass mein Journal eine sehr private Angelegenheit ist, und doch besaß er die Unverfrorenheit, alles zu lesen. Nicht nur ein paar zufällige Seiten. Nein, wirklich *alles*.

»Irgendwelche Vorschläge, wer Kennedy spielen soll?« Auden mustert uns zaghaft.

Wir sagen nichts.

»Ich glaube, ich will die Regierung spielen.«

Die ganze Regierung?, will ich fragen, aber ich tue es nicht.

Auden seufzt. »Wisst ihr«, sagt er, »ich habe heute mit Olivia gesprochen.«

Ich hebe den Kopf. Genau wie Carter.

»Ich habe mir angehört, warum sie mich zurückgewiesen hat. Und merkwürdigerweise fühle ich mich jetzt besser. Versteht mich nicht falsch, ich bin immer noch gekränkt, aber jetzt weiß ich, dass ihre Ablehnung mehr mit ihrer Vergangenheit als mit mir zu tun hat.«

Ich habe den Eindruck, er will mich dazu bringen, mit Carter zu reden, was mir ganz und gar nicht gefällt.

Die Stunde ist zu Ende. Wir haben nichts entschieden, auch nicht, wer Kennedy oder die Regierung spielen soll. Und wir hinken sowieso schon meilenweit hinterher. Auden seufzt noch einmal, packt seine Sachen ein und verlässt die Klasse.

Ich raffe eilig meine Bücher zusammen, weil ich nicht gemeinsam mit Carter aus dem Klassenzimmer gehen will. Als ich dachte, ich hätte es geschafft, höre ich, wie er mir durch den Gang nachrennt.

»Quinn«, sagt er und packt meinen Arm. Ich bin kurz davor, ihn anzuschreien, weil er mich anfasst. Er hebt schnell die Hände. »Tut mir leid.« Aber er geht neben mir her. »Ich möchte mich entschuldigen. Ich bedaure wirklich, dass ich deine Privatsphäre verletzt habe und so sorglos mit deinem Vertrauen umgegangen bin.«

Das Loch, wo mein Herz sitzen sollte, schmerzt.

Am Eingang eilt er an mir vorbei und hält mir die Tür auf. Dann steuern wir gemeinsam auf den Parkplatz zu, wobei wir auf dem Gehweg etliche Grüppchen umschiffen müssen. Aber trotz meines Tempos hält er mit mir Schritt.

»Es tut mir auch wirklich leid, dass ich nicht einmal versucht habe, deine Gefühle zu verstehen, ganz im Gegenteil. Dass ich das, was ich dir angetan habe, auch noch heruntergespielt habe. Was ich getan habe, war schrecklich, nicht nur respektlos, sondern grausam und … widerlich.«

Wahrscheinlich fühle ich mich deshalb so angeekelt.

»Aber ich will alles tun, was ich kann, um es wiedergutzumachen. Ich will, dass du mir wieder vertrauen kannst, und ich glaube, der einzige Weg, das zu erreichen, ist absolute Ehrlichkeit.«

Mittlerweile sind wir bei meinem Wagen angekommen. Ich öffne die hintere Tür und werfe meine Bücher und meinen Rucksack auf den Rücksitz.

»Ich muss mich dir ganz öffnen, muss mich entblößen.« Er beeilt sich zu erklären, was er damit meint. »Nicht körperlich, sondern seelisch, emotional, so wie du von mir gezwungen wurdest, dich zu entblößen.«

Mein Blick ist dem Asphalt zwischen uns zugewandt. Sein Körper blockiert die Wagentür. Ich würde ihn am liebsten zur Seite schieben, einsteigen und davonfahren.

Vermutlich kann er Gedanken lesen, denn er weicht zurück und öffnet mir die Fahrertür. »Mir ist nämlich klar geworden, dass ich genau das getan habe: Ich habe dich gezwungen, dich zu entblößen, bevor du dazu bereit warst. Und ich hasse mich selbst für das, was ich dir angetan habe.«

Meine Augen werden warm. Wie macht er das bloß? Wieso gelingt es ihm, in Worte zu fassen, was ich den ganzen Tag empfunden habe? Ich selbst war nicht in der Lage, genau zu analysieren, warum ich so wütend und so angewidert bin. Aber er hat recht. Genau das ist der Grund.

»Und deshalb wollte ich dir das hier geben.« Er greift in die Tasche seiner Hose und zieht ein zusammengefaltetes Blatt Papier heraus. Das Blatt sieht irgendwie gefährlich aus, wie etwas, das ich im Augenblick überhaupt nicht gebrauchen kann, aber gleichzeitig alles, was ich doch brauche.

Ich gehe um seine ausgestreckte Hand herum, steige ins Auto

und ziehe die Tür hinter mir zu. »Bitte, Quinn.« Er klopft gegen das Seitenfenster. »Ich erwarte gar nicht, dass du noch mit mir redest. Du musst es nicht mal lesen. Aber bitte nimm es wenigstens an.«

Ich schaue zur Windschutzscheibe hinaus, weil ich ihn nicht ansehen will. Ich frage mich, was auf dem Zettel steht. Er meinte, er wolle sich vor mir entblößen. Was in aller Welt kann dieses Papier enthalten?

Es kostet ihn keine weitere Überredungskunst mehr. Sosehr es mir auch widerstrebt, weiß ich doch genau, dass ich mir später in den Hintern beißen würde, wenn ich die Annahme verweigern würde. Also lasse ich mein Fenster nach unten fahren, schnappe mir den Zettel und fahre das Fenster wieder hoch, ehe er noch etwas sagen kann, was mich möglicherweise dazu bringt, ihm zu vergeben. Meine Entschlossenheit gerät bereits ins Wanken, ich kann es spüren.

Langsam weicht er von meinem Wagen zurück, schiebt die Hände in die Hosentaschen, dreht sich um und geht zur Bushaltestelle. Ich schaue ihm im Rückspiegel nach, bis die Beifahrertür aufgeht und Livvy sich auf den Sitz fallen lässt.

»Mach schnell, Quinn! Lass uns die blöden Weiber überfahren!« Sie deutet auf Gia und Destany, die vor meinem Mercedes über die Straße gehen.

Ich muss lächeln. Ich glaube, ich habe heute den ganzen Tag lang noch nicht unbeschwert gelächelt.

»Aber ernsthaft«, sagt sie und schaut mich an. »Wann lassen wir sie hochgehen?«

Wieder blicke ich zur Windschutzscheibe hinaus, sehe sie gemeinsam über etwas lachen. »Bald. Aber erst muss ich meinen Eltern die Wahrheit über die Columbia sagen.«

24

Wie Hatties Wesen ans Licht kommt

Das wird jetzt richtig schlimm.

Meine Eltern planen seit Monaten meinen Umzug nach New York, organisieren mein Leben dort. Nein, nicht erst seit ein paar Monaten, sie planen das alles schon mein ganzes Leben lang!

Das wird richtig, richtig schlimm.

Livvy hält meine Hand. Ich drücke sie, während wir bei mir zu Hause durch die Eingangshalle gehen. Als ich ins Wohnzimmer komme, fällt mein Blick auf das gefälschte Bestätigungsschreiben der Columbia, das gerahmt an der Wand hängt. Mom hat ihre Notizen über dem Couchtisch verteilt. Sie erzählt Dad gerade von dem Fall, den sie momentan bearbeitet, und er sitzt auf dem Boden und hört ihr mit einem Glas Wein in der Hand aufmerksam zu. Dieser Anblick ist so reizend, so gemütlich und ich werde gleich alles kaputt machen.

»Quinn, Liebes, bringst du uns bitte die Weinflasche, die auf der Bar steht?«, sagt Mom und deutet in Richtung Küche. »Oh, hallo, Olivia.«

Als ich in die Küche gehe, sehe ich ganz automatisch nach oben, wo sich das »Herzlichen Glückwunsch«-Banner kurz unterhalb der Decke über alle vier Wände zieht. Mein Herz rast.

»Du bist auch in der Abschlussklasse, stimmt's?«, fragt mein Dad Olivia, als ich wieder ins Wohnzimmer komme.

»Ja, Sir.«

»Auf welche Uni gehst du nächstes Jahr?«

»Auf die Texas State«, sagt sie.

»Oh, sehr beeindruckend.«

Ich reiche meinen Eltern den Rotwein.

»Was habt ihr auf dem Herzen?«, fragt Mom, als wir keine Anstalten machen, uns aus dem Wohnzimmer zu entfernen.

»Nichts«, antworte ich nervös.

Livvy schaut mich an. Sie streckt ihre Hände bis in die Fingerspitzen, als ob sie alles Schlechte wegschieben will. »Sag es einfach.«

»Was sagen?«, fragt mein Dad.

»Mom, Dad, da gibt es etwas, das ihr wissen müsst.«

Um die Augen meiner Mom bilden sich kleine Sorgenfältchen. Sie lehnt sich nach vorn. »Was ist los?«

»Wegen der Columbia … Ich glaube nicht, dass ich gehen kann.«

Sein Blick zuckt zu Olivia, als ob sie der Teufel wäre, der mich von meinem Weg in eine glorreiche Zukunft abgebracht hat. »Natürlich kannst du«, sagt Dad, der sich wieder mir zugewandt hat. »Wir fahren nächste Woche nach New York. Dann suchst du dir eine Wohnung und …«

»Dad, ich gehe nicht.«

»Doch. Du gehst.«

Livvy zwickt mich in den Arm. *Sag es einfach.*

»Dad, ich kann nicht gehen, weil ich abgelehnt wurde.«

Stille senkt sich über das Haus.

»Was meinst du damit, du wurdest abgelehnt?«

»Wir haben doch das Bestätigungsschreiben bekommen«, sagt Mom und deutet an die Wand.

»Das ist gefälscht. Ich habe es selbst verfasst.«

»Du hast *was?*« Dad steht auf. »Auf welches College gehst du,

Quinn? Was zum Teufel …?« Er stellt sein Weinglas ab und fängt an, auf und ab zu laufen.

»Bist du *irgendwo* angenommen worden?«, fragt Mom.

»Nirgends von Bedeutung. Auch die UT hat mich auf die Warteliste gesetzt.«

Das verschlägt meinem Dad den Atem. »Machst du *Witze*? Ich dachte, du hättest gute Noten. Und das Ergebnis deines Collegetests … ich dachte, das wären vierunddreißig Punkte gewesen.«

»Es waren vierundzwanzig.«

»Oh mein Gott!«, schreit Dad. Er kauert sich auf den Boden und packt sich an den Knien. »Wir haben jedem, den wir kennen, erzählt, dass du nach New York gehst! Die Einladungen für deine Abschlussfeier sind schon gedruckt! Wir haben Hatties Land verkauft, damit wir dein Studium auf der Columbia bezahlen können! Wie konntest du das bloß tun?«

Mir gefriert das Blut in den Adern. »Was? Ihr habt Hatties Land verkauft?«

»Hast du eine Ahnung, wie teuer das Studium auf der Columbia ist? Die Studiengebühren, Bücher, die Lebenshaltungskosten – New York ist ungefähr die teuerste Stadt, die man sich vorstellen kann. Dir ist doch klar, wer das bezahlen muss, oder?«

»Also habt ihr Hatties Land verkauft? Habt ihr auch ihre Möbel verkauft? Habt ihr auch das Sofa und den Sessel mit dem Rosenmuster verkauft?« Mein Kopf neigt sich zur Seite, als ob es zu schwer ist, ihn weiter oben zu halten. »Habt ihr einen Flohmarkt veranstaltet?«

Dad schaut mich verwirrt an. »Natürlich nicht, Quinn. Die Sachen sind alle eingelagert.«

Meine Augenlider flattern vor Erleichterung. Ihre Möbel stehen nicht in den Häusern von irgendwelchen fremden Leuten. Die Polstermöbel mit dem Rosenmuster sind nicht in Audens Wohnzimmer gelandet. »Ihr müsst das Haus zurückkaufen und auch das Land.«

»Wir haben den Scheck schon eingelöst, Quinn. Der Käufer zieht nächstes Wochenende ein.«

»Wann wolltet ihr mir davon erzählen?«

»Wann wolltest *du* uns *davon* erzählen?«, schreit Dad zurück.

Mom steht auf und legt ihre Hand auf Dads Schulter. »Vielleicht sollten wir alle mal eine Pause machen.«

Hatties Land. Ihr Haus. Meine ganze Kindheit – verloren.

»Quinn, bring Olivia nach Hause. Dein Dad und ich habe eine Menge zu besprechen.«

Ich bleibe wie angewurzelt stehen. Mir zittern die Hände.

»Geh!«, schreit Dad.

Ich packe Livvy an der Hand und ziehe sie zur Haustür hinaus und dann die Einfahrt entlang. »Quinn, mach langsam.« Ich lasse sie los, als wir an meinem Wagen sind.

Seit dem Tag, an dem sie Hattie wegbrachten, war ich nicht mehr auf ihrem Land. Seit mehr als einem Jahr. Und jetzt ist es verkauft, für immer verloren. »Weißt du was? Nein, ich bringe dich nicht nach Hause.« Über das Wagendach hinweg schaue ich sie an. »Wir fahren zu Hatties Haus.«

WIE LIVVY MICH FÜNFMAL FRAGT, OB ES MIR GUT GEHT, OHNE DIE WORTE TATSÄCHLICH AUSZUSPRECHEN

1. »Carter war den ganzen Tag völlig durcheinander. Willst du darüber reden?«
2. »Quinn, geh mal ein bisschen vom Gas. Oder lass mich fahren, wenn das für dich okay ist.«

3. »Wie konnte dir dein Dad das antun? Von mir aus kannst du fluchen, spucken, heulen – was auch immer –, so viel du willst.«
4. »Ich mache von allem Fotos, damit du nie vergisst, wie es ausgesehen hat.«
5. »Ich bin froh, dass du mich mitgenommen hast, Quinn. Ich bin immer für dich da.«

Als wir Hatties Grundstück im Osten von Leander erreichen, prasselt alles auf mich ein. Das Tor schwingt auf und es kommt mir vor, als ob sich auch ein Tor in meinem Inneren öffnet. Langsam fahre ich den langen, steinigen Weg bis zu ihrem Haus entlang, erinnere mich an jeden einzelnen Baum, an dem wir vorbeikommen. Einige der Kurven sind so scharf, dass es aussieht, als würde die Straße verschwinden und wir würden geradewegs in den Wald fahren.

Als das Haus in Sicht kommt, halte ich die Augen weit geöffnet.

Olivia schießt durch das geöffnete Wagenfenster ein Foto nach dem anderen. »Es ist herrlich hier.«

Es stimmt. Es ist immer noch wunderschön. Die Holzverschalung, die umlaufende Veranda, der Backsteinofen an einer Seite.

Wir steigen aus. Olivia will zum Haus gehen, aber ich schüttele den Kopf. »Gehen wir erst ein Stück. Ich will dir den Schwimmteich zeigen.«

Wir gehen hinter das Haus. Hatties Garten links von uns ist jetzt nur noch ein überwuchertes Stück Land. Die Tür des Gewächshauses steht weit offen. Die Pflanzen sind alle fort, genau wie die Vögel. Es schmerzt mich mehr, als ich erwartet hätte, diese ganze Leere.

Der Gator steht immer noch unter dem Carport, mit dem Schlüssel im Zündschloss. Der Motor springt gleich beim ersten Versuch an. Olivia setzt sich neben mich und hält sich am Seitengriff fest.

»Willst du das wirklich machen?«

Ich fahre rückwärts aus dem Carport und steuere dann auf die ausgedehnte Baumlinie auf dem Hügel zu. »Nein, aber ich muss es tun.«

Mit hoher Geschwindigkeit holpern wir über die Wiese. Der Wind trocknet meinen Schweiß und beruhigt meine Nerven, löst die Knoten in meinem Magen. Olivia sagt nichts, als wir in den Wald hineinfahren, auf einen Pfad, den ich so gut kenne wie Hatties Handrücken. Je weiter wir kommen, desto mehr habe ich das Gefühl, dass mir die Seele aus dem Leib gerissen wird. Der Geruch nach Eiche und Zeder versetzt mich in die Zeit zurück, als ich zehn war, dann zwölf, dann fünfzehn. Die Sehnsucht nach dieser Zeit schlägt wie eine Woge über mir zusammen und meine Brust weitet sich vor Erleichterung, Freude und Trauer – alles auf einmal.

Schließlich sehe ich die Markierung vor mir – ein orangefarbenes Band an einem Baumstamm. »Gleich kommt das große Loch.«

»Das was?«

Ich fahre langsamer. Während ich den Gator in ein riesiges Schlagloch auf dem Weg lenke, erzähle ich Olivia, wie ich einmal mit voller Geschwindigkeit hindurchgebrettert bin. »Wir haben uns überschlagen«, sage ich und lächele sie kurz an. »Alles ist hinten rausgeflogen und mein Steißbein hat wochenlang wehgetan.«

Olivia wirft den Kopf in den Nacken und lacht.

»Danach hat Hattie den Baum markiert, damit man sieht, wann man langsam fahren muss.«

Die Sonne dringt kaum durch die Baumkronen bis nach unten, trotzdem ist es stickig, richtig heiß. Ich gebe wieder Gas, damit uns der Fahrtwind etwas Kühlung verschafft, doch gleich darauf erreichen wir die vertraute Weggabelung. Ich biege rechts ab und Olivia fragt nicht nach. Während wir langsam weiterrollen, macht sie Fotos von der Landschaft.

»Das ist traumhaft. Das ganze Land gehört deiner Grandma?«, fragt sie.

»Jetzt nicht mehr.« Ich schlucke schwer. »Okay, jetzt wird es ruckelig. Halt dich fest.«

Sie legt den Fotoapparat weg und umfasst den Griff an ihrer Tür. Der Pfad ist schmaler und viel holpriger, als ich ihn in Erinnerung habe. Wir fahren über eine mächtige Bodenwelle und ich beiße mir aus Versehen auf die Zunge. »Scheiße«, zische ich und schlucke Blut.

»Vielleicht sollten wir nicht ...« Olivia saugt die Luft zwischen ihren Zähnen ein. Ihre Stimme zittert wie ein Presslufthammer. »Vielleicht solltest du langsamer fahren.«

Wir fahren über einen Hügel, an dessen Fuß ich eine Gruppe Rehe entdecke. »Guck mal!«

Sie keucht auf. »Wie süß! Können wir anhalten und Fotos machen?«

»Ähm ... ich weiß nicht.« Aber ich fahre viel zu schnell und der Hügel ist viel steiler, als ich gedacht habe. Ich versuche zu bremsen, aber wir sind schon den halben Abhang hinuntergeflogen. Die Rehe rennen um ihr Leben.

»Quinn!«, kreischt Olivia.

Ich packe das Lenkrad, so fest ich kann. Meine Augen sind vor Schreck geweitet.

Wir schreien aus vollen Lungen, während wir auf die große Kurve zurasen – die letzte Kurve. Und angesichts des halsbrecherischen Tempos ist es ein Wunder, dass wir die Biegung schaffen, ohne umzukippen. Ich trete auf die Bremse, gerade noch rechtzeitig – nur Zentimeter vom Ufer entfernt.

Livvy dreht sich mit weit aufgerissenem Mund zu mir um. Ihre Augen sind genauso groß wie meine. Dann fängt sie an, wie irre zu lachen, und schlägt sich die Hände an die Brust. Jetzt muss auch ich schmunzeln.

»Quinn, das war der Hammer – du hast dich in die Kurve gelegt wie bei Mario Kart!«

Ich muss noch heftiger lachen und verschlucke mich an meiner eigenen Spucke.

»Einen Moment lang dachte ich, ich wäre Luigi auf der Rainbow Road.«

Ich keuche auf. »Oh nein, nein, nein! Wir waren definitiv auf der Moo Moo Meadows!«

Überrascht sieht sie mich an. »Stimmt!«

Ich lege meine Hände an die Stirn und schnappe nach Luft. »Sieh mal, da«, sage ich und starre zu Hatties Schwimmteich, der noch immer so unfassbar blau ist, wie ich ihn in Erinnerung habe. Die grünen Bäume kommen mir noch grüner vor und da steht der Schaukelbaum mit dem Reifen in der Mitte. Alles ist da. Alles ist noch so, wie es mal war.

»Oh«, seufzt Olivia. »Das ist ja noch schöner, als ich gedacht habe.«

Ich lächele, als sie aussteigt und ihren Fotoapparat zückt. Sie schießt Bilder von dem Teich, den Bäumen, von mir im Gator. Ich schaue hoch in den Himmel: kein Anzeichen für Regen. Irgendwie bin ich enttäuscht. Das Schwimmen bei Gewitter damals mit Hattie war das Beste, was ich je erlebt habe.

Nachdem ich in den Teich gesprungen war, wollte mich das Wasser mit sich nehmen. Es wollte mich nach unten ziehen, meine Gegenwehr unterbinden. Ich hatte Angst, aber ich habe nicht dagegen angekämpft. Ich ließ mich vom Wasser tragen. Nach einer Weile dann umarmte mich das Wasser, wiegte mich und hob mich empor zur Oberfläche. Als ich wieder atmen konnte, spürte ich, wie mein Herz raste. Ich fühlte mich lebendiger als je zuvor.

Hattie stand am Ufer und suchte das Wasser nach mir ab.

Ich rief ihr zu: »Wer ist jetzt der Angsthase?«

»Kleines!«, schrie sie und wischte sich über das Gesicht. »Ich dachte, ich hätte dich verloren!«

»So leicht wirst du mich nicht los!« Auch ich wischte mir den Regen aus dem Gesicht.

Die Hände in die Hüften gestemmt sagte sie: »Komm raus. Wir müssen nach Hause. Wenn dein Dad das erfährt, bringt er mich um.«

Sie hatte Angst. Das konnte ich in ihrer Stimme hören. Und das war etwas, das ich bei ihr noch nie erlebt hatte. Sie hatte keine Angst vor meinem Dad. Sie hatte Angst, mir könnte etwas geschehen.

Ich schwamm mit aller Kraft zurück zum Ufer, und als ich aus dem Wasser stieg, war ich völlig erledigt. Ich legte mich rücklings mit ausgebreiteten Armen und Beinen in den Dreck, nur bekleidet mit meiner Unterwäsche, und ließ mich von den dicken Regentropfen weich klopfen. Hattie stand klatschnass neben mir.

»Du bist dran«, scherzte ich.

»Kleines, ich kann nicht glauben, dass du mir das angetan hast.«

Ich zuckte mit den Schultern und wischte mir über die Augen. »Ich bin dir wahrscheinlich ähnlicher, als du denkst. Ich kneife nicht, wenn es brenzlig wird.«

Hattie schüttelte den Kopf. »Verdammt noch mal, ich habe nie bezweifelt, dass du mir ähnlich bist. Das weiß ich doch!«

Hattie wusste es. Sie wusste schon immer, dass ich so war wie sie. Aber ich hatte es vergessen. Ich hatte vergessen, dass ein Teil von mir tapfer war.

Während Livvy den Schaukelbaum fotografiert, steige ich aus dem Gator. »Bist du früher hier geschwommen?«, fragt sie, ohne den Blick von dem Baum abzuwenden.

»Früher?« Ich reiße mir das T-Shirt vom Leib, ziehe die Schuhe aus und streife die Jogginghose ab. Dann gehe ich an ihr vorbei zum Schaukelbaum, in einer pinken Unterhose und einem dunkelblauen BH, barfuß und furchtlos.

»Damn it!«, sagt Olivia und fotografiert mich, wie ich über den Baumstamm zur Mitte rutsche. Dann klettere ich hinunter zum Seil und schwinge mich auf den Reifen, wie an jenem Tag. »Du bist eine Göttin«, sagt Olivia. »Eine Kriegerin.«

Sie hat recht. Ich bin eine Kriegerin. Ich habe mich meiner Angst gestellt: meiner To-do-Liste. Ich habe für meine Freiheit gekämpft. Ich habe den Kränkungen und Beleidigungen von Destany und Gia einen Riegel vorgeschoben. Ich habe meinen Eltern reinen Wein über die Columbia eingeschenkt. Und jetzt bin ich hier. Ich bin wieder an dem Ort, wo ich mich schon einmal gefunden habe, wo ich entdeckt habe, wer ich bin.

Ich springe hinein und lasse mich von der Kälte verschlingen.

WER ICH BIN

1. ~~Eine (schlechte) Lügnerin.~~ Mutig genug, um die Konsequenzen für meine Lügen zu tragen
2. Jemand, der hemmungslos heulen kann
3. Jemand, der auch bei Regen und Kälte lieber draußen ist als drinnen
4. Eine Vegetarierin
5. Unbeholfen in Gesellschaft anderer
6. ~~Ich laufe lieber weg, als dass~~ ich kämpfe
7. ~~Der feige Löwe, bevor der Zauberer von Oz ihm Courage schenkt~~ Eine Kriegerin
8. ~~Nicht besonders hübsch~~ Eine Göttin
9. Hatties Enkeltochter

Auf der Rückfahrt lasse ich Olivia hinter das Steuer und mich selbst von Wind und Sonne trocknen.

»Weißt du, als ich noch in Houston gewohnt habe, bin ich mit meiner Mom oft zu Trail Rides gegangen. Hast du so was schon mal mitgemacht?«

Verwirrt deute ich auf den Weg vor uns.

»Nein, Süße!« Sie lacht. »Ein Trail Ride ist ein Ereignis, ein wichtiger Teil der Kultur der Schwarzen Menschen hier im Süden. Ich nehme dich mal mit nach Houston. Wir haben jetzt gerade Trail-Ride-Saison.«

Ich ziehe die Augenbrauen hoch. »Okay.« Ich muss lachen.

»Na ja, wie auch immer, meine Mom hatte mal einen Freund, Henry. Jedes zweite Wochenende sind wir mit ihm, seiner Familie, seinen Freunden und lauter anderen Leuten über die Landstraßen geritten.«

Ich schaue sie an und streiche mir eine nasse Haarsträhne von der Wange. Ihre Haut schimmert und das Sonnenlicht funkelt in ihren Schweißtropfen.

»Diese Landschaft hier«, sagt sie und deutet auf die Wälder, »erinnert mich daran, wie sehr ich das vermisse. Verdammt, ich vermisse sogar Chestnut, mein Pferd.« Sie zieht einen leichten Schmollmund und lächelt mich dann wieder an. »Von allen Typen, die meine Mom jemals angeschleppt hat, war Henry mein absoluter Favorit.«

»Was ist mit ihm passiert?«, frage ich.

Sie schüttelt den Kopf. »Er hat sie betrogen, aber …« Sie zuckt mit den Schultern. »Na ja, das war vermutlich der harmloseste Grund, warum sie je mit einem Typen Schluss gemacht hat. Wenigstens war er nicht auf Meth und hat sie auch nicht halb totgeprügelt.« Sie wendet sich mir zu. »Weißt du, was ich meine?«

Nein. Ich nicke trotzdem.

Sie schaut wieder nach vorn. »Fremdgehen kann man verzeihen. Irgendwie wünschte ich, sie würde ihm verzeihen.«

»Wirklich?«

»Manchmal«, sagt sie.

Wenn ihre Mom Henry vergeben hätte, wäre Livvy vielleicht nie aus Houston weggezogen. Und wir hätten niemals diesen Tag zusammen erlebt. Ich hätte vielleicht niemals getan, was ich getan habe.

»Wie bist du in Austin gelandet?«, frage ich sie.

»Meine Mom arbeitet auf Kommissionsbasis für einen Laden auf der South Congress. Sie macht Halsketten und solche Sachen.«

»Wow, das ist großartig«, sage ich und erinnere mich an den Schmuck, an dem ihre Mom immer arbeitet, wenn ich Olivia besuche.

»Ja, ziemlich cool, was? Die Arbeit bezahlt die Miete«, sagt sie. »Meine Mom war diejenige, die mich ermutigt hat, meine Fotos online zu verkaufen.«

Ich sehe Zuneigung in ihrem Blick. Sie und ihre Mom haben viel zusammen durchgemacht. Ich kann mir nicht einmal ansatzweise vorstellen, wie es wäre, mit ständig wechselnden Partnern meiner Mom leben zu müssen. Von denen sich einige dann auch noch als echte Scheißkerle erweisen würden. (Olivias Worten nach zu urteilen, traf das auf die *meisten* Typen ihrer Mom zu.)

Sie fährt extra langsam und sagt: »Es tut mir leid, dass dein Dad all das hier verkauft hat. Es ist echt ein besonderer Ort.«

»Ja.« Ich blinzle in das zersplitterte Sonnenlicht, das durch das Laub fällt.

»Also … warum besuchst du sie nicht?«

Die Frage wiegt schwer. Die Antwort noch schwerer. Aber irgendwie … es fühlt sich sicher an, hier mit ihr. Und ich reite immer noch auf dieser Welle aus Adrenalin. Ich habe das Gefühl, dass ich alles kann, auch über Hattie reden.

»Ehe meine Eltern beschlossen, sie ins Pflegeheim zu stecken, hat sie ständig ihre Sachen gepackt, ihre Kleider und ihre Bilder – sie hat immer die Bilder von der Wand gehängt und mitgenommen. All das Zeug hat sie dann auf ihren Truck geladen und ist irgendwohin gefahren. Wir haben jedes Mal stundenlang nach ihr gesucht, bis wir sie fanden.

Sie ließ das Gas an und das Wasser laufen. Sie hat das Badezimmer überflutet. Sie hat die Waschmaschine beladen, aber nicht eingeschaltet. Und wenn sie doch daran dachte, vergaß sie, die Wäsche rauszuholen und zum Trocknen aufzuhängen. Bis wir sie fanden, waren die Sachen schon ganz schimmelig geworden. Sie konnte einfach nicht mehr selbst für sich sorgen.«

»Das mitzuerleben, ist bestimmt ziemlich hart.«

Ich nicke, den Blick zu den vorbeiziehenden Bäumen gewandt. »Ich kann mich noch an das letzte Gespräch mit ihr erinnern. Sie hat mich gebeten, ihr eine Decke aus ihrem Zimmer zu holen, weil ihr kalt war. Sie meinte, ich solle die blaue Decke aus ihrem Schrank nehmen, nicht die auf dem Bett, weil in ihrem Bett ein Baby schlafen würde.« Ich schaute Olivia an.

»Ich habe nachgesehen, aber natürlich war da kein Baby. Ich bin zurückgegangen und habe sie gefragt, welches Baby sie denn meinen würde, und sie sagte: ›Die kleine Quinn.‹«

Livvy verzog das Gesicht zu einem gequälten Ausdruck.

»Ich sagte: ›Aber ich bin doch Quinn.‹ Und sie meinte: ›Klar, natürlich weiß ich, dass du Quinn bist.‹ Sie sah so durcheinander aus. Ich habe die Decke geholt, und als ich wiederkam, fragte sie mich, ob ich das Baby geweckt hätte.« Ich biss mir auf die Lippe.

»Das war einfach zu viel für mich. Ich wage nicht, mir vorzustellen, wie sie *jetzt* ist.«

»Ich habe so etwas noch nie erlebt«, sagt Livvy unverblümt, »und ich will gar nicht so tun, als wüsste ich, wie schwer das für dich sein muss. Aber eins weiß ich genau: Du kannst diese Sache nicht länger vor dir herschieben.«

»Ich weiß«, sage ich. »Aber irgendwie … je länger ich warte, desto schwieriger wird es. Sie hasst mich bestimmt, weil ich sie nie besuchen komme.«

»Aber es ist doch besser, sie wird wütend, wenn du zu ihr gehst, als wenn du sie gar nicht mehr zu Gesicht bekommst.« Livvy wirft mir einen kurzen Blick zu und schaut dann wieder zur Windschutzscheibe hinaus. »Außerdem kann sie den Verkauf ihres Landes vielleicht noch stoppen, wenn du ihr davon erzählst.«

Mit großen Augen sehe ich sie an.

Sie zuckt lächelnd mit den Achseln. »Also, ich weiß ganz genau, dass ich meinem Sohn den Hintern versohlen würde, wenn er etwas so Wunderschönes hergibt.«

»Oh mein Gott, Livvy!« Ich weiß nicht, ob ich weinen oder lachen soll. »Du hast recht! Sie bringt ihn um, wenn sie davon erfährt.«

»Na also. Erzählen wir seiner Momma, was ihr Sohnemann angestellt hat.«

Wir fahren aus dem Wald wieder auf die weitläufige Wiese. Ich atme tief durch, als Hatties Haus in Sicht kommt. Nachdem wir den Gator wieder unter dem Carport abgestellt haben, hole ich meine Kleidung vom Rücksitz und ziehe mich an. »Können wir kurz reingehen, bevor wir fahren?«

Ein sanfter Ausdruck liegt in ihren braunen Augen. »Natürlich.«

Wir steigen die Stufen zur Veranda hoch, wo ich stehen bleibe und die Schlüssel in meiner Hand betrachte. Hatties Schlüssel. Ich lege meine Hand auf die Holztür und schließe auf. Als die Tür aufschwingt, riecht es so wie immer: Pfefferminz und Tabak. Die Kommode mit unseren Bildern ist weg, genau wie die Zeitungsständer, der Kühlschrank, der Gasofen und der Salzstreuer in Form eines Weihnachtsbaums. Zurückgeblieben sind nur die Bettgestelle und Matratzen in den Schlafzimmern.

Ich weiß noch, wie hier alles aussah. Hatties Sessel stand am Fenster und auf der anderen Seite war das Sofa. Direkt neben den Fernseher hatte sie die Kommode gestellt, damit sie immer all unsere Gesichter sehen konnte – mich, Mom, Dad und Granddad. Dad meinte, sie sei nicht mehr dieselbe gewesen, nachdem Granddad gestorben war, aber das war die einzige Hattie, die ich kannte.

Wir schließen wieder ab und gehen zu meinem Auto. Die Sonne versinkt hinter dem Horizont, als ich mich noch einmal umschaue. Wahrscheinlich würde es mir schwererfallen, diesen Ort hinter mir zu lassen, wenn er noch mit Leben erfüllt wäre. Aber es ist alles fort, einschließlich Hattie. Und selbst die Teile, die noch da sind, verschwinden allmählich. Ich habe nicht mehr viel Zeit. Ich darf keine weitere Sekunde mehr verschwenden.

WORAN ICH MICH ERINNERN WERDE, WENN ICH AN HATTIES HAUS DENKE

1. An die kurvenreiche Einfahrt, die mir immer das Gefühl gab, ich würde Narnia betreten
2. An das Knarren der zweiten Verandastufe
3. An das Geräusch des Regens auf dem Wellblechdach des Carports
4. An das Schlagloch auf dem Weg zum Schwimmteich und alle damit verbundenen Ereignisse

5. An das giftige Efeu im Wald und den Tag, an dem Hattie mir zeigte, woran man die Blätter erkennt
6. An den Unterschied zwischen Senfkohl und Blattkohl und dass Hattie Senfkohl lieber mochte
7. Daran, wie sie und ich im Garten zusammen sangen
8. Daran, dass die Kolibris im Gewächshaus nicht davonflogen, wenn wir ihnen Nektar brachten. Und an den Tag, an dem einer auf meiner Hand landete
9. Daran, wie man einen Knoten so festzieht, dass er eine Schaukel hält, wie die am Schaukelbaum
10. An die Zebramuscheln am Grund des Flusses und wie scharfkantig ihre Schalen waren, wenn man auf sie trat und sie zerbrachen
11. An den Kamin an Weihnachten
12. An die Marshmallows im Sommer, die wir über einer Gasflamme rösteten
13. An weißen Reis zum Frühstück
14. Daran, wie ich sie sonntags in die Kirche begleitete
15. An ihr Rezept für süßen Eistee
16. An ihr Limonadenrezept
17. An ihre grünen Bohnen mit Kartoffeln
18. An die Art, wie sie »Scheiße« sagte. Und dass sie immer damit durchkam, dass niemand es ihr übel nahm, als ob es kein böses Wort wäre
19. Daran, dass wir Karten spielten und Bücher lasen, wenn es zu heiß war, um draußen zu sitzen
20. Daran, auf ihrer Schaukel zu sitzen und zuzusehen, wie die Welt sich drehte

Livvy meint, das Pflegeheim würde komisch riechen, aber es könnte schlimmer sein.

Wir gehen zum Empfang und fragen nach Harriet Jackson. Die Rezeptionistin will meinen Namen wissen und meinen Ausweis sehen. Livvy muss draußen bleiben. »Du schaffst das«, sagt sie zu mir. »Du bist eine Kriegerin.«

Aber im Moment fühle ich mich nicht wie eine Kriegerin. Ich fühle mich, als ob ich mich jeden Moment übergeben müsste.

Eine Pflegerin bringt mich zu einem Gebäudetrakt und öffnet mir mit ihrem Dienstausweis die Tür. Je weiter wir gehen, desto unsicherer wird mein Gang. Mein linker Fuß macht größere Schritte als mein rechter. Am Ende des Flurs öffnet die Pflegerin eine weitere Tür und in diesem Trakt kann ich wieder atmen. Hier sieht es nicht so sehr wie in einem Krankenhaus aus, sondern eher wie in einem Hotel, mit Teppichböden und gedämpftem Licht.

Die Pflegerin bleibt vor Zimmer Nr. 1243 stehen, klopft und benutzt wieder ihren Dienstausweis, um die Tür zu öffnen. Sie schiebt ihren Kopf um die Ecke und sagt: »Miss Hattie, Sie haben Besuch.«

Dann höre ich ihre Stimme und mein Magen verkrampft sich. Ihre Stimme ist anders. Schwächer. »Mein Sohn war doch schon da.«

»Ja, Ma'am. Und jetzt ist Ihre Enkelin da.« Die Pflegerin drückt die Tür auf, damit ich eintreten kann.

»Meine Enkelin? Quinn?«, ruft Hattie. »Meine Quinn?«

Meine Lungen pumpen schneller, als sie meinen Namen sagt.

»Ja, Ma'am«, antwortet die Pflegerin und bedeutet mir mit einer Kopfbewegung weiterzugehen.

Ich eile ins Zimmer. Es gibt ein riesiges Bett, abgerundete Türrahmen, saubere Tischplatten aus Granit und eine Sitzecke mit einem Fernseher an der Wand.

Sie sitzt in einem Sessel und blickt mir suchend entgegen. Sie sieht anders aus. Winzig. Zerbrechlich. Ihre Haut ist runzliger und dunkler, als ich sie in Erinnerung habe, die silbernen Haare sind dünner geworden. Ich sehe, wie sie ihre Fingerknöchel in die Armlehnen ihres Sessels drückt, als ob sie aufstehen will, aber sie macht nicht den Eindruck, als würde sie es ohne fremde Hilfe schaffen. Sie sieht so klein aus. So klein.

»Hattie?«, flüstere ich.

»Quinn.« Sie lächelt und ich laufe zu ihr. Als ich mich zu ihr beuge und meine Arme um ihren Hals schlinge, tätschelt sie mir schwach den Rücken.

Ich weiche ein Stück zurück, erschrocken darüber, wie kraftlos sie wirkt. Eine Fahrt im Gator durch den Wald könnte ihren Tod bedeuten. Sie wäre nicht mal mehr in der Lage, sich zu bücken, um das Gemüse in ihrem Garten zu ernten. »Ich habe dich vermisst, Hattie.«

»Vermisst? Wir haben uns doch erst gestern gesehen und sind gemeinsam durch den Wald gefahren.« Sie lächelt, aber ich schaffe es nicht, ihr Lächeln zu erwidern. Sie war immer die bodenständigste Person, die ich kannte – bevor ihr Gehirn welk wurde. Aber wenigstens komme ich in ihren Fantasien vor.

Ihre Augen können sich weder auf mich noch auf irgendetwas anderes fokussieren. Sie schaut zum Fernseher an der Wand und ich setze mich auf das Sofa ihr gegenüber. Ich weiß nicht, was ich zu ihr sagen oder wie ich mich mit ihr unterhalten soll. Sie schaut nur zu, wie das Leben vorbeizieht, gefangen in ihren eigenen Erinnerungen.

»Hattie«, setze ich an, »ich muss dir etwas sagen.« Ich stehe auf und knie mich vor sie hin. »Dad verkauft dein Land. Dein Haus. Alles.«

Sie nickt. »Ja, ich weiß. Ich habe ihn darum gebeten.«

»Was? Warum?«

Sie zuckt mit den Schultern. »Ich kann's ja nicht mitnehmen.«

Ich forsche in ihrem Gesicht. »Bist du nicht traurig? Dein Zuhause ist fort.« *Mein* Zuhause ist fort.

»Das hier ist mein Zuhause.«

»Nein, ist es nicht«, widerspreche ich. »Das hier ist nicht dein Zuhause.« Wie konnte irgendjemand ihr einreden, dass dies ihr Zuhause sei? Und wieso ist sie so fest davon überzeugt, dass sie nie mehr in ihr Haus zurückkehrt? Niemals. »Was ist mit deiner Veranda? Mit den Waldwegen? Was ist mit dem Schwimmteich, Hattie? *Das* ist dein Zuhause. Das war *mein* Zuhause. Wie konntest du zulassen, dass er dein Land verkauft?«

»Hör mir gut zu, Kleines.« Sie hebt mein Kinn an und schaut mir in die Augen. »Zuhause ist kein Ort. Zuhause ist hier.« Sie klopft leicht mit der Hand auf ihre Brust, oberhalb des Herzens. Dann sagt sie: »Don't you fear, I'm right here.«

Ich erstarre und erwidere den Blick aus ihren dunklen Augen. Sie erinnert sich an unser Lied? Jedes Mal, wenn ich in ihrem Garten oder an ihrem Küchentisch gesessen und geweint habe, weil ich Angst hatte, dass meine Eltern sich trennen, hat sie mich daran erinnert, dass sie bei mir war. Damals dachte ich, das würde immer so bleiben.

Ich singe mit ihr: »Don't you fear, I'm right here.«

Ich bin so dankbar, dass ich hergekommen bin und sie sich an mich erinnert. Und ich bereue es, dass ich so verdammt lang gebraucht habe, um ihr gegenüberzutreten. Ich hatte Angst, ich würde sie nicht wiedererkennen, aber obwohl ihre Erinnerungen davontreiben, bleibt sie doch immer noch die Hattie, die mich großgezogen hat.

WIE HATTIES WESEN WÄHREND MEINES BESUCHS ANS LICHT KOMMT

1. Im Fernsehen läuft ein Basketballspiel, aber Hattie schaut nur aus dem Fenster.
2. Ich rufe die Pflegerin und frage, ob ich mit Hattie nach draußen gehen könne, aber sie meint, das sei keine gute Idee, weil der Pollenflug heute besonders stark sei. Und dann sagt Hattie auf ihre typische Hattie-Art: »Seien Sie still, Mädchen, und holen Sie mir meinen Rollstuhl.«
3. Wir fahren sie durch die Türen und Gänge bis in die Eingangshalle, wo Livvy wartet. Ich stelle sie Hattie als meine Freundin vor und Hattie schaut Livvy nachdenklich an. »Das ist nicht Destany«, sagt sie. Ich bin überrascht, dass sie sich an Destany erinnert. Aber Hattie scheint sich zu freuen. Sie nimmt Olivias Hand und hält sie lächelnd fest.
4. Wir setzen uns in den Garten und schauen den Blumen zu, die in der leichten Brise schaukeln. Ich sitze in der Mitte zwischen Livvy und Hattie und trinke Eiswasser. Hattie grummelt über das Essen in der Cafeteria. Sie meint, sie würde den Leuten in der Küche gerne mal zeigen, wie man frisches Gemüse kocht, nicht diesen Mist in Dosen. Ich erzähle Livvy, dass Hatties Gemüse einfach köstlich war. Und Hattie sagt: »War?« Livvy und ich können nicht aufhören zu lachen.
5. Nach einer Weile fängt Hattie an zu husten und ich bekomme solche Angst, dass ich aufspringe und sie sofort wieder ins Haus fahren will. Aber sie meint, es gehe ihr gut und sie wolle noch nicht wieder nach drinnen. Ihre Augen tränen. Und ich weiß nicht, ob die Allergie der Grund ist

oder die Tatsache, dass sie wirklich unbedingt noch draußen bleiben will. Aber der Husten wird schlimmer und mir bleibt keine andere Wahl.

6. Die Pflegerin gibt Hattie zimmerwarmes Wasser zu trinken und bringt mich und Hattie zurück in Hatties Appartement. Hattie wirkt so enttäuscht, als sie sich wieder vor den Fernseher setzen muss. Sie schaut zum Fenster hinaus, dann zu mir und reißt mein Herz entzwei. »Du musst mich öfter besuchen kommen, Quinn. Dein Daddy nimmt mich nie mit nach draußen.«
7. Ich will sie nicht verlassen. Ich fühle, wie eingesperrt sie sich vorkommt. Sie war nie gerne drinnen. Sie war immer zu groß für Räume mit vier Wänden und einem Dach. Aber Olivia wartet auf mich und meine Eltern haben mir schon Dutzende Nachrichten geschickt. Und so küsse ich sie auf die Stirn und verspreche ihr, am Wochenende wiederzukommen. Dann sagt sie, sie liebe mich. Es ist mehr als ein Jahr her, dass sie das zu mir gesagt hat. Ich sage, ich liebe sie auch. Als ich gehe, fühle ich mich zerbrochen und gleichzeitig geheilt.

Ich hätte Hattie viel früher besuchen sollen, am besten jeden Samstag. Wir hätten neue Erinnerungen erschaffen und unsere alten aufleben lassen können. Ich wäre einfach nur bei ihr gewesen, hätte miterlebt, wie ein Sandkorn nach dem anderen abgetragen wurde, hätte wertschätzen und auskosten können, was von ihr übrig geblieben ist.

Ich habe so viel Zeit damit vergeudet, mich in Angst zu hüllen. Ich dachte, es ginge mir gut damit, aber in Wahrheit habe ich in einem Käfig gelebt, den ich mir selbst erschaffen hatte, mit all den

Listen von meinen Ängsten und Zweifeln, an denen ich wohl nicht das Geringste geändert hätte.

Denn wenn ich diese Listen aufschrieb, musste ich mich nicht mit deren Inhalt auseinandersetzen.

Als wir heimkommen, erwarten uns Mom und Dad bereits. Dad fragt: »Quinn, wo warst du?« Mom betrachtet mich von oben bis unten, als ob sie sich vergewissern würde, dass es mir gut geht.

»Wir haben Hattie besucht.«

Dads Augen weiten sich und sein Blick wandert zwischen mir und Olivia hin und her. »Wirklich?«

Ich nicke und betrachte den Fliesenboden vor meinen Füßen. »Sie weiß schon über den Verkauf des Grundstücks Bescheid. Sieht so aus, als ob ich die Einzige wäre, die nichts davon wusste.«

»Es ging alles so schnell.« Mom tritt hinter Dad hervor. »Wir waren uns selbst noch nicht sicher, ob wir wirklich verkaufen wollen, als sich schon ein Interessent bei uns meldete.«

Wenn Hattie loslassen kann, wie könnte ich mich dann widersetzen?

»Es tut mir leid, dass ich euch wegen der Columbia angelogen habe.«

Dads Miene wird hart. Dann schüttelt er den Kopf. »Ich kann einfach nicht glauben, dass du …«

Mom legt ihm die Hand auf den Arm. »Eins nach dem anderen, okay? Erst mal solltet ihr euch waschen und dann etwas essen. Olivia, Liebes, bleibst du zum Essen?«

»Oh nein, Ma'am«, sagt sie und fährt dann leiser fort: »Carter holt mich ab.«

Ich drehe mich zu ihr um, aber sie weicht meinem Blick aus. Ich wende mich wieder meinen Eltern zu. »Mom«, sage ich, »ich muss mit dir über etwas reden.«

Sie geht zum Kühlschrank, während Dad den Ofen einschaltet. Livvy und ich setzen uns ihnen gegenüber an die Bar. »Was weißt du über Cybermobbing?«

Mom wirbelt herum. Dad wendet sich ebenfalls uns zu. Ich hole mein Smartphone aus der Tasche und wähle die Aufnahme des Gesprächs mit Destany und Gia aus. »Wir brauchen deine Hilfe.«

♡

Draußen ist es dunkel, aber ich kann Carter sehen, der unter der Straßenlaterne an Olivias Auto lehnt. Ich luge durch einen Spalt zwischen den Vorhängen an meinem Schlafzimmerfenster. Livvy kommt mit ihrem Rucksack über der Schulter und dem Fotoapparat um ihren Hals aus dem Haus. Sie geht zur Beifahrerseite und bedeutet Carter mit einer Handbewegung, dass er fahren soll.

Er reibt sich mit der Hand über den Kopf und schaut hoch. Er sieht mich. Ich erstarre. Mein Herz hämmert. Ich vergesse beinahe, warum ich sauer auf ihn bin. Aber dann wende ich mich schnell ab und gehe zu meinem Bett, wo ich nach Luft schnappe.

Schwer liegt der Zettel, den er mir heute Nachmittag gegeben hat, in meiner Tasche. Schon die ganze Zeit. Aber jetzt brennt er ein Loch in meine Hüfte. Ich muss ihn lesen. Ich ziehe das zusammengefaltete Blatt Papier heraus und öffne es.

WARUM ICH DEIN JOURNAL GELESEN HABE

1. Anfangs war es ein Missverständnis. Ich dachte, es wäre mein Collegeblock, aber als ich die Liste »Wen ich küssen möchte« sah, wusste ich, dass es dein Notizbuch und somit sehr privat ist.

2. Ich habe weitergelesen, weil mein Name am Ende dieser Liste stand und ich nie gedacht hätte, dass du mich so siehst. Ich wollte meinen Namen unbedingt noch einmal lesen.
3. Ich habe dich nicht respektiert. Ich dachte, ich wüsste genau, wer und was du bist.
4. Ich war wütend wegen der Art, wie mich dein Vater behandelt hat. Ich dachte, du verdienst es nicht besser und es wäre nicht schlimm, deine Privatsphäre zu verletzen. Ich habe mich geirrt. Und **wie** ich mich geirrt habe. Niemand verdient so etwas.
5. Ich habe oft gesehen, wie du in dieses Buch geschrieben hast. Ich habe mich schon lange gefragt, was du so schreibst.
6. Ich war wie gebannt. Je mehr ich über dich las, desto mehr wollte ich wissen. Deine Unvollkommenheiten, deine Fehler, deine Sehnsüchte – alles hat mich angezogen. Ich habe dein Journal durchgeblättert, als würde das alles gar nicht zu dir gehören.
7. Deine Geheimnisse zu kennen, war, als hätte ich Cheat Codes für dich.
8. Mir war nicht klar, dass mein Verhalten Konsequenzen haben würde. Ich dachte, ich würde deine Geheimnisse mit ins Grab nehmen. Ich hatte keine Ahnung, dass ich mich in dich verlieben würde.
9. Mir war nicht klar, wie übel das war, was ich getan habe, bis ich sah, wie sehr es dich verletzt hat.

25

Vor- und Nachteile, eine Anwältin als Mutter zu haben

VOR- UND NACHTEILE, EINE ANWÄLTIN ALS MUTTER ZU HABEN

Nachteile

1. Sie untersucht jede Kleinigkeit. Ich kann nie so tun, als sei ich krank, um nicht in die Schule gehen zu müssen.
2. Sie verdient ihren Lebensunterhalt mit Diskutieren. Ein Streitgespräch gegen sie zu gewinnen, ist nahezu unmöglich.
3. Sie kann Gedanken lesen. Sie weiß schon im Voraus, was ich als Nächstes sagen werde.
4. Sie ist eine scharfe Beobachterin. Sie anzulügen, ist ein Vollzeitjob.
5. Sie ist eine Meisterin im Lösen von Problemen. Wenn man mit einem Problem zu ihr kommt, macht sie sich sofort daran, eine Lösung zu finden, vergisst dabei aber oft Dinge wie Verständnis und Mitgefühl.

Vorteile

1. Sie ist eine Meisterin im Lösen von Problemen. Wenn man mit einem Problem zu ihr kommt, dann findet sie eine Lösung.

2. Sie ist eine Spitzenverdienerin.
3. Sie ist eine unabhängige Bitch. (Ist es okay, die eigene Mutter eine Bitch zu nennen? Denn meine Mutter ist eine!)
4. Wenn ich ein Verbrechen beginge, würde sie mich umsonst vertreten. (Wahrscheinlich ... vielleicht ...)
5. Sie geht jedem an die Gurgel, der versucht, ihrem Kind zu schaden.

Der Schulleiter Mr Falcon hat eine Bronzeskulptur in Form eines Falken auf seinem Schreibtisch stehen. Ich starre diese Statue an und frage mich, ob sie der Hauptgrund ist, dass er Schulleiter wurde. In keinem anderen Büro würde sich diese Skulptur so gut machen wie in diesem. Vielleicht noch in einem Regierungsbüro. Gouverneur Falcon.

Ich sitze zwischen meiner Mom und Olivia. Meine Mom hat sich chic gemacht und darauf bestanden, dass ich es ihr gleichtue. Was ich allerdings nicht getan habe, jedenfalls nicht richtig. Immerhin trage ich keine Jogginghose. Sie sitzt links von mir, in ihrem Anwaltsoutfit: elegante schwarze Schlaghose, die an der Hüfte gebunden wird, eine weiße Seidenbluse in den Hosenbund gesteckt, schwarze, spitz zulaufende Stilettos. Sie hat die Beine übereinandergeschlagen und wippt mit dem unteren Fuß auf und ab.

»Ich finde es bemerkenswert, dass zwei *Schwarze* Schülerinnen auf dem Schulgelände gemobbt wurden und Sie der Meinung sind, man könne nichts dagegen tun.«

»Mrs Jackson, ich nehme die Sache sehr ernst. Das« – und damit deutet er auf mein Handy – »ist Anlass genug für einen Schulverweis. Ich will nur darauf hinweisen, dass es Gegenwind geben könnte.«

»Und ich will darauf hinweisen, dass dies nicht der Fall sein sollte.« Mom beugt sich vor. »Es ist mir egal, wer Gias Vater ist und wie viel Geld er der Schule gespendet hat. Das gibt niemandem das Recht, einen anderen Schüler oder eine andere Schülerin zu quälen. Diese beiden Mädchen haben meine Tochter in *Geiselhaft* genommen.«

»Das verstehe ich ja ...«

Mom beugt sich noch weiter vor und deutet an mir vorbei auf Olivia. »Sie haben erst vor wenigen Monaten den Ruf dieser jungen Frau ruiniert, indem sie widerliche Lügen über sie verbreiteten und dann ihr Werk zerstört haben. Und genau das Gleiche ist jetzt schon zum zweiten Mal geschehen. Und es wird wieder geschehen.«

Sie schaut Mr Falcon an. »Die Sachlage ist ganz klar: Zwei junge Schwarze Frauen, die in Ihrer Obhut waren, wurden von zwei weißen Mitschülerinnen schikaniert, von denen eine durch ihren Vater geschützt wird, der der Schule viel Geld spendet. Einer Anklage wegen Diskriminierung steht aus meiner Sicht nichts mehr im Wege.«

Sein Mund zuckt, öffnet und schließt sich wie ein Fischmaul. Ich bin so stolz auf meine Mom, dass mir die Tränen in die Augen schießen.

»Wir sollten die beiden Mädchen herholen.« Er nimmt den Telefonhörer ab und verlangt nach Destany Maddox und Gia Teller. Dann schaut er meine Mutter an. »Ich muss Sie bitten, mir die Fragen zu überlassen. Die Eltern der Kinder sind nicht hier ...«

»Ich verstehe«, sagt sie, nimmt das obere Bein vom unteren und überkreuzt sie dann auf der anderen Seite.

Dann warten wir. Ich schaue Livvy an und sie erwidert grinsend meinen Blick. Sie war so aufgeregt, als sie hörte, dass meine Mom kommen würde. Es hat mir fast das Herz gebrochen. Wahrscheinlich hofft sie seit Monaten auf irgendein Wunder, das ihr Gerechtigkeit verschafft. Sie ist so stark; sie hat immer so getan, als würde sie die ganze Sache nicht berühren. Jetzt merke ich, wie *sehr* es sie doch berührt hat.

Die beiden kommen gemeinsam. Destany wirkt eingeschüchtert, aber als sie meine Mom sieht, wird ihr Blick panisch. Gia ist unbekümmert. »Ja, Mr Falcon?«

»Bitte setzen Sie sich.«

Sie ziehen sich Stühle herbei und nehmen gegenüber seinem Schreibtisch Platz.

»Kürzlich wurde Quinns Journal gestohlen und sie wurde von einem anonymen Instagram-Account erpresst. Im Januar wurden Olivias Fotografien beschmiert. Diese zwei Mädchen haben Grund zu der Annahme, dass ihr beide für diese Vorfälle verantwortlich seid.« Er zieht die Augenbrauen hoch und bedeutet ihnen, sich zu den Vorwürfen zu äußern.

»Ich weiß gar nichts darüber«, sagt Gia.

Livvy schnaubt. »Willst du mich verar–?«

Blitzschnell greift meine Mom an mir vorbei und nimmt Livvys Hand. Livvy schaut ihr in die Augen, atmet tief durch und lehnt sich zurück.

»Wurdet ihr bei den zwei Listen getaggt, die augenscheinlich aus Quinns Journal stammen?«, fragt Falcon.

»Nun ... ja. Aber alle haben diese Listen bekommen.«

»Und ihr steckt nicht hinter diesem Instagram-Account?«

»Nein.«

»Also befand sich dieses Journal nie in euren Händen?« Mr Falcon hält mein rotes Notizbuch in die Höhe. Ich zucke zusammen, weil er Fingerabdrücke auf dem Einband hinterlässt.

»Ich habe das noch nie in meinem Leben gesehen.«

»Interessant«, sagt er. Er legt mein Journal wieder auf den

Schreibtisch, nimmt mein Handy und spielt die Aufnahme ab, angefangen von dem Moment, als ich mein Journal zurückverlange. Er lässt die Aufnahme laufen, bis Gia droht, meinem Vater eine Nachricht zu schicken.

Destany bleibt der Mund offen stehen. Gia wirkt verärgert. »Das sind nicht wir.«

»Eure beiden Namen werden genannt«, bemerkt Falcon.

»Das beweist gar nichts. Kann ich meinen Vater anrufen?«, fragt sie und schürzt die Lippen. »Ich fühle mich unwohl, wegen etwas befragt und beschuldigt zu werden, was ich nicht getan habe.«

»Ja. Wir werden Ihre und Miss Maddox' Eltern einbestellen und unsere nächsten Schritte mit ihnen besprechen.«

»Welche nächsten Schritte?«, will Gia wissen.

»Für diese Vergehen droht ein Schulverweis, Miss Teller. Wir dulden an dieser Schule kein Mobbing.«

»Wissen Sie, wer mein Vater ist?« Sie lächelt. »Ich bin sicher, er würde zu gerne erfahren, dass Sie uns in Anwesenheit einer Anwältin befragen.«

»Mrs Jackson ist als Mutter hier, nicht als Anwältin.«

Nun ja …

»Miss Maddox«, wendet sich Mr Falcon an Destany, ehe Gia zu einer Erwiderung ansetzen kann. »Sie sind sehr still. Haben Sie irgendetwas zu sagen?«

Destany schaut erst Falcon an und dann mich. Ihre Nase wird rot und ihre Augen glänzen – unverkennbare Zeichen, dass sie gleich anfängt zu weinen. Und wie auf Kommando lehnt sie sich nach vorn und legt ihre Hände über Mund und Nase. »Es tut mir so leid«, schluchzt sie.

Gia verdreht die Augen und wirft sich nach hinten gegen die Rückenlehne.

»Quinn«, sagt Destany und schaut mich an. »Du hattest recht. Ich bin ein Feigling.«

Und wieder brennen mir die Tränen in den Augen.

»Ich hatte keine Ahnung, dass …« Sie senkt den Blick. »Diese Sache mit der Hautfarbe, ich wusste nicht, dass dich das so trifft. Ich meine, wir haben alle bloß Spaß gemacht. Und du warst immer anders. Wir haben doch nie über *dich* geredet.« Sie sieht mich an, während ihr die Tränen über die Wangen laufen.

Sie versteht nicht, dass sie nicht über Schwarze reden kann, ohne gleichzeitig über mich zu reden. Sie versteht nicht, dass das N-Wort niemals, unter keinen Umständen, ein Witz ist. Nicht für mich jedenfalls. Aber es tut ihr leid. Es ist ihr nicht egal. Und das wusste ich nicht. Wie sehr sie mich auch verletzt hat, es wird für sie immer einen Platz in meinem Herzen geben.

»Miss Maddox, waren Sie in irgendeiner Form hieran beteiligt?«, fragt er und deutet auf mein Handy und mein Journal auf seinem Schreibtisch.

Destany blickt ihn an. Dann blinzelt sie und nickt. »Ich habe Quinns Journal gestohlen.«

»Und der Instagram-Account?«

»Ich wusste davon, aber ich habe die Seiten nicht eingestellt.« Sie schaut zu Gia.

»Miss Teller?«, wendet er sich an sie.

Gia verschränkt die Arme vor der Brust. »Ich war's nicht.«

Er nickt. Dann wendet er sich meiner Mom zu. »Ich werde jetzt die Eltern der Mädchen anrufen. Sie können gerne dabei sein.«

»Nein.« Mom steht auf und reicht dem Schulleiter zum Abschied die Hand. Er nimmt sie. »Informieren Sie uns bitte über Ihre Entscheidung.« Dann wendet sie sich uns zu: »Gehen wir.«

Mr Falcon gibt mir mein Handy und mein Notizbuch zurück.

»Quinn, bitte schicken Sie mir per E-Mail eine Kopie der Aufnahmen«, sagt er.

Ich nicke und folge Olivia zur Tür. Im Vorbeigehen schaue ich Destany an. Sie hat die Oberlippe zwischen die Zähne genommen und sieht mir nach. »Danke«, sage ich zu ihr.

Langsam schließt sie die Augen und nickt einmal. Dann schaut sie wieder zu Mr Falcon und legt die Hände vor den Mund. Gia ignoriert uns, als wir das Büro verlassen.

Nachdem die Tür hinter uns ins Schloss gefallen ist, dreht sich Livvy um und quietscht. Sie drückt mich so fest, dass ich mich kaum bewegen kann, um ihre Umarmung zu erwidern. Dann wirft sie sich meiner Mutter in die Arme. »Vielen, vielen Dank!«

Mom lächelt und drückt sie an sich. »Du musst mir nicht danken.«

»Oh doch«, sage ich, »das müssen wir. Du warst fantastisch, Mom.«

Livvy löst sich aus den Armen meiner Mutter und nickt.

Als Mom mich ansieht, verblasst ihr Lächeln. »Ich wünschte nur, ich hätte früher davon gewusst.« Sie schüttelt den Kopf. »Ich wünschte, ich hätte alles früher gewusst – die Sache mit der Columbia, die rassistischen Vorfälle, die Erpressung. Ich kann nicht glauben, dass du mir das verschwiegen hast.«

Ich senke den Blick. »Ich weiß. Es tut mir leid.«

Sie seufzt. »Olivia, du kannst wieder in den Unterricht gehen. Ruf mich an, wenn du irgendetwas brauchst«, sagt sie mit einem fürsorglichen Blick.

»Ja, Ma'am.« Livvy nickt. »Nochmals vielen Dank.« Dann wendet sie sich ab und winkt mir über die Schulter zu.

»Was ist mit mir? Gehe ich nicht wieder in den Unterricht zurück?«

»Wir gehen essen.« Sie steuert auf den Eingangsbereich zu.

»Jetzt?«, frage ich, als sie mir bedeutet mitzukommen.

Sie bedenkt mich mit einem kühlen Blick. »Wir treffen uns mit einer alten Freundin, die an der UT lehrt. Du kommst von dieser Warteliste runter, egal wie.«

Wir sitzen an einem Tisch in der Nähe der Fensterfront, von wo aus man die Veranda und die Zierpalmen dahinter sehen kann. Hier drin ist es angenehm warm.

Zusammengekauert sitze ich auf dem Stuhl, den Kopf nach hinten an die Lehne gedrückt. Wir warten schon seit einer Dreiviertelstunde und haben noch nichts außer Wasser bestellt.

»Setz dich gerade hin«, sagt meine Mutter und verpasst mir einen Klaps auf den Arm. »Sie ist da.«

Sie ist eine dunkelhäutige Frau, die mit den Absätzen über den Boden schlurft. Als sie meine Mom sieht, ruft sie laut: »Wendy!«

»Alorah!« Meine Mom steht auf und umarmt sie fest. Sie wiegen sich leise summend hin und her. Dann halten sie sich auf Armeslänge voneinander entfernt fest.

»Sexy Momma«, sagt Alorah und mustert meine Mom in ihrem Bürooutfit.

»My Girl«, gurrt Mom und betrachtet bewundernd Alorahs Kleid mit dem Tribal Print, das viel von ihrem Dekolleté preisgibt. Alorah trägt Armreifen, große Creolen und ein breites, buntes Haarband, das ihre wilden Locken oben auf ihrem Kopf zusammenfasst. Alorah dreht sich verspielt, während meine Mom sie bewundert. Sie sieht wunderschön aus, wie eine Königin.

Dann halten sie und meine Mom abrupt inne. Alorah schaut

mich über den Rand ihrer großen runden Brille an. »Ist dies die Übeltäterin?«

Ich runzle die Stirn und sehe zu meiner Mom hin.

»Ja, das ist sie.« Sie nickt mir zu.

»Hi.« Ich strecke die Hand aus.

Sie schüttelt sie kurz und setzt sich dann. Der Kellner kommt und nimmt eilig unsere Bestellungen auf. Als er wieder geht, legt Alorah ihre Arme verschränkt auf den Tisch und kommt gleich zur Sache. »Wendy hat mir die Situation erklärt. Da hast du dir ja was Schönes eingebrockt.«

Ich schaue zur Seite, verunsichert durch ihren harten Ton.

»Ich habe mir deine Bewerbung angesehen«, fährt sie fort. »Dein Notendurchschnitt und deine ACT-Punktzahl sind …«

»Mäßig.«

Sie nickt mit gebleckten Zähnen. »Mehr als mäßig.«

Ich schaue zu meiner Mom und dann auf mein Wasserglas, an dem außen die Tropfen herunterlaufen. Ich frage mich, wann das Essen kommt. Am liebsten würde ich sofort aufstehen und gehen.

»Aber dann habe ich deinen Aufsatz gelesen.«

Ich stelle mich ihrem Blick.

»Und glaub mir, dein Aufsatz hat dich gerettet. Er war interessant.«

Ein Lächeln kitzelt meine Lippen. Ich unterdrücke es.

»Die Aufgabenstellung lautete zu erläutern, was sie von allen anderen Bewerbern unterscheidet«, sagt Alorah zu meiner Mom. Dann wendet sie sich wieder mir zu. »Du hast geschrieben, wie gut du darin bist, dich selbst zu belügen. Und dein Aufsatz war der ehrlichste, den ich in diesem Jahr zu lesen bekommen habe.« Sie legt den Kopf schräg, woraufhin ihre Lockenmähne ein wenig zur Seite fällt. »Willst du mir verraten, was dich dazu inspiriert hat?«

»Ähm …« Ich weiß nicht mehr genau, in welcher Stimmung ich diesen Aufsatz geschrieben habe. Er entstand in letzter Minute, Anfang November. »Na ja, in letzter Zeit habe ich mich etlichen Lügen stellen müssen, die ich erzählt habe.« Ich sehe meine Mom an. »So, wie ich euch wegen der Columbia belogen habe, habe ich mich auch selbst belogen. Mein ganzes Leben lang habe ich geglaubt, ich würde auf die Columbia gehen.« Ich blicke wieder zu Alorah. »Aber ich habe mich nicht richtig angestrengt und ich glaube, ich wollte gar nicht wirklich auf die Columbia.«

Sie mustert mich mit einem kleinen Lächeln, eins von der Art, die man selbst gar nicht richtig bemerkt.

»Ich habe all meine Wahrheiten in einem Notizbuch niedergeschrieben, wo sie für die Öffentlichkeit verborgen waren. Aber als sie doch ans Licht kamen, ist mir die Sache um die Ohren geflogen. Ich habe mich in Bezug auf meine Freunde belogen, habe mir eingeredet, dass mir ihr Rassismus nichts ausmacht. Ich habe mich wegen meiner Grandma belogen, habe geglaubt, dass die Zeit allein für mich stehen bleiben oder sich sogar zurückdrehen lassen würde, wenn ich bereit dafür wäre, mich ihr zu stellen. Und ich habe mich wegen meiner Eltern belogen.«

Meiner Mutter fällt die Kinnlade nach unten.

Alorah wirft ihr einen Blick zu und fragt mich dann: »Inwiefern?«

»Ich habe geglaubt, dass meine Handlungsweise die Gefühle meiner Eltern beeinflussen würde.«

»Und wann hast du aufgehört, dich selbst zu belügen?«

Ich lächele und zucke mit den Schultern. »Heute? Gestern? Irgendwann in den vergangenen drei Tagen.«

Sie lacht und dreht sich zu meiner Mom um. Sie schauen sich eine Weile an, dann schüttelt meine Mom den Kopf. »Frag nicht.«

»Du und Des?«

Mom betrachtet die Tischplatte. »Wir machen eine Paartherapie.«

Alorah schnalzt mit der Zunge. Dann dreht sie sich zu mir: »Weißt du, dass ich in der Highschool mit deinem Dad zusammen war?«

Ich mache ein entsetztes Gesicht und sie lacht. »Ich habe Wendy auf der Columbia kennengelernt. Ich bin deinem Vater dorthin gefolgt.« Sie zuckt mit den Schultern. »Wir haben uns gleich im ersten Semester getrennt, schon nach wenigen Wochen.«

»Wow.« Ich befeuchte meine Lippen mit der Zunge. »Diese Geschichte wird ja immer spannender.«

Sie lacht. »Wendy habe ich kennengelernt im Seminar für …«

»Frauenforschung«, sagt meine Mom.

»Weißt du, wie deine Eltern sich kennengelernt haben?«, fragt sie mich.

»Ich weiß nur, dass sie sich auf der Columbia begegnet sind.«

Alorah grinst. »Wendy war bei mir im Zimmer und hat gelernt. Ich war … irgendwo anders.«

»Unter der Dusche«, wirft meine Mom ein.

»Und dein Vater kam rein und hat irgendwas abgegeben.«

»Deinen Pullover.«

Alorah lächelte. »Und was hat er noch mal gesagt, Wendy?«

Mom verdreht die Augen. »*Sag Lorah, dass ich den hier vorbeigebracht habe.* Aber er hat mich die ganze Zeit angestarrt. Er wollte meinen Namen wissen und ob ich öfters hier bin.« Mom lächelt. »Ich bejahte. Und er sagte, dass er dann ja wiederkommen und noch einen Pullover bringen müsse.«

Ich schnaube. »Wie bitte? Dad konnte *flirten*?«

»Nicht besonders gut«, sagt Alorah. »Deine Mom fand ihn anmaßend. Aber deine Mom fand jeden auf der Columbia anmaßend.«

»Waren sie ja auch« sagt sie und trinkt einen Schluck Wasser.

»Wendy sagte mir, dass Des da war und sie angebaggert hat.« Alorah zuckte mit den Schultern. »Ich habe ihr geraten, sich darauf einzulassen, die Sache aber nicht zu ernst zu nehmen. Er war kein Heiratskandidat.«

»Es machte Ihnen nichts aus, dass Ihre Freundin mit Ihrem Ex ausging?«

»Girl«, sagt Alorah und schürzte die Lippen. »An dem Tag, an dem dein Dad und ich uns trennten, marschierten bereits zehn andere Jungs durch mein Zimmer. Ich habe ihn blitzschnell hinter mir gelassen. Er war vier Jahre lang der einzige Kerl für mich. Ich hatte wirklich Lust auf etwas Neues.«

Ich nicke und lache. »Ich verstehe.«

»Wie auch immer, diese Närrin hat ihn doch geheiratet.«

»Hey«, protestiert meine Mom lachend. »Wir haben ein wunderschönes Mädchen gemacht.«

»Ja«, sagt Alorah und lächelt mich an. »Sie ist entzückend.«

Hitze steigt mir in die Wangen.

»Und clever. Trotz der Noten. Ich merke, dass du einen klugen Kopf auf deinen Schultern hast.« Sie zieht den Strohhalm aus ihrem Wasserglas und schiebt ihn dann wieder hinein. »Du bekommst spätestens morgen Abend von der Leitung der Universität Bescheid.«

Ich ziehe die Augenbrauen hoch. »Was soll das heißen? Dass ich angenommen bin?«, frage ich.

»Nein.« Sie blickt mich ernst an. »Das heißt genau das, was ich gesagt habe: Du bekommst spätestens morgen Abend Bescheid.«

Mom betrachtet mich lächelnd, als ob sie etwas wüsste, das mir entgangen ist. Oder vielleicht ist sie immer noch in Erinnerungen versunken. Wie auch immer, ich erwidere ihr Lächeln.

26

Wie oft ich dein Vertrauen missbraucht habe

Der Anruf von Mr Falcon kommt in dem Moment, als Mom auf den Parkplatz vor der Schule einbiegt. »Ich verstehe«, sagt sie. »Vielen Dank.« Mit weit geöffneten Augen wendet sie sich mir zu.

»Was ist passiert?«

»Gia hat einen Schulverweis bekommen. Sie wird keinen Abschluss machen können.«

Jetzt werden auch meine Augen groß. »Wirklich?«

»Destany ist nur beurlaubt. Sie darf nicht mehr am Unterricht teilnehmen, aber sie bekommt ihr Zeugnis.«

Ich nicke und senke den Blick. »Das freut mich für sie.«

»Tut es das?«

»Ja. Ich finde, ihre Ehrlichkeit sollte belohnt werden. Und auch, dass sie sich bei mir entschuldigt hat.«

Mom mustert mich nachdenklich. Dann lächelt sie, nimmt sanft mein Kinn und zieht mein Gesicht zu sich heran, damit sie mir einen Kuss auf die Wange drücken kann. »Seit wann bist du so erwachsen?«

Ich lache leicht und spüre, wie mein Inneres von Licht und Liebe erfüllt wird. »Seit gestern?«

Sie wischt den Lippenstift von meiner Wange.

»Danke, Mom, für deine Hilfe.«

Sie nickt langsam. Sie ist immer noch gekränkt, weil ich ihr so vieles verheimlicht habe. Ich steige aus dem Land Rover und frage mich, was anders gelaufen wäre, wenn ich ihr alles von Anfang an erzählt hätte. Wenn meine Angst, sie und Dad zu enttäuschen, mich nicht so gelähmt hätte.

Als ich ins Schulgebäude komme, fängt gerade die sechste Stunde an. In den Gängen wimmelt es von Schülerinnen und Schülern, die bereits die Neuigkeit über Destany und Gia erfahren haben. Ich sehe es an ihren Blicken, die auf einmal so entschuldigend wirken.

Ich marschiere mitten durch diese Blicke hindurch zu meinem Spind. Und da steht er. Er lehnt an meiner Spindtür, in Jeans, einem weißen T-Shirt, mit dieser Goldkette und den funkelnden Ohrsteckern. Ich werde langsamer. Als ich ihn das letzte Mal sah – gestern Abend in meiner Einfahrt –, wusste ich noch nichts von seiner Liste mit Gründen, warum er mein Journal gelesen hat.

Er stößt sich von meinem Spind ab, als ich auf ihn zukomme. Ich tue so, als bemerke ich ihn gar nicht, und schließe die Tür auf. Er sagt: »Ich weiß nicht mal, was ich zu dir sagen darf und was nicht.« Er lehnt sich an den Nachbarspind und seine schiere Größe, seine Wärme und sein Duft drängen gegen mich.

Ich fahre mit der Hand über meine Bücher. Ich habe vergessen, nach welchem ich suche, habe sogar vergessen, welches Fach ich in der sechsten Stunde habe.

»Du hast deinen Eltern reinen Wein über die Columbia eingeschenkt, du hast Hattie besucht, du hast deinen Erpresser entlarvt. Ich bin so unsagbar stolz auf dich.«

Ein Lächeln kräuselt meine Lippen. Es fällt mir schwer, wütend zu sein, weil ich noch voller Liebe bin, von dem Gespräch mit meiner Mom und Alorah. Aber ich unterdrücke dieses Gefühl, weil er mein Lächeln nicht verdient.

Seine freudige Erregung verpufft, als er meine ernste Miene sieht. Mir fällt glücklicherweise wieder ein, dass ich jetzt Bio habe, und ich greife nach meinem Biologiebuch.

»Ich nehme es.« Er will mir das Buch aus der Hand ziehen. Seine sanften Augen suchen meine.

»Ich kann meine Bücher selbst tragen«, sage ich und nehme das Buch in die andere Hand, außerhalb seiner Reichweite. Dann gehe ich an ihm vorbei in die Richtung, in der Mrs Yates' Klassenzimmer liegt.

Er folgt mir. »Ich weiß nicht, ob du meinen Zettel gelesen hast oder nicht, aber …«

»Ich habe ihn gelesen«, sage ich mit ungerührter Miene. »Und ich weiß jetzt, warum du mein Journal gelesen hast. Aber das macht die Tatsache, *dass* du es gelesen hast, nicht besser.«

»Das weiß ich.«

Er sieht so aus, als wolle er noch etwas sagen, aber ich komme ihm zuvor. »Ich weiß immer noch nicht, wer du bist.« Ein bitteres Lachen entweicht mir. »Ich weiß immer noch nicht, ob irgendetwas zwischen uns oder irgendetwas von dem, was du gesagt hast, echt war.«

Er streckt mir seine Hände entgegen. »Es war alles echt.«

»Das geht gar nicht. Nicht, wenn du die ganze Zeit Cheat Codes zur Verfügung hattest.« Ich nicke knapp. »Deine Worte, nicht meine.«

Er blickt zu Boden und nickt mit gerunzelter Stirn. »Du hast recht. Und deshalb möchte ich dir das hier geben.« Er steckt seine Hand in seine Hosentasche und zieht ein zusammengefaltetes Blatt Papier heraus.

Ich lache. »Noch ein Zettel? Worum geht's diesmal? All die Male, die du mich angelogen hast?«

Ernst erwidert er meinen Blick. »Ja, im Grunde genommen schon.« Dann lässt er den Zettel auf mein Biologiebuch fallen, dreht sich um und geht.

Ich schaue ihm mit einem Blick über die Schulter nach. Mein Herz zieht sich zusammen. Er blickt nicht zurück. Ich hasse das. Ich hasse es, böse auf ihn zu sein. Aber ich werde dieses Gefühl des Abscheus in meiner Magengrube nicht los, wenn ich daran denke, was er getan hat.

An meinem Schreibtisch in Mrs Yates' Biounterricht falte ich den Zettel auseinander.

WIE OFT ICH DEIN VERTRAUEN MISSBRAUCHT HABE

1. Als ich dein Journal las.
2. Als ich dir sagte, ich hätte bloß die erste Seite gelesen.
3. Als ich behauptete, ich hätte es im Bus liegen gelassen. Ich geriet in Panik. Ich wusste genau, dass ich es in der ersten Stunde noch hatte, doch dann war es einfach weg. Ich hatte gehofft, dass ich es später finden und dir zurückgeben könnte.
4. Als ich meinte, du und deine Zukunft wären mir egal. Das war eine Lüge.
5. Als wir bei Auden waren und ich sagte, ich würde nicht auf dich stehen. Ich stehe auf dich. Und wie.
6. Als ich Livvy bat, mit uns nach Houston zu fahren, tat ich es hauptsächlich, weil ich wusste, dass du dich wegen dieser Schmutzkampagne schuldig fühltest. Ich dachte, es sei eine gute Möglichkeit für dich, die Sache hinter dir zu lassen und … dass ihr zwei Freundinnen werden könntet. Besonders, weil die Leute von ihr immer behaupten, sie sei nicht Schwarz genug,

um sich so Schwarz zu benehmen, wie sie es tut. Ich dachte, du könntest das verstehen.

7. ›How You Gonna Act Like That‹ ist wirklich mein Lieblingslied. Das war keine Lüge.
8. Als ich Matt auf die Liste mit den Verdächtigen setzte, geschah das nur, weil ich eifersüchtig auf ihn war. Ich konnte einfach diese Sexfantasien nicht aus dem Kopf bekommen, die du über ihn aufgeschrieben hast.
9. Aber ich habe dich nicht angelogen, als ich sagte, dass du schnarchst. Du schnarchst. Sehr laut sogar.
10. Auch über meine Erfahrungen in der staatlichen Schule und über das, was auf Derricks Poolparty passiert ist, habe ich nicht gelogen.
11. Ich habe nicht gelogen, als ich sagte, dass du meine erste Freundin bist, und auch nicht, was die Gründe dafür betrifft.
12. Imani und ich haben einen Dad. Aber ich weigere mich, je wieder mit diesem Mann zu reden. Ich würde dir gerne erzählen, warum das so ist.

Als ich aus der Klasse komme, lehnt er an der Wand und wartet auf mich. Was überraschend ist, nachdem ich ihn ja vor knapp fünfzig Minuten erst zusammengestaucht habe. Ich dachte, er würde aufgeben.

»Wie war das, als du meine Lieblingsfarbe *geraten* hast?«, frage ich ihn. »Hast du das auch aus meinem Notizbuch?« Ich stelle mich auf die andere Seite der Tür und lehne mich ebenfalls an die Wand. Die Leute schieben sich in beide Richtungen zwischen uns hindurch, in die Klasse und hinaus. Ich sehe ihm an, dass er näher kommen will, aber er hält sich zurück.

»Ich hätte deine Lieblingsfarbe schon an jenem Tag bei dir im

Garten erraten können.« Er verrenkt sich den Hals, um an einer besonders großen Gruppe vorbeisehen zu können, die in Mrs Yates' Klasse strömt. »Dein Journal hat meine Vermutung nur bestätigt, aber ich wusste schon vorher, dass du Babyblau magst.«

»Hmm.« Ich senke den Blick und schiebe meine Hände in meine Jeanstaschen. »Und du hast Olivia nur deshalb nach Houston mitgenommen, weil du dachtest, ich müsse meine Schuldgefühle hinter mir lassen?«

Er reibt sich den Nacken und weicht meinem Blick aus. »Ich dachte, du könntest dich entschuldigen und dann müsstest du dich nicht mehr so schlecht fühlen.«

»Du hast dich in Dinge eingemischt, die dich nichts angehen.« Ich ziehe die Stirn kraus und verschränke die Arme vor der Brust.

Er blickt auf. »Das tut mir leid. Es ging mich wirklich nichts an.«

Ich gehe an ihm vorbei. »Da hast du verdammt recht.«

Er folgt mir wortlos. Ich weiß, dass er sich wünscht, ich würde ihn nach seinem Dad fragen, aber ich bin noch nicht bereit, mich seinen Wünschen – oder seinem Zeitplan – zu fügen. Als ob diese Listen, die er mir in die Hand drückt, alles wieder in Ordnung bringen würden.

Schweigend gehen wir in Mr Greens Klassenzimmer und setzen uns Auden gegenüber, der uns eingehend mustert. Er merkt wahrscheinlich, dass die Anspannung sich etwas gelegt hat, aber nicht völlig verschwunden ist.

Dann sinkt jemand auf der anderen Seite meines Schreibtischs nach unten. Ich drehe mich um und sehe Matt vor mir knien. Anspannung macht sich in mir breit, weil ich spüre, wie verkrampft Carter plötzlich ist.

»Hey«, sagt Matt. »Ich habe von der Sache mit Gia und Destany gehört. Warum hast du mir nichts davon erzählt?«

Ich presse die Lippen zusammen. »Ich wollte dich da nicht mit hineinziehen. Außerdem weiß ich doch, dass du Destany magst.«

»Quinnly, ich kann niemanden mögen, der ein Rassist ist. Ich wünschte, du hättest mir gesagt, was los ist. Ich hätte dir geholfen.«

Ich lächele ihn an. »Das weiß ich. Danke.«

Matt wirft Carter hinter mir einen langen Blick zu, dann steht er auf. »Ich bin froh, dass Gia von der Schule geflogen ist. Destany hätte ...«

»Sie hat bekommen, was sie verdient«, falle ich ihm ins Wort. »Die Sache ist genau richtig ausgegangen.«

Nachdenklich betrachtet er mich, wirft dann Carter noch einen Blick zu und legt mir kurz die Hand auf die Schulter, ehe er wieder zu seinem Platz geht.

Während des Unterrichts beteiligen sich Carter und ich an der Projektplanung. Auden ist offenbar heilfroh über unsere Hilfe. Danach bleiben Carter und ich noch da und schreiben den Test, den Auden schon morgens erledigt hat.

Wir geben die Blätter ab und dann begleitet mich Carter schweigend zu meinem Auto. Die Stille zwischen uns fühlt sich allmählich angenehm an. Er öffnet die Tür zum Rücksitz, wo ich meine Schulsachen hineinwerfe. Dann zieht er die Fahrertür auf, aber ich steige nicht ein.

Ich schaue zu ihm hoch und lege den Kopf leicht schräg. »Warum nicht?«, frage ich.

Er zieht fragend die Augenbrauen hoch.

»Warum willst du nicht mit deinem Dad reden?«

Mit einem leisen Lächeln betrachtet er mich von oben bis unten. Dann greift er in seine Hosentasche und holt einen weiteren zusammengefalteten Zettel hervor. Auf meinen Lippen erscheint ein Lächeln und ich schüttele den Kopf. Er kichert, als ich ihm den Zettel aus der Hand nehme und dann einsteige. Ich sehe ihm nach, wie er zur Bushaltestelle geht, und falte dann den Zettel auseinander.

GRÜNDE, WARUM ICH NIE MEHR MIT MEINEM VATER SPRECHEN WERDE (VON »AM WICHTIGSTEN« ZU »WENIGER WICHTIG«)

1. Er hat mir nichts vom Tod meiner Grandma gesagt; ich habe ihre Beerdigung verpasst.
2. Ich habe auf Facebook erfahren, dass sie gestorben war.
3. Er hat es mir nicht erzählt, weil er sauer auf mich war.
4. Ein **erwachsener** Mann war sauer auf mich, seinen **sechzehnjährigen** Sohn, weil ich angeblich die vielen tollen Sachen, die er mir kaufte, nicht genügend wertgeschätzt habe.
5. Er hat sich auf den Vorschlag meiner Mom eingelassen, mein Schulgeld statt Unterhalt zu zahlen, obwohl er wusste, dass wir mit seinem Unterhalt ein viel besseres Leben führen würden.
6. Er denkt, er könnte meine Liebe kaufen.
7. Er denkt, die Designerklamotten, die er mir schenkt, sind ein guter Ersatz für seine Anwesenheit.
8. Er denkt, dass er sich »an meiner Erziehung und Ausbildung beteiligt«, weil er mein Schulgeld bezahlt.
9. Er denkt, dass ich in das Familienunternehmen einsteigen und sein Nachfolger werden müsste, bloß weil ich nach ihm benannt wurde.
10. Er wollte, dass meine Mutter mich nach ihm benennt, weil er genau wusste, dass er nicht mehr da sein würde, um mich aufwachsen zu sehen. Soweit es mich betrifft, hat mein Name nichts mit ihm zu tun.

Carter Bennett ist also »Carter Bennett II«?

Ich hatte noch nie so sehr das Gefühl, ihn zu verstehen, wie in diesem Moment. Seine Liebe für Imani und sein Versuch, ihr den Vater zu ersetzen, weil er nicht wollte, dass sie so aufwuchs wie er. Wenn mein Dad verhindern würde, dass ich an Hatties Beerdigung teilnehme, würde ich ihn ermorden, das schwöre ich. Ich kann mir diesen Schmerz nicht einmal vorstellen – ihre Beerdigung zu verpassen. Sich nicht verabschieden zu können. Mein Herz verkrampft sich vor lauter Schmerz um ihn.

☆

Auden sitzt an Olivias Schreibtisch und schaut die Fotos durch, die sie gestern bei Hattie geschossen hat. Sie und ich lungern auf ihrem Bett und lackieren Imani die Fußnägel. Carter ist irgendwo draußen und spielt mit ein paar Freunden Basketball. Imani hatte keine Lust, an der Seitenlinie herumzustehen und sich zu langweilen. Da lässt sie sich viel lieber die Zehennägel pink und lila anmalen.

»Ich will blaue Nägel, so wie du«, sagt Imani und reibt mit ihrem winzigen Finger über meinen Daumennagel.

»Sie kriegt, was immer sie will«, sagt Livvy. »Hast du ihre Beurteilung gelesen? Überall Bestnoten.« Livvy kitzelt Imani am Bauch. »Sie ist so klug!«

»Großartig«, sage ich lächelnd. »Ich wünschte, ich hätte auch so gute Noten.«

»Du hast schlechte Noten?«, fragt Imani überrascht.

»Sie sind nicht so gut wie deine.«

»Carter hat immer gute Noten«, sagt sie und schaut mich mitleidig an. »Lass dir doch von ihm helfen.«

Ich lächele wieder und lackiere ihren letzten lila Zehennagel. »Vielleicht mach ich das.«

»Livvy, schau dir das an«, sagt Auden und winkt sie zu sich.

Sie schraubt die Flasche mit dem pinken Nagellack zu und stellt sich neben ihn vor ihren Monitor. Während ich den blauen Nagellack für Imanis weitere Fingernägel öffne, sehe ich aus dem Augenwinkel, wie Livvy ihren Arm leicht auf Audens Schulter legt. »Audee, das ist fantastisch.« Sie schaut ihn an. »Du kannst Fotos richtig superprofessionell bearbeiten.«

Er zuckt mit den Schultern. »Ich bin nur gut, weil du es bist.«

Ich muss lächeln und drehe den Kopf weg, aber Livvy ruft mich zu sich. »Quinn, sieh mal.«

Sie nimmt mir den Nagellack aus der Hand und wir tauschen die Plätze. Ich stelle mich neben Audens Stuhl und starre das Foto an: eine stimmungsvolle Aufnahme von mir auf der Reifenschaukel am Schwimmteich. Meine Haare wehen wild und unbändig im Wind, der Mund ist zu einem breiten Lächeln geöffnet. Eine Hand hält das Seil, der andere Arm ist ausgebreitet, frei. So einen befreiten Ausdruck auf meinem Gesicht kenne ich gar nicht und so glücklich war ich früher nur, wenn ich bei Hattie war.

Die Bearbeitung der Farben durch Auden ist nicht nur gut, sie ist respektvoll … Meine dunkle Haut vor den grünen Bäumen und dem blauen Wasser. Ich gehe nicht im Hintergrund unter. Ich steche hervor.

Atemlos starre ich mich an.

»Du kommst hier an die Wand«, sagt Olivia und deutet auf die leere Wand hinter ihrem Bett. Ich betrachte das Wandbild ihrer Mom und versuche, mich selbst als Wandbild vorzustellen.

»Ihr zwei seid ein fantastisches Team«, sage ich und kann mich nur mit Mühe von dem Foto losreißen.

»Ja, nicht wahr?« Livvy lächelt Auden an.

Ich nehme ihr wieder den Nagellack aus der Hand und lasse sie an seiner Seite zurück, während ich Imanis Fingernägel weiterlackiere. Dann klopft es an der Tür, und noch ehe jemand hingehen und aufmachen kann, tritt Carter ein.

»Carter, Carter, Carter!« Imani hopst auf und ab und läuft zu ihm. »Guck mal – Queen hat mir die Nägel lackiert!«

Queen. Ich muss ein Lachen unterdrücken, das mir in der Kehle hochsteigt und mir als leises Schnauben aus der Nase dringt.

Er hält den Atem an und nimmt ihre Hände. »Wunderschön, Mani.«

»Sie sind blau, genau wie ihre.«

Er sieht mich an und lächelt. »Sie sind einfach umwerfend.« Er schaut zu Livvy und Auden, die eng beieinandersitzen, und dann wieder zu mir. »Bist du fertig, Mani?«

»Moment, ich brauche noch meine Sachen«, jammert sie, läuft im Zimmer herum und nimmt die Gegenstände mit ihren Handballen auf, um ihre Fingernägel nicht zu verschmieren.

»Okay, Süße, ich warte draußen.« Er schaut mich an und macht eine Kopfbewegung. »Kann ich kurz mit dir reden?«

Eine Sekunde lang debattiere ich mit mir, ob ich ihm folgen soll, dann gebe ich mir einen Ruck. Im Wohnzimmer küsst er Olivias Mom auf die Stirn. »Alles klar, Momma.«

Sie nickt. »Hab dich lieb.«

»Ich dich auch.«

Dann geht er mir voraus durch die Wohnungstür und plötzlich sind wir allein. Na ja, irgendwie. Wir stehen zwar mitten in der Stadt, also ist ringsum jede Menge los, aber hier oben auf dem Treppenabsatz sind wir trotzdem für uns. Nur wir beide. Carter wendet sich mir zu. »Danke fürs Nägellackieren. Das hat ihr Spaß gemacht.«

Es ist schon dunkel, aber ich kann ihn trotzdem noch gut sehen. Ich gehe zum Geländer, lehne mich an und atme tief durch die Nase ein. Obwohl die Sonne schon untergegangen ist, umspielt uns warme Luft, als ob man in ein aufgeheiztes Badezimmer kommen würde. Ich atme aus und sage: »Das mit deiner Grandma tut mir leid.«

Er steht hinter mir, hält aber Abstand, wofür ich ihm dankbar bin.

»Und die Sache mit deinem Dad tut mir auch leid. Wenn meiner mir jemals so etwas antun würde, würde ich auch nie mehr mit ihm reden.« Ich drehe mich zu ihm um und stütze die Ellbogen hinter mir auf das Geländer.

»Danke.« Er lächelt und fährt sich mit der Hand über den Hinterkopf.

Schweigend schauen wir einander an. Ich versuche zu ergründen, was ich für ihn empfinde. Ich habe einen sauren Geschmack im Mund bei dem Gedanken daran, wie viele Lügen er mir erzählt hat und was er alles über mich weiß. Aber wenn ich ihm in die Augen sehe, erkenne ich, wie fest entschlossen er ist, meine Vergebung zu erlangen. Und wenn ich seine Lippen anschaue, fühle ich, wie sehr ich ihm vergeben möchte. Dann betrachte ich ihn erneut als Ganzes – und da ist er wieder, dieser saure Geschmack.

Ich senke den Blick. Dann sage ich es, weil ich nicht anders kann. Ich erzähle ihm von dem Mittagessen heute und dass ich vielleicht auf die UT gehen kann. Die Nachricht muntert ihn sichtlich auf. Ich erzähle ihm von Alorah und der Geschichte, die sie mit meinen Eltern verbindet.

Er lacht. »Die beste Freundin deiner Mom ist die Ex deines Dads?«

»So ungefähr.«

»Das ist toll«, sagt Carter. »Ich hoffe, es klappt.«

Ich schaue ihm in die Augen. »Ich auch.«

Imani kommt mit einem großen Plastikrucksack aus der Tür. Sie zögert kurz, als sie uns sieht, doch dann kommt sie zu mir gelaufen und umarmt mein Bein. »Mach's gut, Queen.«

»Mach's gut, Imani.«

Sie nimmt Carters Hand, und als er seiner Schwester die Treppe hinunterfolgt, schaut er noch einmal zu mir zurück. »Mach's gut, Queen«, sagt er.

Ich verdrehe die Augen und grinse. Als sie unten ankommen, hebt er sie hoch, was ihr ein niedliches, quiekendes Lachen entlockt. Er blickt ein letztes Mal zu mir hoch und nickt mir zu, ehe die beiden um die Ecke verschwinden.

27

Warum ich es nicht über mich bringe, noch eine Liste zu schreiben

Mom und Dad essen auf der Veranda zu Abend. Ich gehe nach oben, gefangen in einem Netz aus Erkenntnissen. Morgen schreibe ich einen Biotest und in den Pausen zwischen den Lerneinheiten lese ich in meinem Journal.

Ich blättere zu der Liste mit den Kusskandidaten und betrachte Carters Namen, der ganz unten steht, und Matts ganz oben und all die berühmten Leute dazwischen. Die Liste stimmt nicht mehr.

Ich lese die »Matt-Momente« und meine ganzen sexuellen Fantasien. Ich lese jede peinliche, entsetzliche Erinnerung. Aber nichts davon kommt mir jetzt noch sonderlich schlimm vor. Die meisten Dinge, die ich nie laut aussprechen würde, habe ich bereits ausgesprochen.

Dann lese ich die Liste mit den wichtigsten Hattie-Momenten. Wenn sie ihre Erinnerung verliert, ist es dann nicht meine Verantwortung, sie für sie zu bewahren? Aber irgendwie spielt nichts davon noch eine Rolle. Vielleicht ist das Einzige, was ich wirklich wissen muss, mein Name, wen ich liebe und was mir im Leben wichtig ist. Das ist alles, woran sich Hattie erinnert. Vielleicht ist das alles, was zählt.

Auf dem Heimweg wurde mir klar, dass ich keine neue Liste geschrieben habe, seit ich mein Journal wiederhabe. Sogar das Gegenteil ist der Fall, bei dem Gedanken daran, mich an einer neuen zu versuchen, dreht sich mir der Magen um. Es fühlt sich nicht länger sicher an.

Und es fühlt sich nicht einmal mehr gut an. Mein Bestreben, meine Gefühle in diesem Notizbuch einzuschließen, ist auf die schlimmstmögliche Art und Weise nach hinten losgegangen. Es ist nicht so, dass ich Angst habe. Ich habe mich einfach verändert. Ich brauche es nicht mehr, denn ich habe mich geöffnet. Ich dachte immer, dass ich erst dann verrückt genug sein würde, mein Journal aufzugeben, wenn ich eine andere sichere Methode gefunden hätte, mit allem klarzukommen. Aber jetzt ist es wohl so, dass ich diese Methode entwickelt habe, nachdem ich es verloren hatte.

Ich schlage die To-do-Liste auf, mit der alles angefangen hat.

TO-DOS VOR MEINEM HIGHSCHOOLABSCHLUSS

1. ~~Mir die beiden Unis anschauen, die mich aufgenommen haben~~
2. ~~Matthew Radd meine Liebe gestehen~~
3. ~~Das angeblich atemberaubende Nachtleben von Austin entdecken~~
4. ~~Meinen Eltern gestehen, dass ich es nicht auf die Columbia geschafft habe~~
5. ~~Oma Hattie besuchen~~
6. ~~Destany den wahren Grund nennen, warum ich sie ghoste~~
7. Und zu guter Letzt: Du weißt, was du zu tun hast.

Ich glaube, ich bin jetzt bereit für den letzten Punkt.

Am nächsten Morgen wache ich vor Sonnenaufgang auf. Ich lege Make-up auf, weil ich mir sicher bin, dass ich heute nicht weinen werde. Ich streife ein grünes T-Shirt-Kleid über, das am unteren Saum gebunden wird und viel Bein zeigt. Dann lackiere ich mir die Zehennägel orange, ziehe Sandalen mit Blockabsätzen an und nehme mir ein Beispiel an Alorah: Aus meinem Schmuckkästchen suche ich mir die größten Creolen aus, die ich habe.

Als ich nach unten komme, fängt Mom an zu strahlen, als sie mich sieht. Dad runzelt die Stirn.

»Umziehen«, verlangt er.

Mom gibt ihm einen Klaps auf seinen Arm. »Sie sieht wunderschön aus – und erwachsen.« Mit einem breiten Lächeln mustert sie mich. »Gerade so wie ein UT-Erstsemester.«

»Moment mal – was?« Mir bleibt der Mund offen stehen.

»Alorah hat angerufen. Sie konnte es nicht abwarten, mir die gute Neuigkeit mitzuteilen.«

»Ist das euer Ernst?« Meine Augen fangen an zu schwimmen. Scheiße! Ich blicke hoch zur Decke und blinzle. Ich wollte doch heute nicht weinen! Mom zieht mich in ihre Arme und Dad umarmt uns beide.

Er küsst mich auf die Stirn. »Herzlichen Glückwunsch.«

»Du bist nicht böse?«, frage ich ihn.

»Ich bin stinksauer.« Er sieht mich an, als ob ich den Verstand verloren hätte. Dann wird sein Blick weich. »Aber ich bin trotzdem stolz auf dich. Ich weiß, dass sich Hattie über die Neuigkeit ebenfalls freuen wird. Dann kannst du sie öfter besuchen.«

Zu spät. Das war's. Eine Freudenträne kullert über die Mascara auf meinem unteren Wimpernkranz. »Okay. Ich muss los.« Ich löse mich von meinen Eltern. Mein Make-up ist ruiniert, dabei bin ich noch nicht mal in der Schule.

»Quinn, komm bitte nach der Schule gleich nach Hause«, ruft Dad mir nach. »Wir müssen heute noch den Rest von Hatties Sachen zusammenpacken.«

Ich gerate ins Stolpern und mein Magen sackt nach unten. Das kommt viel zu schnell. Ich habe doch Hattie gerade erst zurückbekommen und jetzt soll ich mich von all den Dingen verabschieden, die uns zu dem gemacht haben, was wir so lange waren? Dads Augen tun, was seine Lippen nicht können: Sie bitten um Verzeihung. Ich wende mich ab; ich weiß, das ist viel mehr, als ich noch vor ein paar Wochen hätte erwarten können.

Carter wartet schon auf mich neben dem Schulparkplatz. Ein triumphierendes Lächeln breitet sich auf meinem Gesicht aus. Ich muss ihm die Neuigkeit unbedingt sofort erzählen.

Als ich aussteige, betrachtet er mich von oben bis unten. Seine Kinnlade klappt nach unten. »Scheiße.« Dann reißt er sich zusammen und räuspert sich. »Entschuldige. Hier, lass mich deine Tasche nehmen.«

Hitze steigt mir den Hals hoch, bis ganz nach oben in meine Schläfen. Als er die hintere Tür öffnet, atme ich tief durch und zupfe mein Kleid zurecht. »Stell dir vor«, sage ich nervös, während er sich vornüber ins Auto beugt.

»Was denn?« Über die Schulter blickt er zu mir hin.

Ich kann meine Aufregung kaum unterdrücken. »Ich bin drin.«

Er zögert kurz, meinen Rucksack in einer Hand, dann werden seine Augen groß. Er schlägt die Tür zu. »Das ist ja fantastisch, Quinn!« Er zieht mich in eine Umarmung und hebt mich hoch, sodass meine Füße nicht mehr den Boden berühren. Ich quietsche auf, weil ich nicht erwartet habe, dass er die Mauer durchbricht, die unsere Körper drei Tage lang voneinander getrennt hat.

Dann erinnert auch er sich an diese Mauer. Er setzt mich ab und tritt einen Schritt zurück. Er ist so süß. Anscheinend kann er sich kaum beherrschen. Ich lache verlegen und richte mein Kleid.

»Glückwunsch«, sagt er höflich. »Ich freue mich für dich.«

»Danke.«

Dann gehen wir zusammen ins Schulgebäude. Das Schweigen zwischen uns ist mit einem Mal gar nicht mehr gemütlich. Der Bann ist gebrochen und jetzt empfinde ich brennendes Verlangen nach seiner Berührung.

In der Pause zwischen der dritten und vierten Stunde lehne ich mit dem Rücken an meinem Spind. Carter kommt und stellt sich vor mich. Er reicht mir einen gefalteten Zettel.

Ich fühle mich mutig genug und falte ihn in seiner Gegenwart auf. Leise lese ich, was er geschrieben hat.

WARUM ICH NICHT AUFHÖREN KANN, AN DICH ZU DENKEN

1. Du hast dir in meinem Kopf ein Zuhause zurechtgemacht, und egal wie viele Kündigungsschreiben ich dir schicke, du willst einfach nicht ausziehen.
2. Ich will nicht, dass du ausziehst. Nie mehr.
3. Imani fragt ständig nach dir.
4. Olivia redet ständig über dich.
5. Und ich hab nur Augen für dich.
6. Ich fühle es jedes Mal, wenn du in der Nähe bist. Meine Energie rückt zur Seite, um für deine Platz zu machen.
7. Nicht einmal in deinem Journal habe ich die Antworten auf all die Fragen über dich gefunden.

Den letzten Punkt lese ich mehrmals. Und mir wird klar, dass ich mich vielleicht genau davor gefürchtet habe: dass er alles über mich weiß, seit er mein Journal gelesen hat, und es nicht mehr nötig hat, mich kennenzulernen.

Vielleicht hat sich seine Anmaßung deshalb so schlimm angefühlt. Weil er Schlüsse aus dem gezogen hat, was in meinem Journal steht, als ob er wüsste, was ich brauche, ohne mich vorher gefragt zu haben.

Ich muss schlucken und sehe ihn an. »Das ist schön. Vielen Dank.«

Er lächelt. »Gern geschehen.«

Nach der Schule begleitet er mich zum Auto. Er fragt, was für ein Gefühl ich wegen des Biotests habe, und ich antworte ihm: »Ein ganz gutes.« Dann muss ich daran denken, was Imani zu mir gesagt hat.

Er scheint meine Gedanken zu lesen und schlägt vor: »Nächstes Mal könnten wir doch gemeinsam lernen.«

Ich grinse innerlich. »Ja, vielleicht.«

Nachdem er meinen Rucksack nach hinten gelegt hat, öffnet er mir die Fahrertür. »Noch mal: herzlichen Glückwunsch. Lass uns das demnächst mal feiern.« Dann holt er wieder ein gefaltetes Blatt Papier aus seiner Hosentasche.

Ich weiß nicht, ob ich noch eine von seinen Listen aushalten kann. Ich nehme ihm den Zettel zögernd aus der Hand, fast scheu, und beschließe, ihn nicht in seiner Gegenwart zu lesen. Ich traue mich nicht, weil er mich dann wahrscheinlich völlig aufgelöst erleben würde.

»Meinst du, ich kann dich heute Abend anrufen?«, fragt er.

Mein Herzschlag beschleunigt sich. Ich blinzle und nicke kurz, ehe ich einsteige. Er drückt die Autotür zu, winkt mir zu und geht dann zur Bushaltestelle. Ich drehe den Zettel zwischen meinen Fingern hin und her und beobachte ihn im Rückspiegel. Dann falte ich das Blatt auf.

DINGE, DIE FÜR MICH OFFENSICHTLICH SIND, WEIL ICH EIN AUFMERKSAMER BEOBACHTER BIN

1. Obwohl du dein Journal wiederhast, schreibst du nicht mehr hinein. Vermutlich ist dir die Lust am Listenschreiben vergangen, weil so viele Menschen deine tiefsten, dunkelsten Geheimnisse kennen. Das tut mir leid.
2. Du bist glücklich. Ich kann es sehen. Du leuchtest.
3. Tu bloß nicht so, als ob du nicht wüsstest, wie sexy du bist.
4. Und du weißt auch genau, dass ich weiche Knie bekomme, wenn du mich anlächelst. Das solltest du viel öfter ausnutzen.
5. Du beißt dir auf die Unterlippe, wenn du dich beherrschen willst. Ich frage mich, was geschehen würde, wenn du dich nicht mehr zu beherrschen versuchst.

Ich würde überschäumen, würde mich vollkommen gehen lassen, würde aus dem Auto springen und ihm zurufen (wie ich es gerade jetzt tue): »Hey!«

Auf halbem Weg zur Bushaltestelle dreht er sich um.

Ich stehe neben der offenen Wagentür und kann mich auf keinen einzigen Gedanken konzentrieren, nicht auf ein einziges Gefühl oder auf eine einzige Richtung, in die das laufen soll.

Er bemerkt mein Zögern und kommt zu mir zurück, schlängelt sich durch den Verkehr auf dem Parkplatz. Als er vor mir steht und ich zu ihm aufsehe, weiß ich, dass ich bereit bin, mit ihm zu reden.

Sogar mehr als das. Ich muss aus mir heraus und jedes zornige Wort aussprechen, das mir im Kopf herumgeht.

»Ruf mich auf jeden Fall heute Abend an. Okay?«

Er nickt und blickt mir forschend ins Gesicht. »Mach ich.«

»Und nimm dir Zeit. Ich habe dir nämlich eine Menge zu sagen.«

Er lächelt und befeuchtet sich mit der Zunge die Lippen. »Für dich habe ich alle Zeit der Welt.«

»Gut.« Ich nicke und schaue auf meine Zehen. »Das ist gut.«

Nach einer Sekunde blicke ich wieder auf. Ich weiß nicht, was ich von ihm will, aber ich weiß genau, dass ich ihn jetzt noch nicht gehen lassen will. Er lässt mich nicht aus den Augen.

Dann kommt er einen Schritt näher. Mein Herz rast. Ich weiß nicht, ob ich ihn näher bei mir haben will. Noch ein Schritt, langsam, sein Blick ruht nur auf mir. Schließlich bleibt er stehen, die Spitzen seiner Sneaker noch eine Fußlänge von meinen Sandalen entfernt. Er streckt seine Hand nach meiner aus. Sein Zeige- und Mittelfinger streifen meine.

Ich atme aus und schaue wieder auf meine Füße, warte darauf, dass seine Füße die Lücke zu meinen schließen. Ich halte den Atem an und wünsche mir, dass sich sein Körper warm an meinen schmiegt, aber stattdessen tritt er einen Schritt zurück, meine Fingerspitzen immer noch in seiner Hand. Ich kann wieder atmen. Als ich ihm in die Augen blicke, lächelt er sanft. Dann lässt er meine Hand los, dreht sich um und geht davon.

Meine Finger fahren an meine Lippen. Ich bin erstaunt, dass er nicht einmal den Versuch unternommen hat, mich zu umarmen oder zu küssen. Ich wende mich von ihm ab und schaue dann wieder über die Schulter zu ihm hin. Er schaut ebenfalls zu mir zurück.

Ich steige in den Wagen und muss erst einmal wieder zu Atem kommen. Er hat gemerkt, wie unsicher ich war, und mich deshalb nicht gedrängt. Ich bin so froh, dass er mich nicht gedrängt hat.

Langsam fahre ich über den Kiesweg. Kleine Steine schlagen von unten gegen die Karosserie. Ein Umzugstransporter parkt in Hatties Einfahrt. Die Haustür steht offen und mein Dad kommt rückwärts die Treppe hinunter. Er hält das Ende der alten Matratze des Gästebetts in seinen Händen. Mein Gästebett, in dem ich immer geschlafen habe. Mom kommt mit dem anderen Ende in beiden Händen hinterher.

Ich steige aus, als sie die Matratze in den Transporter wuchten. Es ist heiß und ich bin für diese Unternehmung nicht passend angezogen. Meine Mom verschränkt ihre Hände hinter meinen Schultern und geht mit mir über den kleinen Fußweg zur Veranda. Sie sagt nichts, hält mich nur fest. Dad reibt mir über den Rücken, als wir uns auf den Verandastufen begegnen.

»Jetzt, wo Quinn da ist, können wir die Bettgestelle raustragen«, sagt er.

Mom geht ihm hinterher ins Haus. Aber ich bleibe auf der Veranda stehen, halte mich an einem der Holzpfosten fest, trete mir die Sandalen von den Füßen und fühle die vertrauten rauen Holzdielen unter meinen Fußsohlen. Dann gehe ich zu meinen Eltern in Hatties Schlafzimmer. Obwohl es leer geräumt ist, weiß ich noch genau, wie es früher hier aussah.

Die Regale in dem Flur, der zu Hatties Zimmer führt, waren immer mit Decken und frischen Handtüchern bestückt. Ihr altmodischer Fernseher, wo wir immer *Judge Judy* geguckt haben, bevor wir einschliefen, stand auf der Fernsehkommode in der Ecke, auf einer weißen Spitzendecke.

Die Einlegeböden in der Kommode waren vollgestellt mit allem möglichen Kram, ich erinnere mich an eine rote Tasse voller Nägel und Schrauben, zwei Büroklammern und einen pinken Kamm.

Ihre Schminkkommode stand an einer Wand. Darauf tummelten sich unzählige Nagellacke und Lippenstifte, meistens in Knallrot, denn Hattie war nie zurückhaltend gewesen, auch schon bevor sie die Meinung vertrat, dass nur roter Lippenstift zu dunkler Haut passte. Ihr Fenster befand sich gegenüber, mit weißen Spitzenvorhängen, die eigentlich nur aus abgeschnittener und an die Wand getackerter Meterware bestanden.

In ihrem Schrank und an den Schranktüren hingen die Sonntagskleider in Plastikhüllen, frisch von der Reinigung. Das rote Kostüm hing immer am Türknauf. Sie trug es nicht oft, aber ich wusste, es war ihr Lieblingsoutfit.

Wie Hatties Bettdecke aussah, weiß ich gar nicht mehr genau. Sie war hell, vielleicht beige. Aber ich erinnere mich noch genau daran, wie sie sich anfühlte. Ihr Bett war das gemütlichste Bett, in dem ich je gelegen habe. Ich weiß nicht, ob es an ihrer Matratze lag, an der weichen, schweren Bettdecke oder einfach daran, neben ihr zu liegen, aber ich habe in ihrem Bett immer besser geschlafen.

Nichts davon ist jetzt noch da, nur das Bettgestell. Dad steht an einem Ende des Betts, Mom mit mir am anderen Ende.

Dad sagt: »Quinn, habe ich dir je von dem Tag erzählt, als Hattie deine Mom kennenlernte?«

Ich horche auf und schüttele den Kopf.

Er lehnt sich an die Wand und streicht über seinen Bart, während Mom auf der Kante des Bettgestells Platz nimmt.

»Deine Mom ist nach unserem ersten Studienjahr in den Sommerferien nach Hause gefahren, nach Chicago, aber als sie dort ankam …« Dad verstummt und wirkt plötzlich unsicher.

Mom hebt den Kopf und fährt fort: »Ich hatte kein Zuhause mehr. Meine Mom war irgendwo auf der Straße, eine Obdachlose. Niemand wusste, wo sie war oder ob sie überhaupt noch lebte. Und meine Familie war nicht gerade gastfreundlich, aber dieser Engel, Hattie Jackson, sagte zu mir, ich könne den Sommer bei ihr verbringen.«

Sie schaut Dad an. Er sagt: »Wir haben sie hergeholt und sie hat in deinem alten Zimmer übernachtet.«

»Ehrlich?« Warum erfahre ich erst jetzt davon?

Dad nickt. »Deine Mom hat zwei Wochen lang durchgeweint. Sie hatte Angst, sie würde Hattie zur Last fallen …«

»Und weil ich nicht wusste, was aus mir werden sollte, wenn die Sache zwischen mir und deinem Dad nicht gut lief. Wo hätte ich hingehen sollen?«

»Ich wollte ihr klarmachen, dass sie immer einen Platz bei uns haben würden, egal was kommen würde. Aber …« Dad schüttelt den Kopf. »Deine Mutter wurde schließlich krank vor lauter Weinen. Da hat Hattie sie in die Küche geholt und ihr beigebracht, wie man grüne Pintobohnen kocht.«

»Ich hatte noch nie zuvor grüne Pintobohnen gegessen.« Mom lacht. »Aber Hattie war in der Küche eine wahre Meisterin.«

Ich lächele. Und ob sie das war.

»Ihr beim Kochen zu helfen, hat mich auf andere Gedanken gebracht, und sie hat mir das Gefühl gegeben, dass ich etwas beitragen konnte. Also hörte ich auf zu weinen. Dann meinte sie, ich könnte doch im Futtermittelladen aushelfen.«

»Du weißt doch noch über Granddads Laden Bescheid, nicht wahr?«, fragt mich Dad.

»Klar.« Granddad besaß einen Futtermittelladen in der Stadt. Er starb, bevor ich geboren wurde, und Hattie konnte ihn allein nicht mehr weiterführen, also hat sie ihn verkauft.

»Den ganzen Sommer lang habe ich mir meinen Unterhalt mit der Arbeit in diesem Laden verdient. Ich habe Miete gezahlt.« Mom lächelt. »Und jeden Dienstag belohnte mich Hattie, indem sie mein Leibgericht kochte: grüne Pintobohnen mit gebratenem Huhn oder gedämpftem Schweinekotelett.

Dann setzten wir uns hin, nur wir beide, und haben uns Seifenopern angesehen. Die liebte sie und nach einer Weile gefielen sie mir auch. Ganz ehrlich, Liebes«, sagt Mom und beugt sich mit tränenfeuchten Augen vor, »ich wusste nie, wie es ist, eine Mom zu haben, bis ich zu Hattie kam.«

Dann wendet sie den Blick zu Dad und legt den Kopf leicht schräg. Als sie wieder zu mir sieht, weint sie. Meine Lippen zittern. Ich kann sie nicht weinen sehen. Das geht einfach nicht. Ich stelle mich zu ihr und ziehe sie an mich.

Dad beobachtet uns mit verschränkten Armen und lächelt. Sanft wische ich Mom die Tränen ab. Sie sagt: »Ich liebe, liebe, liebe dich so sehr. Daran darfst du nie zweifeln.«

»Das habe ich nie.«

Wir alle atmen durch. Dann gehen wir wieder zu unseren Plätzen am Bettgestell. »Wir müssen es kippen, damit wir es durch die Tür bekommen«, sagt Dad. Dann wirft er mir einen Blick zu. »Eigentlich hatte ich gehofft, dass du deinen Freund mitbringst, Quinn. Wir hätten einen starken Mann gebrauchen können.«

Meine Augen zucken zur Seite und mein Mund öffnet sich leicht.

»Desmond«, fährt Mom ihn an.

»Was denn?«, fragt er verwirrt. »Das ist doch kein Geheimnis. Immerhin bin ich reingeplatzt, als sie sich gerade geküsst haben. Du musstest dir das ja nicht ansehen.«

Mein Mund öffnet sich noch weiter. Das ist so was von peinlich!

»Des, Quinn ist achtzehn. Nur weil sie einen Jungen geküsst hat, ist er noch lange nicht ihr Freund.« Mit hocherhobenem Haupt sieht sie mich an. »Stimmt doch, oder?«

Ich verdrehe die Augen und seufze. »Ja, ja.«

»Things have changed«, singt Dad leise.

Mom kräuselt die Lippen und sieht mich an. »So sehr nun auch wieder nicht.«

Nachdem wir die Bettgestelle in den Lieferwagen verfrachtet haben, mühen sich Mom und Dad damit ab, den Gator über die Rampe nach oben zu fahren. Ich habe meine Sandalen wieder angezogen und gehe mit meinem Journal in der Hand in den Garten. Ganz hinten in der Ecke gibt es eine aschegeschwärzte Stelle im Gras, wo Hattie Laub, Äste und andere Dinge verbrannt hat, die sie nicht mehr brauchte.

Dieses Gefühl versuche ich in mir heraufzubeschwören. Ich habe ein Feuerzeug und ein paar trockene Äste dabei und mein Journal, das sich anfühlt, als würde es eine Tonne wiegen. Ich reiße die erste To-do-Liste heraus, diejenige, mit der alles anfing, und zünde sie an. Fertig. Und jetzt, da die Sache erledigt ist, habe ich so viel mehr Platz in mir für all die Dinge, die diese neue Quinn vorhat.

Wie all die neuen Erinnerungen, die ich mit Hattie an jedem Wochenende kreieren werde. Und all die Erlebnisse, die jetzt zusammen mit meinen neuen Freunden auf mich zukommen werden. Denn ohne dieses Journal gibt es keine Listen mehr, die mir vorschreiben, wer ich zu sein habe. Vielleicht wird Grün meine neue Lieblingsfarbe oder Rot oder vielleicht wird es für immer Blau sein. Ich werde das selbst entscheiden, wenn die Zeit dafür kommt. Und all die neuen Fantasien über Carter ... Aber diesmal werde ich tun, was ich kann, um sie Wirklichkeit werden zu lassen.

Ich werfe die brennende To-do-Liste auf den Haufen mit trockenem Laub und Ästen und sehe zu, wie alles Feuer fängt. Dann betrachte ich das rote Notizbuch in meiner Hand. Ich drücke es noch einmal fest an mich, in der Gewissheit, dass ich ohne dieses Buch genug Platz haben werde, um mich frei zu entfalten. Das Buch hat meine Gefühle in sich eingeschlossen, als ich nicht wusste, wie ich sie ausdrücken sollte, aber jetzt kann ich das nicht länger zulassen. Ich kann nicht mehr so eingeschlossen leben. Ich bin zu gewaltig für dieses Buch.

Ich werfe es ins Feuer, ohne noch länger darüber nachzudenken, und sehe zu, wie es brennt, die Hand vor den Mund gepresst. Fast wäre ich hingerannt und hätte die Flammen ausgetreten, weil es sich anfühlt, als würden meine Erinnerungen vor meinen Augen verblassen. Wann habe ich zum ersten Mal darüber geschrieben, wie ich richtig geheult habe? Wann habe ich die besten Tage meines Lebens gehabt?

Ich trete zurück und schüttele diese Fragen ab. Ich weiß, wer ich bin. Ich bin das Mädchen, das von der Columbia abgelehnt wurde. Ich bin das Mädchen, das schlecht in Englisch ist, aber originelle und lustige Bildunterschriften schreiben kann. Ich bin das Mädchen, das gelernt hat, für sich selbst einzustehen. Ich bin das Mädchen, das sich seinen Ängsten gestellt hat.

Der rote Einband wird schwarz. Ich mache auf dem Absatz kehrt und verabschiede mich von dem, was von Hatties Besitz übrig geblieben ist, während die Asche meiner vergangenen Sorgen hoch in den Himmel geweht wird.

28

Wenn Carter mein Journal nicht verloren hätte …

»Tut mir leid, dass ich so spät anrufe. Imani war heute Abend in Hochform.«

»Schon gut.«

»Liegst du schon im Bett? Habe ich dich geweckt?«, fragt er.

»Ich bin im Bett, aber ich habe noch nicht geschlafen.«

Wir schweigen. Er wartet darauf, dass ich anfange, aber ich weiß nicht so genau, wie. Ich habe mir einiges im Kopf zurechtgelegt, aber jetzt, da ich ihn am Ohr habe, ist alles wie weggefegt.

»Carter«, sage ich. Das ist ein schwieriger Anfang – sein Name. Ich glaube, ich habe ihn mehrere Tage lang nicht ausgesprochen.

»Ja, Quinn?«

Ich atme tief durch. »Erzähl es mir, von Anfang an. Du wolltest für Geschichte lernen und hast mein Journal aufgeschlagen, wo du die ›Wen-ich-küssen-möchte‹-Liste entdeckt hast. Und dann?«

»Dann wusste ich, dass es dein Journal war und nicht meins. Aber ich konnte nicht anders, ich musste die ganze Liste lesen. Und als ich ganz unten meinen Namen sah …« Er nimmt einen tiefen Atemzug und spricht beim Ausatmen weiter. »… da habe ich das Buch durchgeblättert, weil ich wissen wollte, ob du meinen Namen noch irgendwo aufgeschrieben hast. Zu dem Zeitpunkt war mir nicht bewusst, was ich da tat.«

»Damals habe ich dir nichts bedeutet.«

»Damals habe ich dich nicht gekannt. Ich wusste von dir nur, dass du wunderschön bist.«

»Okay«, sage ich und lasse seine Worte sacken. »Du hast also beschlossen, mich anzulügen und zu behaupten, du hättest mein Journal nicht gelesen, und zwar weil ...«

»Weil ich mich geschämt habe. Und weil ich wusste, dass es dir peinlich sein würde. Damals dachte ich, ich würde dir einfach dein Journal zurückgeben und das war's dann. Du hättest nie erfahren, dass ich es gelesen habe.«

»Weil du nicht vorhattest, mich anzumachen?«

»Na ja ... Ich hatte dich nicht als meine Freundin im Blick, nein.«

Ich schnappe nach Luft. »Du wolltest mich also einfach bloß ins Bett kriegen?«

Er lacht. »Quinn!«

»Was für eine Frechheit! Ich bin eine *Lady*.« Ich muss lächeln.

»Wenn du gewollt hättest, hätte ich nicht Nein gesagt.«

Ich frage mich, ob es so gekommen wäre. Ich kann mir nicht vorstellen, dass ich in der Lage gewesen wäre, nur Sex mit ihm zu haben.

»Okay, bleiben wir bei der Sache.«

»Jawohl, Ma'am.«

Ich lege mich auf die Seite und schiebe seine Stimme zwischen meinen Kopf und das Kissen. »Warum warst du damals, als du das erste Mal bei mir zu Hause warst, so gemein zu mir?«

Er seufzt. »Ich hielt dich fälschlicherweise für eine hochnäsige reiche Zicke. Und für einen ›Oreo‹. Ich war damals nicht gerade dein größter Fan.«

»Aber das änderte nichts an der Tatsache, dass du mit mir ...«

»Dass ich mit dir Sex haben wollte?« Er lacht. »Verdammt noch mal, nein. Ich bin doch nicht blind.«

Ich knabbere auf meiner Unterlippe. »Hmm. Okay. Und dann hast du mir mit der Liste geholfen. Wir sind nach Houston gefahren und du hast Livvy mitgenommen, weil du dachtest, das wäre eine gute Gelegenheit, mich bei ihr zu entschuldigen …«

Er bleibt stumm.

»Du weißt noch, dass ich von Einmischung gesprochen habe, ja?«

»Hm-hm.«

»Und weißt du auch, warum ich so sauer deswegen war?«

Er stutzt. »Warum?«

»Weil du dachtest, du wüsstest am besten, was gut für mich ist. Nur, weil du mein Journal gelesen hast, heißt das noch lange nicht, dass du alles über mich weißt.«

»Ich habe nie gedacht, dass ich alles über dich weiß«, sprudelt er verdattert hervor.

»Gut. Denn so ist es auch nicht. Es gibt Dinge, die erfährst du nicht, indem du mein Journal liest.«

»Das weiß ich, Quinn. Wie ich schon sagte, ich will alles über dich wissen. Nicht nur das, was du für interessant genug hieltest, um es in einer Liste festzuhalten.«

Ich kaue auf der Innenseite meiner Wange herum. »Na ja, das dürfte jetzt auch ein Problem sein. Ich habe es nämlich verbrannt.«

»Was meinst du damit, du hast es verbrannt?«

»Das war der letzte Punkt auf meiner Liste: das Notizbuch endgültig loszuwerden.«

Er saugt die Luft hörbar ein und ich lausche seinem Atem. »Wow, das hätte ich nie gedacht.«

»Du hättest nie gedacht, dass ich so mutig bin?«

»Nein, ich weiß, dass du mutig bist. Ich hätte nie gedacht, dass der letzte Punkt so … erwachsen ist. Und bevor du das jetzt in den falschen Hals bekommst …«

»Werde ich nicht«, sage ich lächelnd.

»Hmm«, brummt er, anscheinend nicht überzeugt. »Was ich damit sagen will: Um das Notizbuch zu verbrennen, musstest du eine Entwicklung durchmachen. Du wusstest, dass es schlecht für dich war, und du hattest vor, es zu beenden.«

Ich lausche dem Säuseln der Klimaanlage an der Decke. Ich lausche ihm, wie er sich im Bett umdreht.

»Carter?«, sage ich.

»Ja?«

»Du hast meine peinlichsten Erinnerungen gelesen, stimmt's?«

»Stimmt.«

»Auch die aus dem Kindergarten?«

»Ja.« Seine Stimme wird leiser.

»Was hast du gedacht, als du das gelesen hast?«

»Ich war ein bisschen überrascht, aber das war nichts im Vergleich zu deinen Sexfantasien. Du hast so viele Details genannt – du solltest erotische Literatur schreiben.«

Ich lache. »Okay, lassen wir das. Themawechsel.«

»Ich mein's ernst! Du könntest viel Geld damit verdienen.«

»Nächste Frage«, sage ich grinsend.

Er beruhigt sich, dann gurrt er mir ins Ohr: »Wie lautet deine nächste Frage, Baby?«

Ein Kribbeln durchfährt meine Körpermitte und breitet sich nach unten bis in die Oberschenkel aus. »War irgendwas zwischen dir und Emily Hayes?«

»Ist das dein Ernst?« Er lacht. »Hast du dieses blödsinnige Gerücht wirklich geglaubt?«

»Keine Ahnung. Sie ist ein hübsches Mädchen.«

»Aber sie ist nicht mein Typ. Ganz und gar nicht.«

»Wer ist dein Typ?«

»Du.« Die Aussage wühlt mich auf. »Ganz offensichtlich: du.«

Ich lächele und reite auf einer Welle aus Tausenden Schmetterlingen. Ich will es unterdrücken, aber es ist das genaue Gegenteil meines unkontrollierbaren, hemmungslosen Heulens. Ich habe vollkommen die Beherrschung über meine Gesichtsmuskeln verloren. »Okay. Nächste Frage«, sage ich.

Dad ist wieder in der Klinik. Mom zieht sich gerade an, als ich nach unten komme. Ich nehme mir einen Apfel aus der Obstschale. Ich bin müde, weil ich fast die ganze Nacht lang mit Carter telefoniert habe, aber ich kann es kaum erwarten, ihn jetzt gleich zu sehen.

Voller Selbstbewusstsein und Vorfreude gehe ich nach draußen – und dann sehe ich ein Mädchen in der Einfahrt stehen, die Hände in den Taschen ihrer Jogginghose, das Haar zu einem hohen Pferdeschwanz zusammengebunden. »Hey, Quinn«, sagt sie schwach.

»Destany?«

Wir sitzen auf dem Bordstein. Ich habe überlegt, ob ich sie ins Haus bitten soll, aber die Anspannung zwischen uns hätte unsere vier Wände wahrscheinlich gesprengt.

Sie umfasst ihre Knie und zieht sie an ihre Brust. »Quinn.« Sie seufzt und schaut hinauf in die Morgensonne. »Ich war total sauer.«

Mein Mund klappt auf. Beinahe hätte ich mich auf sie gestürzt, denn *Ich war sauer* ist keine besonders gute Entschuldigung. Aber ich halte den Mund.

»Du hast nicht mit mir geredet und ich dachte, du wirfst unsere Freundschaft wegen irgendeines blöden Kerls weg. Deshalb habe ich dein Journal einfach genommen. Ich wollte es nicht lesen. Ich wollte es … als Geisel behalten, bis du wieder mit mir sprichst. Gia war diejenige, die anfing, es zu lesen. Die Erpressung war ihre Idee. Und … ich weiß auch nicht. Sie hat mir eingeredet, dass dir Matt wichtiger sei als ich. Ich war so dumm. Es tut mir leid.«

Ich betrachte die Hände in meinem Schoß. Das fühlt sich ein bisschen besser an.

»Es war echt hart, dass du dachtest, ich sei eine Rassistin. Du weißt doch, dass ich nicht mehr oder weniger von dir halte, bloß wegen deiner Hautfarbe, oder?«

Ich schaue auf die andere Straßenseite zum Haus der Johnsons, in die leere Einfahrt, auf den Rasensprenger, der den grünen Vorgarten wässert. »Ich glaube, du hast versucht, farbenblind zu sein.«

»Ja, genau. Ich habe immer vergessen, dass du Schwarz bist, weißt du? Das ist etwas, worüber ich nie nachgedacht habe.«

Ich schaue in ihr ungeschminktes Gesicht. »Das ist keine gute Sache.«

Sie zieht verwirrt die Brauen zusammen.

»Wenn du mich ansiehst oder an mich denkst, sollst du immer im Blick haben, dass ich Schwarz bin. Das ist ein enorm wichtiger Teil meiner Identität.«

»Du willst, dass ich ständig daran denke, wie verschieden wir sind?«

»Ich will, dass du unsere Diversität feierst. Du sollst dir der Tatsache bewusst sein, dass unsere Verschiedenartigkeit uns unterschiedliche Lebenswege beschert. Und dir soll immer bewusst sein, dass ich nicht weniger Schwarz bin, bloß weil ich nicht in irgendeine von deinen Schablonen passe.« Den letzten Satz stoße ich mit knirschenden Zähnen hervor. Wenn sie auch nur etwas von dem, was ich sage, aufnimmt, dann – bitte! – soll es *das* sein.

»Quinn, als ich sagte, du seist ›praktisch weiß‹, habe ich bloß einen Scherz gemacht.«

»Aber dir ist schon klar, dass das nicht lustig ist, oder? Und wie unangebracht dieser ›Scherz‹ in diesem Augenblick war? Gia hat ständig das N-Wort benutzt und das hat *wehgetan*. Das Wort *tut mir weh.*«

»Das wusste ich nicht. Wir haben das Wort doch schon früher benutzt und du hast nie was gesagt. Ich wünschte, wir hätten es gewusst. Ich wünschte, du hättest es mir gesagt.«

Seufzend senke ich den Blick. »Ich wünschte, ich müsste dir so etwas nicht sagen. Ich wünschte, ich müsste dieses Gespräch mit dir nicht führen. Es ist unheimlich anstrengend.«

Sie wirkt gekränkt. »Tut mir leid. Ich wollte nur reden. Ich wollte es verstehen.«

»Das weiß ich.« Ich lege den Kopf schräg. »Und ich freue mich darüber. Ich finde es einfach nur schlimm, dass diese Sache erklärt werden muss. Aber, Destany« – ich drehe mich zu ihr –, »bitte hör nicht auf, Fragen zu stellen. Ich bin froh, dass es dir wichtig genug ist, um nachzufragen. Und ich gebe dir gerne Antworten, wenn du bereit bist zuzuhören.«

»Natürlich höre ich dir zu. Wir haben ja noch ein paar Monate, bevor ich nach Dallas ziehe. Auf welche Uni gehst du jetzt übrigens?«

»UT.«

»Oh.« Ihre Augen lächeln. »Das ist großartig.«

»Danke.«

Sie steht auf und streckt mir die Hand hin. »Kann ich dich nachher anrufen?«

Ich blinzle ein paarmal und denke nach. Ich bin nicht sicher, ob ich schon so bald wieder ein Gespräch wie dieses hier führen möchte. »Vielleicht kann ich am Wochenende zu dir kommen.« Ich ergreife ihre Hand und lasse mich von ihr hochziehen.

Sie nickt mit einem Lächeln und geht in Richtung ihres Autos. »Also ist es abgemacht; wir haben eine Verabredung. Hoffentlich wird Carter nicht eifersüchtig.«

Ich lächele ebenfalls und hoffe, dass ich bis dahin bereit bin zu reden. Als ich herausfand, dass sie mein Journal hatte, glaubte ich, ich würde nie wieder ein Wort mit ihr wechseln. Wie denn auch? Ich habe schon immer das Gefühl gehabt, dass unsere Freundschaft etwas Toxisches hatte, aber wenn ich mir nicht selbst die Möglichkeit gebe, ihr meinen Schmerz zu erklären, dann wird es immer so bleiben. Und ich habe es gründlich satt, dem Schmerz das Ruder zu überlassen. Es ist an der Zeit, dass die Liebe regiert.

»Quinn, du musst still sitzen.«

»Aber Carter hat mir eine Nachricht geschickt.« Ich verkneife mir ein Grinsen und schaue auf mein Handy. Er fragt:

> Was machen wir nach der Mall? Ich will bei dir sein.

»Kopf hoch«, befiehlt Livvy seufzend und bemüht sich, meine Haare mit ihren Händen zu umfassen.

Ich tippe:

Was du willst. Ich will auch bei dir sein.

Sie bürstet den vorderen Teil meiner Haare in ihre Hand und lässt dann die Bürste auf meinen Schoß fallen. Ich schließe die Augen, entspanne mich und genieße ihre Nähe. Es ist zwei Tage her, seit ich mein Notizbuch verbrannt habe. Das Verlangen, Listen zu verfassen, überkommt mich immer noch hin und wieder, aber es bleibt an der Oberfläche. Es schaut durch ein Fenster, sieht, wie ich mich öffne und lache und mein Leben lebe. Ich war so sehr mit dem echten Leben beschäftigt, dass ich den Verlust meines Journals kaum bemerkt habe.

Aber ich denke immer noch in Listen. Als Livvy gestern zum Übernachten zu mir kam, dachte ich an all die Dinge, die wir zusammen tun könnten. Und dann erkannte ich, dass es alles Dinge waren, die ich mit Destany getan hätte. Ich strich die Liste in meinem Kopf und ließ stattdessen sie entscheiden.

Sie wollte schwimmen gehen. Danach wuschen und pflegten wir unsere Haare, schauten Filme und aßen Minitörtchen.

Jetzt wickelt sie ein Band um meine Haare, damit sie mir vereinzelt in meine Stirn fallen. Aber als mein Handy vibriert, greife ich, ohne nachzudenken, danach.

»Quinn!«

Es dauert zwei Stunden, bis wir fertig sind. Livvy schminkt mich und holt ein kurzes schwarzes Kleid mit Spaghettiträgern aus meinem Schrank, das ich zum letzten Mal trug, als ich noch zehn Pfund leichter war. Es betont all die Kurven und Rundungen meines Körpers. Wenigstens besteht sie nicht darauf, dass ich Stilettos trage.

Ich dagegen bürste Livvys schulterlange, lockige Haare, ziehe einen Scheitel und stecke sie zu zwei Schnecken auf ihrem Kopf fest.

Sie trägt ein weißes, durchsichtiges Spitzentop mit einem schwarzen BH darunter. Schwarze, extrakurze Shorts runden ihren Look ab. Wir sehen total hot aus.

Als wir – nach Vanille und Sheabutter duftend – die Treppe hinunterkommen, schüttelt mein Vater in der Küche den Kopf.

»Umziehen. Alle beide.«

Livvy sieht mich mit großen Augen an.

Mom kommt uns aus dem Wohnzimmer zu Hilfe. »Des, lass sie mal machen. Sie sind erwachsen.«

»Ähm, Liebes … Du siehst nicht, was ich sehe.«

Sie kommt mit ihrer Lesebrille auf der Nase um die Ecke. Als sie uns erblickt, zuckt sie zusammen.

»Ja, nein. Geht euch umziehen.«

»Mom!«, heule ich auf und lege den Kopf schräg.

Sie tut es mir nach und mustert uns skeptisch. »Zieht wenigstens einen Pullover über.«

Ich wechsle einen Blick mit Olivia, dann nicken wir einträchtig. »Okay.«

Wir werfen die Pullover auf den Rücksitz und fahren los.

Die Jungs warten im Food Court auf uns. »Okay, Quinn. Kopf hoch. Schultern nach hinten – und WALK. Zeig, was du hast«, sagt Livvy, als wir Auden und Carter entdecken. Sie sitzen an einem Tisch und haben uns noch nicht gesehen.

Livvy folgt ihrem eigenen Rat und läuft wie auf einem Catwalk. Stolz präsentiert sie ihre bronzefarbene, glänzende Haut, ihr Outfit, einfach alles. Ihr Haar ist normalerweise zu Microbraids geflochten; nur selten trägt sie es, wie es von Natur aus fällt, weil ihr die Pflege zu aufwendig ist. Aber es ist wunderschön. Sie ist wunderschön.

Auden bleibt der Mund offen stehen, als er sie sieht. Nervös fährt er mit den Fingern durch seine Locken, aber er wendet den Blick nicht ab. Keine Sekunde lang.

Carter bemerkt es und folgt seinem Blick.

Ich schaffe diesen stolzen Walk ungefähr drei Schritte weit, komme mir dann aber vor wie ein Fisch auf dem Trockenen. Danach gehe ich so normal, wie ich kann, weiß aber irgendwie nicht, was ich mit meinen Händen anstellen soll.

Nichtsdestotrotz ist Carter wie gebannt. Er reibt sich mit der Hand über seinen Bart. Dann springt er auf und eilt uns entgegen. Eine schwarze Baseballmütze sitzt ihm verkehrt herum auf dem Kopf, dazu trägt er ein bedrucktes T-Shirt und Jeans. Schlicht, aber so unglaublich sexy.

Er drängelt sich durch die Menge, wobei er völlig seine Manieren vergisst. Als er bei uns ankommt, stellt sich Livvy vor ihn. »Hallo, Carter.«

Er würdigt sie keines Blickes. »Aus dem Weg!« Und ohne Umschweife macht er einen Schritt an ihr vorbei auf mich zu.

»Wie unhöflich«, mault sie und geht zu Auden.

Er bleibt dicht vor mir stehen und zieht die Unterlippe zwischen die Zähne, während sein Blick zu meinen Schenkeln wandert und er mit den Händen an seiner Mütze herumfummelt. Dann schaut er mir in die Augen. »Queen Jackson. Ich bin deiner nicht würdig.«

Ich verstecke mein Grinsen hinter meiner Hand, aber er ergreift sie und zieht sie von meinen Lippen weg. Dann küsst er meinen Handrücken. »Bist du bereit, dein Kleid für die Abschlussfeier auszusuchen?«, fragt er und kommt noch einen Schritt näher.

»Ich denke schon.« Er schwingt meinen Arm um seinen Nacken

und sieht mir tief in die Augen. »Eigentlich ist es nicht wichtig«, sage ich. »Es wird ja sowieso komplett von meiner Robe verhüllt, also was für eine Rolle spielt es, was ich anhabe?«

»Stimmt.« Sein Blick zuckt zu meinen Lippen, doch dann schaut er weg und atmet aus. Wir haben uns noch nicht geküsst, seit wir wieder angefangen haben, »Vertrauen aufzubauen«. Wir beide wollten es, aber es hat sich nicht richtig angefühlt. Der saure Geschmack in meinem Mund hält sich hartnäckig, auch wenn die bösen Worte verschwunden sind und im Nullkommanichts von süßem Begehren abgelöst wurden.

Stattdessen zieht er mich an seine Brust. »Aber es ist trotzdem eine große Sache: unser Abschluss.«

»Ja«, sage ich und verliere mich in der Wärme seines Halses.

»Carter Bennett, lass sie sofort los. Wenn du ihre Haare durcheinanderbringst und die ganze Arbeit, die ich da hineingesteckt habe, zunichtemachst, bring ich dich um.«

Livvy und Auden stehen hinter uns und warten.

Nachdem wir uns voneinander gelöst haben, klatscht Livvy in die Hände. »Okay! Dann los.«

Ich gehe mit ihr voraus, während die Jungs uns folgen. Sie hakt sich bei mir unter und flüstert mir zu: »Auden war buchstäblich sprachlos, als ich zu ihm kam.«

»Das glaube ich! Du siehst so krass gut aus.«

Sie beißt sich auf die Lippe. »Ich glaube, ich frage ihn, ob er mit mir ausgehen will.«

»Bist du dafür bereit?«

Sie zuckt mit einem aufgeregten Lächeln die Schultern. »Ja, ich denke schon.«

Kichernd schubse ich sie mit der Hüfte an. Sie und Auden wären ein perfektes Paar.

Im ersten Laden geht sie geradewegs zum »SALE«-Ständer, während ich mich nachlässig durch die Auswahl an Crop-Tops in der Nähe des Eingangs wühle. Carter kommt zu mir und schaut mir kurz zu. Ich schaue ihn an.

»Willst du davon was anprobieren?«

»Nee, ich glaub nicht. Ich mag den Laden nicht besonders. Nicht mein Stil.«

Er mustert meine Kurven und summt leise. »Komm her«, sagt er und nimmt meine Hand. Ich werfe einen Blick über die Schulter. Livvy schiebt Auden gerade einen Kleiderbügel mit einem hautengen Outfit über den Kopf. Dann müssen beide lachen.

Ich muss ebenfalls lächeln, während Carter mir voraus aus dem Laden geht. Er zieht mich an eine Wand, damit wir nicht im Weg stehen, und wendet sich dann mir zu. In seinen Augen sehe ich Entschlossenheit, als ob er mir etwas Wichtiges zu sagen hätte.

»Was ist los?«, frage ich.

Er nimmt meine Hände und formt eine Art Brücke zwischen uns. »Es tut mir leid, Quinn. Es tut mir leid, dass ich dir wehgetan habe.«

Mein Blick senkt sich. »Ich weiß.«

»Wenn ich nicht gewesen wäre, wäre dein Journal nie gestohlen worden und nichts von alledem wäre passiert.«

»Ja, und vielleicht war es genau deshalb gut, dass du es verloren hast.« Ich betrachte unsere Armbrücke. »Wenn du mein Journal nicht verloren hättest, hätte ich mich nie dieser To-do-Liste gestellt. Das weiß ich genau.«

»Das glaube ich nicht.« Ich blicke hoch. Er schüttelt den Kopf. »Du bist stark. Du hättest es getan. Auf deine Weise.«

»Meinst du?«

Er nickt.

Ich versuche mir vorzustellen, wie mein Leben verlaufen wäre, wenn er mein Journal nicht verloren hätte. Ich weiß nicht, ob ich je mit Olivia gesprochen hätte, oder mit Auden. Oder ihm. Vielleicht hätte ich den Mut gefunden, die Liste allein anzugehen, aber ich hätte nicht einmal annähernd so viel Spaß dabei gehabt wie gemeinsam mit meinen Freunden, die mir halfen, meine Ängste zu besiegen.

»Ich wünschte, wir hätten uns schon früher kennengelernt«, sage ich. »Richtig kennengelernt, meine ich. Zum Beispiel nach dem Englischprojekt im zweiten Jahr.«

»Ich auch«, lächelt er.

»Wir hätten damals schon Freunde werden können. Wir beide. Und Olivia.«

»Und Auden«, sagt er.

»Und Imani«, sage ich mit hochgezogenen Augenbrauen.

Seine Zähne blitzen, während er lacht. »Sie wollte heute mitkommen, aber …« Er schüttelt wieder den Kopf. »Ich wollte dich für mich allein haben. Ich freue mich auf unser Date. Ich werde dir die ganze East Side zeigen.« Seine Augen leuchten, während er mir die Orte aufzählt, zu denen er mich bringen will. Ich bin so glücklich darüber, dass ich ihn endlich kennenlernen darf. Ihn endlich besser kennenlernen darf.

»Die Kunstszene ist unglaublich, genau wie das Essen. Du wirst es lieben, das verspreche ich.«

»Carter«, sage ich und mache einen Schritt auf ihn zu. »Wo arbeitet deine Mom?«

Überraschung macht sich auf seiner Miene breit. »Sie hat zwei Jobs. Tagsüber arbeitet sie als Friseurin in einem Laden auf dem Martin Luther King Boulevard. Und nachts räumt sie Regale in einem Supermarkt ein.«

Ich mache noch einen Schritt in seine Richtung. »Sieht dein Haar deshalb immer so gut aus?«

Er lächelt. »Vielleicht.« Dann stutzt er. »Warum fragst du?«

Ich betrachte die Lücke zwischen unseren Fußspitzen. »Weil ich über dich genauso viel wissen will wie du über mich.«

Sprachlos mustert er mich. Dann nimmt er zärtlich mein Gesicht in seine Hände. »Quinn.« So, wie er meinen Namen ausspricht, könnte man meinen, er sei Teil seines Fundaments.

»Ich habe etwas für dich.« Er lässt mein Gesicht los und kramt in seiner Jeanstasche herum. Dann zieht er ein zusammengefaltetes Blatt Papier heraus.

»Noch eine Liste? Carter, das ist wirklich nicht nötig.«

»Vertrau mir. Lies sie einfach.«

CARTERS TO-DOS VOR DEM COLLEGE

1. Quinn meine schlimmsten Erinnerungen erzählen; die Dinge, die ich bisher nie laut aussprechen konnte
2. Derrick den wahren Grund nennen, warum ich ihn geghostet habe
3. Versuchen, mich mit meinem Vater zu versöhnen
4. Ihn endlich fragen, wo meine Großmutter begraben ist
5. Sie besuchen
6. Meiner Mom sagen, dass ich im Herbst ausziehen will und nicht erst in zwei Jahren, wie sie glaubt
7. Das tun, was ich mir bis zum Schluss aufgehoben habe. Du weißt, was es ist.

»Ich habe gehofft, dass du mir dabei hilfst«, sagt er.

Mit Tränen in den Augen schaue ich zu ihm hoch. »Was verbirgt sich hinter Punkt sieben?«, frage ich ihn mit rauer Stimme.

»Das wirst du schon sehen.«

Ich lache und halte seinen Blick fest. »Klar helfe ich dir bei deiner Liste. Sehr gerne sogar.« Mein Lächeln wird breiter. Es wächst und wächst wie eine Pflanze, die du jeden Tag gießt, wie die Zeit, die du dir nimmst, um sicherzugehen, dass es dir gut geht.

»Abgemacht?«, fragt er und streckt seine Hand aus.

»Ein Handschlag?«, frage ich und lege den Kopf schräg.

Er tut es mir gleich und grinst. »Wie sollten wir sonst unsere Abmachung besiegeln?«

Ich ergreife seine linke Hand und lege sie unten auf meinen Rücken. Dann trete ich nah an ihn heran und genieße die Wärme, die von seinem Körper ausgeht. Er legt seine rechte Hand neben die linke, während meine beiden Hände nach oben wandern und sich hinter seinem Nacken verschränken. Ich spiele mit dem Schirm seiner Mütze und stelle mich auf die Zehenspitzen.

»Bist du sicher?«, fragt er und schaut kurz zu meinen Lippen.

»Ja.« Ich blicke ihm in die Augen und beuge mich zu ihm hin. Und als ich seinen Mund auf meinem fühle, atme ich tief ein.

Wenn ich Carter küsse, weiß ich, dass ich genau da bin, wo ich sein muss. Ich weiß, dass alles nur passiert ist, damit ich genau dort bin, wo ich jetzt bin – frei von Lügen, Ängsten und Schuldgefühlen, mit Freunden, die mich verstehen und mich respektieren. Bei einem Jungen, der nicht perfekt ist, aber geduldig, und dessen Licht meine Dunkelheit erhellt ... *endlich*.

Danksagung

Die Reise dieses Buchs begann mit meiner magischen Agentin, Brianne Johnson. Bri, du ahnst gar nicht, wie sehr du mit deiner Antwort-E-Mail den Lauf meines Lebens verändert hast. Danke, dass du voller Elan deinen Stapel mit Manuskripten durchforstest und nicht nur meine, sondern die Träume so vieler Autorinnen und Autoren wahr werden lässt.

Meiner Lektorin Alyson Day danke ich dafür, dass sie an dieses Buch geglaubt hat, dass sie sich in Quinn und Carter genauso verliebt hat wie ich, dass sie offen für meine Ideen war und mir geholfen hat, dieses Buch zu etwas zu formen, auf das ich die nächsten Jahre stolz sein kann. Danke, Aly und Eva Lynch-Comer, für die Beantwortung all meiner panischen unbedarften E-Mails. Ihr habt mir geholfen durchzuatmen.

Vielen Dank an alle bei HarperCollins. Maya Myers und Laura Harshberger, die sich um all die Dinge gekümmert haben, die ich übersehen habe. Molly Fehr für das wunderschöne Coverdesign und den Schriftzug, und Mlle Belamour, die Quinn und Carter mit ihrem künstlerischen Genie zum Leben erweckt hat. Ich liebe, liebe, liebe dieses Cover!

Vielen Dank an alle bei Hot Key Books! Ihr habt mein Herz auf Anhieb erobert, weil ihr euch so viel Mühe mit allem gebt, was ihr tut. Ich kann gar nicht sagen, wie dankbar ich bin, mit euch zusammenzuarbeiten. An meine Lektorin Carla: Deine E-Mails sind immer das Highlight meines Tages. Du kannst dir gar nicht vorstellen, wie beruhigend es ist, dich in meinem Team zu haben, weil dir so viel daran liegt – für Quinn und Carter, für Schwarze Leserinnen und Leser, für die Darstellung von Schwarzen. Und für mich. Ich kann dir nicht genug danken. Und Sophie, Designerin dieses fantastischen Covers, dir danke ich für die Sorgfalt, mit der du es gestaltet hast. Vielen Dank an die ungemein talentierte Sarah Madden für die wunderschöne Illustration. Ich liebe mein UK-Cover so sehr!

Vielen Dank an alle bei Writers House: Cecilia De La Campa für diesen tollen Titel. GURL. Jeder, der den Titel gehört hat, hat sich sofort verliebt. Cecilia und Alessandra Birch für die großartige Arbeit, um dieses Buch auf der ganzen Welt bekannt zu machen. Ich hätte mir die Reaktionen, die wir bekommen haben, nicht träumen lassen. Alexandra Levick, dass sie sich so gut um mich gekümmert hat, und für alles, was hinter den Kulissen passiert ist.

Dieses Buch hat so viele Überarbeitungsrunden durchlaufen. Vielen Dank an all meine Beta-Leser und Kritikpartner.

Jenevieve Gray: Ich bin so froh, dass ich dich so unerwartet in einer Gruppe auf Goodreads gefunden habe. Du hast zwei verschiedene Versionen dieses Buches gelesen und ich danke dir so sehr, dass du dir die Zeit genommen hast, mir einige der nützlichsten Ratschläge und Kommentare zu geben. Du warst wirklich hart zu Carter und du hattest recht. Er war früher so toxisch!

Noni Siziya: Ich bin so dankbar, dass du nicht den Mund gehalten hast, besonders wenn es um Quinn ging. Deine Sichtweise war besonders wertvoll, weil du mir Tipps in Bezug auf die Erfahrungen von Schwarzen Leserinnen und Lesern gegeben hast. Du hast mir einmal gesagt, dass dir bis jetzt nie klar war, wie wichtig es für dich war, über ein Schwarzes Paar zu lesen, und dass es dich unglaublich glücklich gemacht hat. Das hat mich nicht mehr losgelassen und mich motiviert. Ich hoffe, ich kann das bei all meinen Leserinnen und Lesern tun.

Danke, Mrs Shevlin, meiner Lieblings-Englischlehrerin, obwohl ich Englisch mehr als alles andere gehasst habe. Sie waren mehr als nur eine Lehrerin für mich. Sie waren meine Beraterin, meine Therapeutin, meine Freundin, wenn ich mit jemandem über all meine lähmenden Ängste reden musste. Vielen Dank, dass Sie für mich da waren und für so viele Ihrer Schülerinnen und Schüler. Ich liebe Sie!

Danke an meine Kia-Chefs Adam und Aaron, dass sie mir erlaubt haben, während der Arbeitszeit »Buch-Telefonate« zu führen.

Danke, Mom, dass du dir spontan Namen für Figuren ausgedacht hast und so viele Ideen beigesteuert hast. Dafür, dass du die Glückwunschanrufe entgegengenommen und dich über jede noch so kleine gute Nachricht genauso gefreut hast wie ich. Ich habe dich so oft weinend angerufen. Es tut mir leid, aber das werde ich auch weiterhin tun.

Ich danke dir, Blake. Du hast es ertragen, dass ich mich stundenlang eingesperrt habe. Du hast an meine Fähigkeiten geglaubt, als ich an mir selbst gezweifelt habe. Du hast mich dazu gedrängt, meine schriftlichen Anfragen abzuschicken. Und danke, dass ich mit dir über meine Ideen reden durfte und dass du der beste Brainstorming-Partner bist, den sich eine Autorin wünschen kann. Du bist der wahre Man of the Match.

Und schließlich danke ich dir, Francis Mae Harden (A-May), für die Erinnerungen, die du mir und meiner Schwester in deinem Haus, in deiner Kirche, in deinem Garten und auf dem Rücksitz deines roten Chevy Blazers geschenkt hast. Ich liebe und vermisse dich so sehr.